Deflation prism 3

글로벌 위기 이후—

After
the Great
Global
Depression

 홍성국 지음

이콘

지축이 흔들렸다. 역사상 유례없는 충격이 지구를 엄습하고 있
다. 상식은 없다. "내 시장경제 이론에서 일부 허점을 발견했
다. 파생상품 규제에 반대한 것은 부분적으로 잘못이었다." 세
계 경제 대통령이던 앨런 그린스펀(Alan Greenspan)의 참회의 말
이다. 그는 또 "100년에 한 번 있을까 말까 한 '신용 쓰나미'이
다"라고 진단했다. 이명박 대통령도 IMF 외환위기보다 더 어
렵다는 표현을 사용했다. 금융시장이 한창 불안하던 2008년 11
월 초 강만수 기획재정부 장관은 "현재 위기는 야구 경기로 보
면 9회 가운데 1회에 불과하다"며 최악의 상황을 전제로 경제
난국 극복 종합대책을 마련하고 있다고 밝혔다.

국제노동기구(ILO)는 2009년 말이 되면 실업자가 2,000만 명 이상 늘어나고, 하루 1달러 미만으로 살아가는 근로 빈곤층은 4,000만 명, 2달러 미만으로 생계를 유지하는 계층도 1억 명 이상 늘어날 것으로 전망했다. 금융기관과 기업의 도산이 이어지면서 세계 시스템 전체가 흔들리고 있다.

위기의 자가 증폭

미국의 대학들은 대규모 투자 손실로 장학금 지급이 어려워지고 있고, 연기금의 투자 손실로 대부분 국가의 미래는 어둡게 변하고 있다. 견실했던 일본 경제는 2008년 8월, 26년 만에 처음으로 무역수지 적자를 기록했다. 세계 경제의 성장 엔진인 중국 등 이머징 국가의 피해는 가늠조차 어렵다. 모든 자산 가격이 폭락하면서 극단적인 예언도 잇따르고 있다. 다우지수 주가가 이미 고점 대비 44%나 하락해서 8000선마저 무너진 2008년 10월 28일 유로 퍼시픽 캐피털 회장인 피터 시프는 "미국 경제는 재난 상태"라면서 "주가는 현 수준에서 90%는 더 떨어질 수 있다"고 경고하기도 했다.

인류의 탐욕이 만들어낸 글로벌 위기는 세계를 과거와 완벽하게 단절시켰다. 모든 국가에서 자본주의 경제 원칙을 무시하고 국가가 시장에 '무제한' 개입하고 있다. 거대 금융기관들은 국유화되고 있다. 미래에 대한 극단적 불안감으로 오직 '현금' 만 선호하면서 부동산, 외환, 채권, 금융 시장은 마비되었다. 부도 기업 또한 빠르게 늘고 있다. '100년에 한 번 나올 만한 위기' 가 아니다. 인류 역사상 최초로 나타난 위기이다. 글로벌 위기는 새로운 위기를 자가 증식하면서 지구 전체로 확산되고 있다.

마지막 호황, 그리고 첫 번째 불황

2007년까지의 경기 호황은 과거 경기 호황과 큰 차이가 있다. 지역적 범위, 경제 성장의 성격, 속도 등에서 확연히 달랐다. 제 조업 기반하의 산업사회에서 주기적으로 나타났던 호황은 1990년대 말에 종료되었다. 1990년대 IT 호황은 산업사회의 마지막 호황이었다.

지난 5~6년간 금리가 하향 평준화 되면서 전 세계 모든 국가 의 경기가 초호황을 보이며 국가 간 교역도 급증했다. 자산 가 격이 급등하면서 세계의 변방이었던 이머징 국가들이 세계 경 제에 편입되었다. 실질적인 세계화가 급속히 진전되면서 1990 년대 개념이었던 '신경제' 현상이 보편적 상황으로 굳어졌다. 경제의 주체는 제조업이 아니라 부채에 의존한 금융업이었다. 따라서 인류 최초로 발생한 전 지구적 호황으로 역사적 의미를 부여하는 것이 옳아 보인다.

역사적으로 21세기 초반의 경기를 최초의 글로벌 호황으로 규정할 경우 2008년 이후 나타나고 있는 위기 역시 최초의 글로벌 불황이다. 따라서 과거 사례에서 원인과 해법을 찾을 수 없다. 위기 감염 속도는 사회의 불황 인지 속도보다 빠르다. 새로운 관점에서 이해와 대책이 필요해졌다.

부채의 바벨탑과 탐욕의 종말

이번 글로벌 위기는 21세기 들어 부채를 바탕으로 구축된 세계 경제 구조에 기인한다. 지난 7~8년간 인류는 국가 구분 없이 부채의 바벨탑을 쌓아왔다. 끝없는 팽창을 추구하는 자본주의와 인간의 탐욕이 결합된 결과다.

부채와 신용파생상품이라는 판도라 상자가 만들어낸 '유동성'은 미국에서부터 아프리카까지 성장의 축배를 마시게 했다. 돈의 파티에 취한 세계는 모든 자산 가격을 역사상 최고점에 올려놨다. 여기에 추가 증식을 위해 신용파생상품이라는 신비한(?) 제도를 만들어 자금을 지속적으로 공급했다. 그러나 부채에 기초한 첫 번째 호황은 전 세계를 동반 자살 국면으로 밀어버렸다. 모든 국가가 부채의 부메랑으로 신음하고 있다.

부채의 자유가 확보된 것은 신자유주의적 세계화가 중심 이데올로기였기 때문에 가능했다. 1980년대 중반 이후 소련의 몰락에 따른 냉전의 종식은 수정자본주의를 영미식 자본주의로 변화시켰다. 영미식 자본주의란 산업혁명 초기의 원초적 자본주의와 유사한 체제로 신자유주의라고 불린다. 신자유주의는 국경, 국가의 규제, 노동운동으로부터의 자유를 의미한다. 시장근본주의도 같은 의미이다. 신자유주의는 사회주의라는 이념적 경쟁자의 자체 소멸로 자본주의를 도덕의 굴레에서 해방시켰다. 고삐 풀린 신자유주의는 규제와 통제의 진공 상태에서 자유를 얻게 되자 무계획적인 부채의 바벨탑을 만들었다. 그러나 비대해진 부채의 바벨탑은 자체 하중 증가로 미국에서 시작된 지 한 달 만에 세계를 뒤흔들었다.

디플레이션 속으로

지축이 흔들릴 정도의 글로벌 위기 후폭풍은 극심한 경기 침체로 나타날 전망이다. 세계 각국이 무제한의 자금 공급으로 위기를 타개하려 시도 중이지만 오히려 문제의 본질을 흐리고 있다. 투자의 달인 조지 소로스(George Soros)는 1930년대 대공황의 슬픈 추억을 상기시킨다. 1929년에 시작된 대공황 당시 주가는 4년간 90% 하락했다. 실업률은 27%(1932~1933년), 경제성장률은 최대 -13%(1932년), 소비자 물가지수는 -24%(1929~1933년)였다. 케인스 경제학에 기반을 둔 뉴딜정책도 소용없이 대공황은 제2차 세계대전을 유발시켰다. 과연 이 정도의 대공황이 발생할 것인가?

필자는 1930년대의 대공황보다 이번 글로벌 위기는 더 위험하다고 판단한다. 이머징 국가와 구 공산권의 엄청난 투자로 21세기 들어 세계적 차원에서 생산력은 기하급수적으로 증가했다. 그러나 신자유주의 기반의 불균형 성장으로 중산층의 증가는 공급 증가 속도를 따라가지 못했다. 수요 증가가 미미하다는 의미다. 과학 기술의 빠른 발전으로 생산성은 미국뿐 아니라 중국, 폴란드 등 모든 국가에서 향상되었다. 글로벌 위기로 경기 침체가 가속화되면 1930년보다 심한 공급 과잉, 즉 디플레이션이 나타날 수 있다. 1930년대 대공황은 당시 선진국만의 문제였다. 인구는 증가하고 있었고 산업화 수준은 지금과 비교할 수 없을 정도로 낮았다. 그러나 현재는 디플레이션이 지구 전체에서 나타날 수 있다. 그래서 글로벌 위기는 시스템 위기로 비화된다.

이 책의 1부는 글로벌 위기의 원인과 확산 과정을 주로 다룬다. 부채 경제의 발생과 진행 과정, 파국에 따른 정책 대응 등 일련의 흐름들과 이데올로기의 기반이 된 신자유주의적 세계화가 글로벌 위기에 미친 영향을 분석한다. 또한 21세기 세계의 성장 엔진으로 등장한 이머징 국가에서 성장의 축배가 어떻게 독배로 전환했는지 구조적 측면에서 살펴보았다.

시스템 붕괴 이후

전 세계적으로 디플레이션이 나타날 경우 세계 체제는 시스템 붕괴 위험에 노출된다. 모든 국가가 극심한 경기 침체에 시달리면서 정치적 안정성은 심각하게 훼손될 수 있다. 이는 신자유주의가 유발한 양극화 현상과 결합되어 국민국가 내부뿐 아니라 세계 질서를 흔들 수 있다.

국가 간의 관계는 '만인 대 만인의 투쟁' 상태로 변할 가능성이 높다. 국가 내부의 문제를 외부로 돌리기 위해 영토 분쟁이 빈번히 발생하고, 민족주의나 배타적 애국주의가 성행할 수 있다. 세계화의 기반인 국가 간 상호 신뢰가 약화될 것이다. 헤게모니 국가인 미국의 약화로 국제 질서는 예상조차 어려워지고 있다. 군사적으로는 러시아, 경제적으로는 중국, 영미식 신자유주의에 대한 이머징 국가의 체계적 저항 등이 무질서하게 나타날 가능성이 높다.

그러나 글로벌 위기는 미국의 헤게모니를 일시적으로 강화시킬 것으로 판단된다. 국제정치적 헤게모니와 달러라는 기축통화를 가진 미국의 약화는 세계 질서를 무정부 상태로 몰아넣을 수 있다. 자생적으로 미국의 헤게모니가 강화되는 것이 아니라 세계 공멸의 위기에 대한 두려움으로 미국의 헤게모니를 각국이 보장할 가능성이 높아졌다.

세계 시스템 전체의 보완이 필요

현재의 위기를 금융 위기, 미국발 위기, 미국식 자본주의의 위기 등 다양한 용어로 부른다. 그러나 금융의 문제에서 출발했지만, 경제 전체, 이어서 사회구조 전반으로 위기가 확산되었고 근본적 개혁이 세계 모든 국가에서 필요해졌기 때문에 필자는 '글로벌 위기'로 표현하고자 한다. 위기의 성격이 세계 전체의 모든 분야에서 나타나고 있기 때문에 해결 방법도 근본적이고 복합적이어야 한다.

'새로운 세계를 향하여'라는 2부 제목처럼 세계의 시스템 전체를 바꾸려는 의지에서부터 해결의 실마리를 찾아가야 한다. 우선은 위기를 유발한 시스템에 대한 반성이 선결 조건이다. 세계 전체의 위기이기 때문에 신뢰를 기반으로 국제 공조가 잘 가동되도록 각국의 자발적 협조와 국제적 리더십이 필요하다. 국제 공조는 위기에 대한 정확한 인식을 바탕으로 도덕적 해이 제거와 미국 등 선진국의 자구 노력이 기반이 된다. 부채를 줄이려는 미국의 노력 없이 문제 해결은 불가능하다. 향후 예상되는 경기 부양은 지구의 미래를 준비하는 차원에서 인류 공동으로 투자한다는 관점의 접근이 필요해 보인다.

최악을 가정한 대책을 준비해야 할 때

마지막 부분은 구체적인 해결 과정의 변수와 전망이다. 글로벌 위기는 현재 진행형이기 때문에 현 시점에서 해결 과정을 예상하기는 어렵다. 다만 해결 과정에서 어떤 점이 중요하고 살펴야 할 구체적 변수가 무엇인지 주로 자본시장적 입장에서 살펴본다.

단기적으로는 달러 가치 안정이 필수적이다. 세계 기축통화의 안정 없이 글로벌 위기 해결은 불가능하다. 부채 경제의 근원인 부동산 시장의 안정도 필수적이다. 이후 재정, 경기 부양책, 생산력 감축, 원자재 가격에 대해 전망해보았다. 또한 미국의 위기가 더 심해질 경우 예상되는 중국·일본에 의한 '역 마셜 플랜'의 가능성도 살펴본다. 마지막에서는 환율 절하, 금리 급등, 주가와 부동산 가격 폭락으로 큰 피해를 입은 한국이 위기를 어떻게 돌파할지, 그 방법과 자산시장 전망을 알아본다.

대공황을 막아라!!!

과학기술의 발달로 생산성이 비약적으로 증가하고 있고, 이데올로기 시대의 종말로 구 공산권 경제는 세계의 공장이 되었다. 여기에 신자유주의적 세계화로 세계 경제의 효율성은 크게 높아졌다. 반면 자원 부족과 환경오염으로 생산원가는 지속적으로 상승 중이다. 고령화 현상과 인구 감소로 소비가 늘어날 여지는 점점 축소되고 있다. 생산은 빠르게 증가하는데 소비 증가는 더디기만 하다. 공급은 기하급수적으로 증가하는데 수요는 산술급수적으로 늘어나는 21세기 '신 맬서스(Neo- Malthus)' 이론이 현실화된 것이다. 신 맬서스 이론이 바로 필자가 주장하는 디플레이션의 논리적 근거이다.

구조적인 공급 과잉 상황 때문에 양극화 현상은 고착화되고 사회 계층 간 투쟁 강도가 강화되고 있다. 온화했던 사회구조가 치열한 생존투쟁의 장으로 변하고 있다. 소외 현상의 증가로 반사회적 범죄가 늘고 '나' 이외는 '적(敵)'으로 규정하기 시작했다.

위기를 기회로

뭔가 근본적인 해결책이 필요하다. 글로벌 위기가 지축을 흔들었다면 세계의 기초부터 다시 손봐야 한다. 무제한의 통화 공급과 금융기관의 국유화는 단기적으로 위기를 은폐한다. 그러나 은폐된 위기는 더 큰 문제로 다가올 수 있다. 금융시장만 복원시켜서는 안 된다. 이미 세계의 시스템은 파괴되거나 안정성을 상실했다. 기존 시스템으로 복구할 수 없다. 따라서 글로벌 위기를 세계 전체를 재구축하는 계기로 삼아야 한다. 국제 질서, 국내 사회구조, 경제 문제 등 모든 분야에 대한 손질이 필요하다. 적극적이고 구조적인 조치만이 위기를 대공황으로 확산시키지 않을 것이다. 글로벌 위기는 자본주의를 진화시키는 시발점이 되어야 한다. 그런 의미에서 이번 (글로벌) 위기는 인류 모두의 기회이다!

필자는 2004년 이후 디플레이션을 주제로 저술하고 있다. 디플레이션 시대가 다가오고 있다는 경고와 구체적 증거를 주제로 해서『디플레이션 속으로』(2004, 이콘)란 책을 발간했다. 이어 디플레이션 관점에서 미국의 문제를 심층 분석한『세계경제의 그림자 미국』(2005, 해냄)을 통해 향후 헤게모니의 전환 과정과 문제점에 대해 고민했었다. 두 책은 구체적인 디플레이션 세계의 모습과 미국 경제의 모순과 장래에 대한 전망을 주로 담고 있다. 따라서 이 책에서는 이 부분에 대해서는 상세히 다루지 않았다. 자세한 내용은 위 책들을 참조하기 바란다.

◙   ◙   ◙

예상과 달리 신용파생상품이라는 예상치 못한 '대량살상무기(WMD)'의 출현으로 필자의 미래에 대한 시각은 수정이 필요해졌다. 물론 결론은 두 책에서 주장한 내용과 거의 유사하다. 그동안 필자는 미국과 달러의 위기는 곧 세계 전체의 위기라고 규정했었다. 중국으로 헤게모니가 빠르게 전환될 경우 세계 전체에 엄청난 충격이 불가피할 것으로 예상했었다. 그러나 글로벌 위기로 인해 예상과는 달리 변화의 발화점과 진행 과정은 다소 차이가 있었음을 고백한다. 세계의 석학들도 모두 유린당했다. 대부분 미래학자들의 예상보다 미국의 위기는 더 빨리 나타났다. 그렇다고 당장 중국이 미국을 대체할 수 없는 상황이다. 2007년까지의 책들을 버리고 미래학자들은 다시 집필을 시작해야 한다.

_1부

지축이
흔들리고
있다!

세계적 규모의 거래자들은 오늘날의 급속한 세계적 이동을 따라잡기 위해서는 하루 24시간 깨어 있어야 할 것 같다고 느낀다. 속도가 빨라질수록 혼돈과 예측 불가능성의 감각도 빨라졌다. 예컨대 한 실험에서 쥐들이 지나치게 자극을 받으면 혼란에 빠져 출구를 찾지 못한다는 점이 입증되었다. 세계화는 모든 계층의 사람들에게 이 같은 효과를 내는 것 같다. 너무 많은 변화와 모호성에 위협받는 인간은 대개 불확실성에 대비해 필요한 것보다 더 많은 것을 추구한다.

_ 로버트 A. 아이작(Robert A. Isaak)

○ ○ ○

미국발 서브프라임 사태가 글로벌 위기로 전환되어 세계를 흔들고 있다. 마치 지축이 흔들린 것처럼 세계는 방향성을 상실하고 공포만이 지배하고 있다. 1980년대 이후 세계의 중심 이데올로기였던 신자유주의는 지구를 먹어치우고 스스로 전사했다. 21세기 초반에 맞은 인류 전체의 초호황은 새로운 시대의 첫 번째 호황으로 인식되었지만 결과적으로는 신자유주의의 마지막 호황으로 종결되고 있다.

프랜시스 후쿠야마(Francis Fukuyama)는 『역사의 종말』에서 "자유민주주의가 인간의 가장 근본적인 욕구를 채워주는 사회 형태가 출현했을 때 역사 발전은 종결할 것이다"라고 주장했다. 그가 봤던 인간의 근본적인 욕구를 채워주는 사회 형태는 신자유주의였다. 그러나 인간의 욕구가 무한하다는 사실을 그는 간과했다. 통제 받지 않은 욕구는 부채의 바벨탑을 쌓았고 결국 붕괴되고 있다.

미래에 대한 비전의 상실
서브프라임 사태로 촉발된 금융 위기는 지구 전체에 영향을 주고 있다. 세계를 지배하던 미국 등 선진국들은 국가 독점 금융 자본주의로 향하고 있다. 거대 금융기관들은 이제 국가의 소유물로 전락했다. 자본주의의 지휘자가 기업과 금융에서 개발 독재 형태로 회귀하고 있다. 세계 경제의 엔진인 이머징 마켓도 무려 30여 개 나라가 국가 부도 위기를 맞고 있다. 국제 질서는 무정부 상태의 혼란을 보이면서 국제 공조보다는 자국만의 이기주의로 전환되었다. 다시 민족주의 시대로 진입하는 것일까? 역사상 이번 글로벌 위기와 같이 세계 전체에 심각한 충격을 줬던 경우가 또 있었을까?

글로벌 위기의 2차 쓰나미는 국가 내부적으로 사회 안정성을 급속히 파괴하고 있다. 주식, 부동산, 채권, 원자재 가격을 폭락시켜 중산층을 고사시켰다. 금융기관과 기업의 파산이 예상되면서 일자리 감소로 양극화는 보다 심화되고 있다. 사회 복지 재원이 금융 기관에 지원되면서 국가 재정도 말라갈 것으로 예상된다. 금융자산에 투자한 연기금은 엄청난 손실을 입었다. 브라질은 민영 연기금을 국가 소속으로 바꿨다. 주식 등 위험 자산에 투자를 많이 했던 미국의 대학들은 2009년에 장학금을 지급할 자금이 사라졌다. 글로벌 위기로 인해 미래에 대한 비전마저 상실되고 있다.

위기는 지금부터 시작

문제는 이제부터 시작이라는 점이다. 금융 측면의 위기가 해소되어도 금융의 세계화로 모든 자산 가격과 경제가 촘촘한 네트워크로 연결되어 있기 때문에 2차 쓰나미는 실물경제를 통해 세계의 모든 개인에게 전이될 것이다. 위기의 세계화로 봐야 한다. 지축이 흔들렸기 때문에 파장은 시간을 두고 지구 구석 구석까지 미칠 것이다.

글로벌 위기의 원인은 단순하지 않다. 신자유주의적 무절제, 미국의 부채 경제, 이머징 국가의 부상, 세계화에 따른 시스템 리스크의 증가 등 구조적 요인들이 동시에 혼합되어 나타난 것이다. 원인에 대한 정확한 인식이 적확한 해결을 만든다. 1부에서는 글로벌 위기로 지축이 흔들린 원인을 구조적으로 파악한다. 신자유주의적 세계화의 역사를 통해 글로벌 위기가 어떻게 내재되었는지 알아보고, 구체적으로 부채 경제의 현황과 문제점을 살피고자 한다. 또한 이데올로기 측면에서의 신자유주의와 세계화의 문제, 그리고 이머징 시장에 끼친 영향을 살펴본다. 과도하게 연결된 세계에 대한 판단에는 시스템 전체에 대한 진단이 가장 중요하다.

1장

마지막 호황

인간의 투쟁이 가장 큰 힘을 발휘하는 때는 바로 하나의 역사적 체계에서 (우리가 그 본질을 미리 알 수 없는) 다른 역사적 체계로 옮겨가는 이행기이다. 자유의지라고 부르는 것이 균형을 회복하려는 체계의 압력을 압도할 때는 바로 이 이행의 시기뿐이다.

_ 이매뉴얼 월러스틴(Immanuel Wallerstein)

● **지난** 2003년부터 2007년까지 이 21세기의 초반 5년 동안은 인류 역사의 황금기로 규정할 수 있다. 전 세계가 연평균 4.6%의 고성장을 보였다. 과거의 호황기와 달리 통계에서 제외되었던 이머징 국가와 구 공산권이 통계에 편입됨에 따라 실질적으로는 역사상 가장 높은 성장을 구가했던 시기로 볼 수 있다. 정치적으로도 민주주의가 광범위하게 정착되면서 대부분의 국가들은 중심 이데올로기로 민주주의를 채택했다. 전 지구를 대상으로 원자재, 금융, 각종 공산품 교역이 빠르게 확산되었다. 이 결과 세계 경제는 역사상 유례가 드문 장기간의 고성장을 보였다. 보다 중요한 것은 경기 호황의 기간이 아니다. 오히려 거의 모든 국가들의 경제가 고성장을 보이면서 성장의 결과가 인류 전체에 미쳤다는 것이 바로 21세기 초반 호황의 가장 큰 역사적 의미다.

21세기의 장기 호황은 범위, 기간, 대상 및 속도에 있어 과거에 주기적으로 나타났던 호황과는 근본적으로 차원이 다르다. 범위는 전 세계적이었고, 호황 기간도 거의 5년 동안(9·11 테러 당시를 경기 저점으로 판단할 경우 7년) 지속되었다. 과거 호황은 철도, 석유, 철강, IT 등 특정 산업이 주도했다. 그러나 21세기 호황은 거의 전 산업에 걸쳐 역사상 가장 빠른 속도로 미국부터 아프리카까지 동반 성장시켰다.

필자는 21세기 초반 5년의 초호황을 '신자유주의적 세계화 호황'으로 규정한다. 이데올로기 시대의 종식과 과학기술의 발달로 국가의 물리적 장벽이 제거되면서 신자유주의는 21세기의 중심 이데올로기로 자리 잡았다. 민간 부문 특히 기업 경영의 '자유'를 뜻하는 신자유주의 체제는 전 지구를 하나의 네트워크로 엮는 원동력이 되었다. 신자유주의 체제로 전환되면서 자본주의는 고삐가 풀렸다. 앤서니 기든스의 표현대로 '질주하는 기관차'처럼 빠르고 거칠게 성장했다. 2003년 이후 5년간 신자유주의는 자본주의 팽창 본능의 한계를 제거했다.

01

신자유주의, 절대선이 되다!

21세기 세계 경제가 장기간에 걸쳐 고속 성장한 기반은 세계화라는 기초 환경에 신자유주의 이념이 사회구조를 변화시킨 결과로 평가된다. 특히 1980년 이후 신자유주의의 확산과 세계 경제 성장은 유사한 방향성 속에서 상호 작용을 통해 세계 경제의 흐름을 결정해왔다. 물론 경제는 특정 이데올로기만으로 작동되지는 않는다. 그러나 신자유주의는 자본주의의 기본 성격을 냉전시대의 수정자본주의와 완벽하게 차별화시켰다.

2008년 이후 글로벌 위기의 가장 큰 원인을 신자유주의라고 판단하는 시대적 상황을 고려해서 신자유주의와 세계 경제의 발전 과정을 살펴보고자 한다. 1990년대까지의 세계화와 신자유주의 문제는 이미 상당한 연구가 진행되었다. 따라서 가급적 21세기 이후 세계화와 신자유주의가 어떻게 호황으로 연결되었고, 또한 파국으로 치달았는지 그 과정을 우선 살피고자 한다.

갇혀진 안정기 : 1980년대 초반까지

제2차 세계대전은 이전의 세계와 완전히 구분되는 전환점이었다. 세계는 이데올로기에 따라 양극체제를 형성하면서 정치뿐 아니라 경제도 분할되어 유지되었다. 제한적인 재화 이동으로 세계 경제의 효율성은 매우 낮았다. 이데올로기가 자원의 배분을 왜곡시켰고, 적대적인 동서 대결은 인력뿐 아니라 기술, 자본 및 상품의 이동을 왜곡하면서 자기 진영 내부에서 '보이는 손'이 세계 경제를 지배했다. 수동적으로 진영 내부에 갇혀진 상태에서의 안정기로 볼 수 있다.

경제 성장은 몇몇 자본주의 국가의 전유물이었다. 반면 동서 양측은 최근 들어 이머징 마켓이라 불리게 된 나머지 지역들을 서로 자기 진영에 편입시키려고 경쟁을 벌였다. 이들 국가에 정치적 안보(정권 유지)를 제공하는 대신, 자원과 인력을 착취하는 계급적 의존관계가 1980년 초반기까지 지속되었다. 이런 의존적 체제가 어느 정도 세계를 안정시킨 것은 사실이다. 전쟁도 줄고 완만하지만 경제 성장도 유지되었다. 냉전시대보다 오히려 1980년대 이후에 전쟁이 많았다. 양극체제가 그 정당성을 떠나 현실적으로 세계를 안정시켰다는 점은 인정해야 한다.

이런 안정의 근본적인 배경은 세계의 헤게모니가 미국과 소련으로 완벽하게 구분되어 견제와 균형의 시스템이 작동했기 때문이다. 어느 국가도 헤게모니 국가인 미국과 소련의 통제를 벗어나 국가 체제를 유지할 수 없었다. IT 기술과 같이 시스템을 파괴할 정도로 영향력이 큰 과학기술의 발전도 미진했다. 물론 인류 전체의 의식 수준도 두 개의 헤게모니에 갇혀서 제한된 상황을 순응적으로 받아들일 수밖에 없었다.

신자유주의의 태동기 : 1980년대

1990년대를 세계의 대전환기로 본다면 1980년대는 변화의 잉태기로 볼 수 있다. 이 시기는 헤게모니와 이데올로기 대립의 약화, 그리고 과학기술의 발전을 토대로 변화를 잉태하기 시작한다. 1980년대 이전 미국은 두 차례의 오일쇼크를 거치면서 경제가 근본적으로 어려워졌다. 높은 소비 수준을 뒷받침할 만큼 경제는 견실하지 못했다. 후발 산업국인 일본과 독일의 공산품이 세계 시장을 석권하면서 미국은 전통적 방식에 의한 헤게모니를 유지할 수 없었다. 고실업, 고물가, 고금리 등 3고 (高) 현상을 근본적으로 치유할 방법이 필요했다. 이런 위기 상황에서 등장한 것이 신자유주의 체제로의 전환이다. 국가는 정부의 역할을 축소시키면서 기업에 경제 주도권을 넘겨줄 수밖에 없었다. 공기업을 과감히 민영화하고 세금을 내리면서 기업에 대한 규제를 풀기 시작했다.

반면 계획경제의 모순이 최악의 상황까지 도달했던 소련에 대해서는 강력한 군비 경쟁을 통해 자체 붕괴를 유도했다. 취약한 경제력 속에서 미국과의 군비 경쟁에서 밀린 소련이 1982년 아프가니스탄에서 철수할 수밖에 없었던 것은 계획경제의 실패와 군비 증가의 한계를 상징적으로 보여주는 사건이었다. 신자유주의와 군비 증강을 동시에 추진한 레이건 대통령은 집권 초기에 심각한 혼선을 빚기도 했다. 국내적으로는 주택대부조합 사건으로 금융시장이 파탄지경에 처했고 쌍둥이 적자는 구조화되었다. 그러나 소련은 허약한 미국보다 더 빠른 속도로 자체 붕괴 과정에 진입한다. 고르바초프가 서기장에 취임하면서 시장경제적 개혁을 일부 시도했지만 이미 소련은 사망한 상태였다. 결국 자유, 평등, 박애의 민주주의 이념을 정착시킨 프랑스 혁명 발생 후 정확히 200년 되던 1989년 동서 냉전의 상징인 베를린 장벽이 무너지면서 이데올로기 대립은 종말을 고한다.

미국을 살린 신자유주의

신자유주의는 영국과 미국이 보조를 맞추면서 일본, 독일, 캐나다, 호주 등 주요 선진국들이 차례로 받아들이자 긍정적 효과가 나타나기 시작했다. 이 과정에서 다시 강화된 미국의 파워는 1985년 플라자 합의를 이끌어낸다. 플라자 합의는 신자유주의 정책 초기, 미국의 쌍둥이 적자가 크게 늘자 인위적으로 일본의 엔화와 독일의 마르크화를 평가 절상시킨 사건이다. 수출 중심 경제인 일본과 독일이 자발적으로 자국 화폐 가치를 높여서 수출을 줄일 이유는 없었다. 그러나 허약한 미국을 살리고, 세계 경기 부양을 위해서 양국은 환율 절상이라는 희생을 기꺼이 감내했다.

플라자 합의 후 인위적인 달러 가치의 안정으로 미국은 1982년부터 추진하던 저금리 정책을 지속할 수 있었다. 금리는 떨어지고, 세계 경제 침체로 유가도 낮은 상황에서 달러 가치의 안정(엔화/마르크화의 강세)은 세계에 소위 3저 효과를 가져다주었다. 우리나라의 제5공화국 시절 고성장은 거의 3저 효과에 기인한다. 이렇게 세계 경제는 초호황으로 1980년대를 마감하고 1990년대로 진입한다.

그러나 2008년의 글로벌 위기의 근본적인 원인이 바로 1980년대부터 잉태되기 시작했다. 미국의 쌍둥이 적자가 구조화되면서 달러 가치는 추세적인 하향 곡선을 그리게 된다. 환율 약세로 제조업 수출이 늘 수 있는 호기였지만 미국은 금융서비스 업종을 육성했다. 이 정책적 선택이 글로벌 위기의 근원인 달러 약세와 금융업 중심의 경제구조로 전환하는 시발점이 되었다.

발전기 : 1990년대

1990년대는 이데올로기 시대의 종식과 과학기술 발달로 미래에 대한 기대감이 충만한 상태로 출발했다. 소련의 붕괴로 안보 문제가 관심 밖으로 사라지면서 세계는 오직 경제 문제에만 집중한다. 통신기술 발달과 이데올로기 시대 종식으로 국가의 역할이 축소되면서 세계는 지구촌 경제로 통합되기 시작한다. 바로 '세계화'가 중심 화두로 등장한다. 대부분의 국가들이 대외 개방에 힘쓰면서 국제적인 자금 이동도 활발해진다.

물리적으로 세계화가 가능해지자 신자유주의는 급속히 확산된다. 신자유주의의 주요 원칙인 '국경 철폐'는 통신 기술의 발달로 가속화된다. 많은 국가에서 공기업이 민영화되면서 기업 중심으로 경제구조가 재편되기 시작한다. 특히 일부 선진국의 전유물이었던 신자유주의를 세계 거의 모든 국가들이 기본 통치 이념으로 받아들이면서 세계는 연결된 하나를 향하게 된다. 물론 이 연결의 중심은 인터넷으로 대표되는 미국의 IT 기술과 금융자본이었다.

신자유주의, 절대선이 되다!

1990년대는 그동안 사회과학자들이 예측했던 모습 즉, 국가의 약화, 전 지구적 경제 구조, 금융 중심의 경제 등 미래 사회의 모델에 대한 환상이 커져가던 시기였다. 그리고 이러한 모델의 표본으로 신자유주의는 절대 '선(善)'으로 받아들여지기 시작했다. 특히 미국은 IT 기술의 확산, 안정된 금리 수준, 대항마의 부재라는 상황을 이용해서 헤게모니를 다시 획득하게 된다. 압도적인 군사력에 경제 회복이 가세하자 미국의 방식을 글로벌 스탠더드로 만들면서 결국 '일방주의' 국가로 나아간다. 지구는 미국의 의지대로 움직이는 단일 국가처럼 보이기 시작했고, 신자유주의는 경제 이념을 넘어서 '역사의 종말' 이후의 중심 이데올로기로 자리 잡았다.

이 시기에 러시아를 포함한 동유럽 국가나 중앙아시아 국가들은 사회주의에서 자본주의로 체제 전환의 과도기적 후유증을 겪고 있었다. 따라서 국제 문제보다는 국내의 정치 경제 문제에 집중하는 기간이었다. 또한 미국의 도움(원조)도 필요했기 때문에 미국식 일방주의를 거스를 수 없었다. 대규모 자원 보유국임에도 유가 등 원자재 가격의 안정으로 경제 사정은 어려운 상태가 지속되었다. 정도의 차이가 있을 뿐 라틴 아메리카의 자원 보유국들도 국내 정치 체제의 불안정과 고물가·저성장 구조가 고착화되어 체제 전환국과 유사한 상태였다. 다만 중국과 인도만이 신자유주의 체제를 이용해서 내적 역량을 키우고 있었다.

동아시아 외환위기는 신자유주의 확산의 촉매제

1990년대 신자유주의가 세계 전체로 확산되는 과정에서 동아시아 외환위기는 결정적 역할을 한다. 동아시아 외환위기의 원인 제공자는 당연히 한국, 태국 등 동아시아 국가다. 그러나 동아시아의 외환위기 해결 과정은 신자유주의체제로 전환해야만 살아갈 수 있다는 절박함을 세계에 각인시켰다. 국제통화기금(IMF), 세계은행(IBRD), 그리고 미국을 대신한 초대형 금융기관들은 시장경제 체제의 구축을 위해 경제의 완전한 대외 개방, 국영기업의 민영화, 노동의 유연성 확보, 국가의 역할 약화 등 신자유주의의 기본 원칙을 받아들였을 경우에만 자금을 지원했다. 결국 과거와의 단절, 혹은 새 시대로의 진입은 오직 신자유주의 체제 구축 여부에 달려 있다는 신호를 전 지구에 보냈다.

1990년대 선진국은 경제난 타개의 방법으로 자연스럽게 신자유주의 체제로 전환한 반면, 동아시아 등 신흥 개발도상국은 비자발적으로 받아들였다. 한편 동유럽의 체제 전환국이나 남미는 국내 여건 때문에 신자유주의 체제로의 전환이 지연된 상이한 상황에서 21세기를 맞는다.

신자유주의의 가속기 : 2005년까지

21세기의 출발은 IT 버블의 붕괴로부터 출발한다. 1990년대에 미국이 신자유주의를 경제 성장 동력으로 삼을 수 있었던 것은 IT 산업 중심의 경제 활황 때문이었다. 그러나 지나친 IT 버블은 미국뿐 아니라 전 세계에 구조적인 경기 불황을 유발했다. 특히 버블의 정도가 가장 심했던 미국의 경기 침체는 이전과 비교하기 어려울 정도로 깊어졌다.

이런 상태에서 미국의 일방주의에 대해 체계적인 저항으로 알카에다에 의한 9·11 테러가 발생하자 미국 경제뿐 아니라 세계 경제는 고사 상태에 빠진다. 또한 미국이 아프가니스탄과 이라크를 침공하자 미국뿐 아니라 세계 전체는 디플레이션 위기에 직면하게 된다. 그러나 저축률 '0'의 부채 국가인 미국의 경제 회생 대안은 금리 인하와 세금 감면밖에 없었다. 미국은 5%대의 정책금리를 1% 수준까지 낮추고 신자유주의 원칙대로 세금을 크게 깎았다. 또한 유사한 상태에 있던 선진국들도 금리와 세금을 동시에 인하했다. 한국의 경우에도 2003년 정기 예금 금리가 3.2% 수준까지 하락했다. 첫 번째 국제 공조였던 셈이다.

그러나 문제는 달러 가치에 있었다. 미국의 쌍둥이 적자가 눈덩이처럼 커지는 상황에서 금리를 인하할 경우 당연히 달러 가치는 하락한다. 또한 이라크 전쟁 비용이 과다한 상황에서 세금마저 줄일 경우 미국의 재정 적자 역시 크게 늘면서 달러 가치는 하락할 수밖에 없다. 감세와 금리 하락이 소비를 증대시켜 다시 세금이 늘어난다는 신자유주의의 기본 원칙에 충실한 조치였다. 그러나 이 원칙이 효과를 발휘하기 위해서는 상당한 시간이 필요했다.

구원투수로 등장한 이머징 마켓
이런 과도기에 중국으로 대표되는 이머징 마켓이 세계 경제의 주역으로 등장하게 된다. 구조적인 쌍둥이 적자와 저금리로 달러가치 약세가 예상될 경우 국적 없는 글로벌 자금은 당연히 비달러 자산 즉, 미국 이외 지역으로 흐른다. 그러나 유럽이나 일본 등 선진국 경제 역시 미국과 별반 차이가 없었기 때문에 성장 잠재력이 높은 이머징 마켓으로 자금이 흐르는 것은 당연했다. 2002년 이후 이머징 마켓의 부상은 바로 미국과 달러 약세로 글로벌 자금이 이머징 마켓으로 집중된 것이 가장 중요한 계기로 작용했다고 볼 수 있다.

이머징 마켓으로 자금이 이동하는 과정에서 자금 유출국인 미국은 단순한 관전자가 아닌 중요 플레이어가 된다. 미국의 경상수지 적자에도 불구하고 동아시아나 오일머니가 미국 자산을 매수하면서 국제수지의 균형을 이루며 달러 가치는 안정되었다. 중국 등 동아시아는 경제 성장을 위해 지속적인 수출시장이 필요했다. 만일 미국이 경상수지 균형을 이루면 수출 중심 국가들의 경제는 큰 타격이 불가피했기 때문에 미국의 경상수지 적자를 보전해줘야 했다. 미국의 과소비 유지와 달러 가치 안정을 위해서 이머징 국가들은 자발적으로 자국의 경상수지 흑자 금액만큼 미국 자산에 투자했다.

이런 현상을 서머스 전 미국 재무장관은 '신비로운 길'이라고 칭했지만 일부에서는 '공포의 균형'이라고 부르며 우려를 표했다. 신비로운 길을 통해 미국은 경제력 이상으로 무한히 과소비를 할 수 있게 되었다. 소비할 상품과 자금을 동아시아 등 이머징 마켓이 대주고 있으니 얼마나 신비로운가? 미국의 입장에서는 이런 선순환이 영원히 지속되기를 바랄 것이다. 그러나 이런 구조는 논리적 모순을 안고 있다. 미국에 대항할 국가나 강력한 대체 통화가 등장하거나 미국이 결정적으로 어려워지면 신비로운 길은 공포의 길로 돌변할 수 있기 때문이다. 미국의 초과 소비금액과 동아시아 등 이머징 국가의 대미 투자 금액이 균형을 이루는 현상은 공포를 내재한 균형 속에 2007년까지 지속된다. 미국의 경상수지 적자가 가장 컸던 2006년을 기준으로 보면 신비로운 길을 통해 흐르는 자금은 미국 GDP의 6%에 육박하는 8,000억 달러를 넘겼다.

신비로운 길 위의 공포의 균형

미국의 엄청난 경상수지 적자는 어떤 면에서 미국의 호의로도 볼 수 있다. MIT의 앨리스 암스덴 교수(Alice H. Amsden)는 "냉전시대에 미국은 소련과의 경쟁에서 승리하기 위해서 유럽이나 당시의 개발도상국가에 상호주의를 채택하지 않았다"고 주장한다. 사실 미국은 관세 인하를 통해 동맹국을 지원하려는 정책을 장기적으로 추진해왔다. 예를 들어 대공황 시기에는 관세가 60%나 되었지만, 1960년대에는 12%로 급감했고, 이마저 1990년대에는 3.5%로 낮아졌다. 보호주의보다는 자유무역으로 미국 이외 국가를 지원한 결과로도 볼 수 있다. 나름대로 일리 있는 주장이다. 만약에 미국의 경상수지가 균형을 이루면 어떻게 될까? 아마 미국에 대한 수출로 지탱되는 동아시아 경제가 가장 큰 타격을 입게 될 것이다. 그래서 동아시아 국가는 막대한 외환 보유고로 미국 채권 매수를 통해 과소비 자금을 대주고 있다. 국가를 막론하고 경제계에 좌파적 반미주의자가 적은 이유는 바로 이런 한계를 감안하기 때문이 아닐까?

신비로운 길은 이미 1980년대 초반부터 존재하고 있었다. 그러나 미국의 독주와 신자유주의 체제가 견고해진 21세기 초반 부시 행정부의 무리한 경기 부양 정책이 가세되며 결국 세계 경제의 중심적 현상이 되었다. 여기서 신자유주의는 자본의 흐름을 왜곡시키는 역할을 한다. 신비로운 길 위의 플레이어는 미국의 금융기관들이다. 신자유주의 원칙으로 자금이 국경을 넘어 자유롭게 흐르게 되었지만, 자금 흐름이 이들 손에 맡겨져 있었기 때문에 결국 미국의 안정을 전제로 할 수밖에 없었다. 결과적으로 신비로운 길의 신호등은 미국이 관리한 셈이다.

이라크 침공 등 21세기 초반 미국의 무리한 외교 정책은 결국 신비로운 길을 지키려는 의도로도 이해할 수 있다. 또한 동아시아 국가들도 경제 성장을 위해 방조 혹은 자발적으로 가담하면서 강화된 측면도 무시할 수 없다. 자세한 내용은 필자의 『세계 경제의 그림자, 미국』(해냄, 2005)을 참조하기 바란다.

신자유주의의 세계화
신비로운 길은 세계화와 신자유주의를 전제조건으로 한다. 자금과 재화가 국가의 간섭 없이 세계적 차원에서 자유롭게 유통될 때만 존재할 수 있다. 달러 중심으로 세계 경제가 완전히 통합된다면 기축 통화국인 미국 경제는 경상수지 적자를 크게 걱정할 필요가 없다. 이런 의미에서 보면 신자유주의는 미국의 생명과 같은 존재다. 금융 중심의 신자유주의 추진을 위해 미국은 글로벌 IB라는 투자은행을 주요 수단으로 이용하게 된다. 글로벌 투자은행은 1990년대 일본의 금융기관이 쇠퇴하고, 미국 경제가 1980년대의 주택시장 침체를 극복하면서 고성장에 진입한 1990년 중반부터 세계 경제의 주역으로 등장한다. 동유럽 등 사회주의 몰락 이후의 재건 과정과 동아시아의 금융 위기는 투자은행들이 도약하는 계기가 되었다.

글로벌 투자은행들은 21세기 들어 이머징 마켓에 진출하면서 자연스럽게 신자유주의를 세계에 접목하는 역할을 수행했다. 이들은 미국뿐 아니라 세계 전체를 대상으로 자금을 조달한 후 이머징 마켓에 투자했다. 물론 고수익을 전제로 했다. 항상 그렇지만 경제 성장에 목마른 모든 정부는 외부로부터의 자금 공급을 마다하지 않는다. 대부분의 이머징 국가들은 자발적으로 신자유주의적 제도를 갖추면서 글로벌 투자은행이 제공하는 자금을 경쟁적으로 받아들였다. 특히 브릭스(BRICs)는 20세기에 성장에 필요한 인프라를 어느 정도 갖춘 상태였기 때문에 외부에서 자금이 유입되자 경제 성장이 빨라지게 된다. 중국의 경우 미국의 정책금리가 1%에 근접한 2002년 이후 투자가 급증하면서 세계 경제의 성장 동력으로 부상한다. 이런 측면에서 보면 21세기 중국의 고성장은 사실 미국의 저금리와 글로벌 투자은행의 도움이 결정적이었다는 역설적 해석도 가능하다.

브릭스의 성장 과정은 글로벌 투자은행의 역할이 절대적이었다. 경제 성장에 필요한 자금을 저금리로 공급해줬기 때문이다. 해외로부터 물밀듯이 밀려오는 자금은 이머징 국가를 투자와 투기의 도가니로 몰고 갔다. 이머징 국가뿐 아니라 자금을 투자한 선진국 자본들도 고수익을 얻게 되면서 전 지구는 역사상 유례가 없는 초호황을 구가하게 되었다. 주식, 부동산, 원자재 등 주요 자산 가격은 21세기 초반에 비해 대부분 3~4배 정도 상승했다. 그야말로 신자유주의의 전성기였다.

■ 지역별 성장률 차이

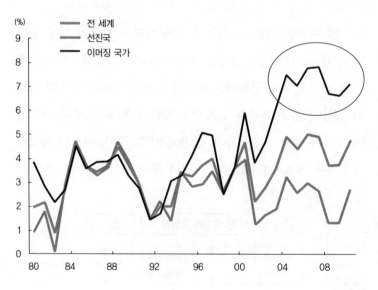

자료: IMF

02

방종 그리고 파멸

글로벌 위기는 세계화, 저금리, 약달러라는 21세기 성장 동력
이 경기와 자산 가격 상승을 이끌면서 시작되었다. 이머징 국
가가 세계 경제로 편입되는 시점에 세계적 차원에서 주택 가격
이 급등했다. 2005년을 고비로 다양한 신용파생상품과 레버리
지 투자가 성행하면서 경기, 원자재 가격, 주가, 부동산 가격이
상승하는 초호황을 보였다. 그러나 물가 급등에 따른 금리 인

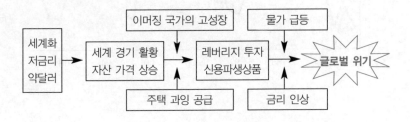

상이 세계적 차원에서 이뤄지면서 글로벌 위기는 빠르게 확산
되었다.

역사학자인 아널드 토인비((Arnold Joseph Toynbee)와 『로마제
국 쇠망사』의 저자인 에드워드 기번(Edward Gibbon)은 모든 제
국들은 내부 원인으로 멸망한다고 보았다. 토인비는 이를 '자
살'이라고 보았고, 기번은 '무절제'로 보았다. 모든 파멸은 내
부적이다. 끝없는 탐욕을 조절하지 못할 때 개인은 파멸한다.
이데올로기는 완벽성을 추구하는 근본주의 체제로 전환되면서
여타 이데올로기를 배제할 때 붕괴한다. 글로벌 위기는 사회적
탐욕과 신자유주의의 일방성이 결합한 자체 붕괴 과정이다.

역사상 최초의 호황

9·11 테러 이후 역사상 처음으로 모든 나라들이 저금리 정책
을 펴면서 금리 정책의 글로벌 공조 현상이 나타났다. 1990년
대 후반부의 IT 버블 붕괴는 21세기 초반 세계 경제의 위기였
다. 여기에 세계화라는 기초 환경과 경기 부양을 선호하는 각
국의 정치적 의도가 결합된다. 저금리를 기반으로 하는 신자유
주의적 정책 즉, 시장의 자유를 위해 낮은 금리와 감세, 그리고
규제 해제가 필요하다는 논리는 불변의 진리로 받아들여졌다.
이 결과 사상 유례 없는 저금리와 유동성 공급이 이루어진다.

■ 주요국 정책 금리 추이

(%)	미국	영국	중국	베트남	브라질	남아공	폴란드	한국
2000년 1월	5.50	5.75	5.85	–	19.00	12.00	6.50	4.75
2003년 말	**1.00**	**3.75**	**5.31**	**7.50**	**16.51**	**8.00**	**5.25**	**3.75**
2008년 9월	2.00	5.00	7.20	13.0	13.75	12.0	6.00	5.25

주) 베트남의 경우 2004년 3월 기준

멋진 신세계를 향하여

1990년대 IT 등 기술의 발전으로 효율성이 크게 높아지는 신경제 효과와 신자유주의의 접목으로 저금리 현상은 일반화되었다. 짧은 기간에 세계적 차원에서 초저금리 현상이 유발한 막대한 유동성은 경제성장률을 높였다. 2003년부터 2005년까지 세계 경제 호황의 본질은 저금리 효과가 가장 컸다. 저금리, 낮은 세율, 원자재 가격의 안정은 과잉 소비를 유발한다. 브라질이나 호주같이 금리가 높은 국가가 있으면 글로벌 자금은 즉시 해당국으로 이동해서 채권을 산다. 외부로부터 다량의 자금이 유입된 해당 국가는 금리가 낮아지고 자산 가격이 오르면서 경기는 대호황에 진입한다. 이에 각국 정부는 적극적인 외자 유치로 경기 호황을 이어가기 위해 신자유주의 정책을 무비판적으로 도입한다.

비록 3년이라는 짧은 시간이지만 세계 시장은 금융을 매개로 완벽하게 연결되었다. 장기 호황은 필연적으로 소비 증가를 수

반한다. 소비가 늘면 물가가 오르는 것은 당연하다. 그러나 2005년까지 경기 호황에도 불구하고 물가는 거의 오르지 않았다. 세계화 현상의 정착에 따른 글로벌 아웃소싱 증가로 선진국의 생산원가는 오르지 않았다. 또한 기업은 경영 효율화, 즉 생산과 물류의 효율성이 증가하면서 원자재 가격 상승을 자체 부담할 수 있었다. 아래 그림에서 보여주듯이 상승하는 원자재 가격에도 불구하고 기업들은 제품 판매단가를 올리지 않아도 고수익을 유지할 수 있었다. 물가 안정으로 낮은 금리를 유지할 수 있게 되자 세계는 무한히 성장할 수 있다는 환상에 빠졌다. 가히 인류 전체가 맞은 첫 번째 호황이었다. 세계화와 신자유주의에 따른 저금리와 물가 안정 속의 고성장은 그동안 인류가 꿈꿔왔던 바로 '멋진 신세계' 였다.

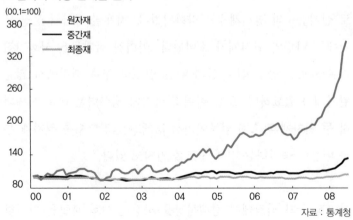

■ 한국의 가공 단계별 물가

(00,1=100)

— 원자재
— 중간재
— 최종재

자료 : 통계청

그러나 이머징 국가의 경제가 폭발적 성장을 보이면서 2006년 이후에도 원자재 가격은 지속적으로 상승한다. 미국, 일본 등 선진국의 가공 단계별 물가는 한국과 거의 똑같다. 다만 중국의 경우 위안화 절상과 낮은 인건비로 물가 상승 정도가 낮았으나 점차 선진국과 유사하게 변하고 있다. 문제는 원자재 가격 상승이 유발한 물가 상승이 신자유주의와 신경제로 감내하기 어려운 수준에 도달했다는 점이다. 결국 21세기 호황의 기초 조건인 저물가, 저금리 구도가 붕괴된 것이다. 물가와 금리 상승 속에서 경제가 성장하기 어려운 상황에 직면했다. 그러나 대안이 있었다. 부채에 의존한 신용파생상품이라는 '마약'이 돈을 끊임없이 공급하자 호황은 2007년 여름까지 이어진다.

이머징 마켓이 유발하는 물가 상승

이머징 국가 중심으로 세계 경제체제가 변화하면서 장기적으로 신자유주의 경제체제는 약화되었다. 저개발 국가의 성장 초기에는 다량의 원자재가 소비된다. 이머징 국가들은 사회간접자본(SOC), 공장 신축 등과 같은 인프라 구축 과정에서 많은 원자재가 필요하다. 또한 이머징 국가의 생산력은 대부분 에너지 등 원자재 과소비 업종이라서 경제가 성장할수록 원자재 투하 비중이 증가하는 경제 구조를 가지고 있다.

이머징 국가 입장에서 경제성장률 하강은 사회 분열을 의미한다. 국민들의 성장 욕구는 정치권이 거부할 수 없을 정도로 높아졌기 때문에 물가 상승 여부를 떠나 끊임없이 투자에 몰두했다. 빨리 선진국이 되기 위해서는 투자를 통해 수출을 늘리는 방법밖에 없다는 자기 최면으로 이머징 국가는 물가 관리를 포기했다. 선진국이 제공한 풍부한 유동성과 이머징 국가의 투자와 성장 욕구, 여기에 레버리지 기법에 의한 유동성이 추가되면서 자산시장 버블과 고물가가 결합한다.

증권화, 유동화, 그리고 레버리지…

2005년 하반기를 고비로 선진국 경제는 물가 상승 압박 때문에 성장률을 낮춰야 할 운명에 직면한다. 미국 등 선진국이 금리를 올리자 세계 경제는 어느 정도 자발적인 조정이 필요했다. 그러나 확장 본능의 자본주의는 신자유주의 원칙을 금융시장에 강요했다. 2008년 글로벌 위기의 직접적 원인이 된 자산의 유동화 현상과 신용파생상품 거래가 급속히 확산된다. 모든 자산을 증권화해서 자유롭게 매매할 수 있게 되었고, 빚(레버리지)을 낸 후 수학적 방법을 통해 다양한 투자가 가능하게 되었다. 금융 당국의 규제 없이 어떠한 금융상품도 만들 수 있게 되면서 금융상품 개발은 상상력 게임으로 변화한다. 신자유주의적 사고로 보면 금융의 공공적 기능은 없다. 오직 수익만을 추구하면 된다. 이런 상황을 미국의 글로벌 투자은행들이 개척했다. 그리고 2007년을 고비로 전 세계 금융기관이 신용파생상품을 도입하자 금융시장은 실물경제의 보조 수단에서 독자적인 경제 단위로 위상이 격상되었다.

최근 문제가 커지고 있는 신용디폴트스왑(CDS)은 거래금액 기준으로 2008년에 62조 달러를 넘겼다. 부채담보부증권(CDO)은 그 금액이 얼마인지 추정도 불가능한 상황이다. 저널리스트인 찰스 모리스(Charles R. Morris)는 2008년 상반기에 발표된 『미국은 왜 신용불량 국가가 되었을까?』란 책에서 "금융 거래의 규제 완화, 대리인 문제의 악화, 그리고 모든 금융 활동이 수학으로 구성될 수 있다는 착각이 함께 작용해서 신용 버블 사태를 초래했다"고 분석한다. 그런데 금융 거래의 규제 완화와 대리인 문제, 즉 경영진과 영업 직원의 비도덕성 문제의 해결은 신자유주의 기반에서 무리다.

레버리지 기반하의 신용파생상품 시장이 커지게 되면 당연히 시중 자금은 크게 늘어난다. 2005년 하반기 이후 세계 경제가 금리 상승에 따른 조정기에 진입했음에도 불구하고 2007년까지 2년간이나 고속 성장을 지속하게 된 것은 바로 신용파생상품 시장이 커진 결과다. 신용파생상품을 통해 공급한 자금이 선진국과 이머징 국가의 주식, 채권, 부동산 등으로 이동하면서 유동성을 자체 생산했기 때문이다. 이 결과 고성장 속에 금리와 물가가 동반 상승하면서 주가와 부동산도 강세가 되는 모순적 상황이 발생했다. 지역 구별 없이 모든 자산 가격은 오르기만 했다. '신자유주의의 성공' '세계화의 완성' '신경제의 정착' '이머징의 질주' 등 많은 수식어로 포장한 채 2007년 중반까지 세계 경제는 역사상 유례가 없는 호황을 맞이한다. 역사의 종말에 이어 경제 이데올로기의 종말을 맞는 것처럼 보였다. 이 시점에서 미국은 피해자로 역할이 바뀐다. 미국의 의지에서 벗어나 신자유주의가 자기 증식 과정에 진입했기 때문이다. 미국 자신이 주창했던 신자유주의의 피해자가 되었다.

단지 경계경보일 뿐…

물가, 금리, 자산 가격, 원자재 가격이 모두 상승하는 상황을 경제학은 설명할 수 없다. 경제학뿐 아니라 어떤 학문으로도 해석이 불가능하다. 그러나 이런 현상이 21세기, 특히 2005년 이후 지속됐다. 많은 학자들이 위험성을 경고하기 시작했지만 구조적인 불균형 속에서 세계 경제와 자산 가격은 상승했다. 그러나 아이러니하게도 경고음은 신자유주의를 기반으로 세계의 헤게모니를 장악한 미국에서 발생했다. 2007년 2월, 우려하던 서브프라임 사태가 발생한 것이다. 영국의 HSBC은행이 서브프라임 채권의 연체율 상승으로 위기에 처했다. 그러나 즉각적인 자금 수혈로 경고음은 경고 자체로 끝났다.

4월이 되자 전 세계 자산시장은 투자를 넘어 투기의 시대로 진입한다. 선진국은 고금리와 물가 상승 때문에 어느 정도 조심하는 분위기였다. 그러나 원자재 가격 상승 여파로 자원 종말론(자원 고갈로 인류는 큰 위기에 처할 수 있다는 시각)이 급속히 퍼지면서 글로벌 자금은 세계 성장의 중심축인 이머징 국가와 원자재 수출국으로 집중된다. 물론 이 기간 중 미국 등 부동산 버블이 발생했던 국가의 부동산 가격은 완만하게 하락하기 시작했다. 서브프라임 연체율도 지속적으로 상승했다. 선진국뿐 아니라 뉴질랜드나 아일랜드와 같이 21세기 초반 고성장했던 국가들은 경제적 부작용이 나타나면서 경기 침체 현상이 가시화되고 있었다. 다시 한번 경고음이 울린 것이다.

과유불급, 그리고 파멸

선진국을 제쳐놓고 고성장 중인 이머징 국가의 경제를 주목하면서 애널리스트들은 주가의 상승 목표치를 높여 잡았다. 2007년 3월말 기준으로 그 해 10월까지 원자재 생산국이나 이머징 마켓의 주가는 거의 50~100% 정도 상승했다. 선진국의 조심스런 분위기 때문에 자금 공급이 한계를 보이자 이머징 국가가 자금 공급의 주체로 등장한다. 이머징 국가가 글로벌 투자은행으로부터 배운 방식 그대로 여타 이머징 국가에 투자하기 시작했다. 금융의 세계화가 이머징 국가에까지 확산된 것이다. 한국의 경우에도 해외펀드는 2007년 4월 37조원에서 10월말에는 63조원으로 26조원이 늘었다. 중국 등 이머징 국가 자금이 글로벌 투자에 나서면서 국제금융시장의 사각지대였던 중동, 아프리카, 중앙아시아까지 자금이 몰렸다. 당시 많은 투자가들은 비이성적 과열에 대해 우려했다. 모순적 구조 때문에 시간이 별로 없다는 점을 글로벌 투자은행이나 이머징 국가의 금융기관들도 어느 정도 인식하고 있었다. 다만 자신만은 가격 고점에서 빠져나올 수 있다는 투기적 탐욕이 이성을 억누르고 있었다.

그리고 2007년 7월 말 서브프라임 위기가 재인식되면서 주가가 폭락하기 시작했다. 드디어 올 것이 온 것이다. 서브프라임 대출을 기초로 만든 부채담보부증권(CDO)에 투자한 투자회사들의 손실 우려가 현실화되었다. 주택대부업자로부터 시작해서 여러 단계를 거쳐 투자자에게 손실이 전이되기 시작한 것이다. 8월 중 전 세계 주가는 크게 하락했다. 그러나 각국이 다양한 대책을 발표하면서 서브프라임 사태에 대한 우려는 축소된다. 대책은 유동성 공급을 확대하고 서브프라임 위기가 실물경제로 전이되는 것을 차단하는 수준에 그쳤다. 문제의 본질이 과잉 유동성에 있는데 추가적인 유동성 공급으로 현상을 은폐하는 데 그쳤다.

금융시장이 재차 안정되자 세계는 정상화되는 듯 보였다. 2007년 10월 말이 되자 전 세계 주가는 사상 최고치에 대부분 도달한다. 그러나 글로벌 금융 위기가 거대 투자은행으로 확산되면서 모순과 버블은 동시에 폭발한다. 특이한 점은 2007년 8월부터 10월까지 자산시장에서 부동산, 원자재, 농산물 가격은 안정된 반면 오직 주가와 에너지, 특히 석유로만 자금이 집중되었다는 점이다. 이는 파국의 전조였지만 시장은 오히려 물가 안정 속의 고성장으로 인식했다.

파국을 향하여

서브프라임 문제가 구체적인 위협으로 다가오면서 세계는 위기 해결 방법에 대해 일종의 공감대를 형성한다. 그것은 금융시장 문제인 만큼 위기가 금융시장에만 머물게 하는 것이다. 유동성 공급으로 금융기관을 살리고 실물경제로의 전이를 차단하는 것이 모든 국가의 정책 목표가 되었다. 반면 자금이 과다 유입된 이머징 국가들의 시각은 달랐다. 미국발 금융 위기보다는 국내 물가 상승에 따른 사회 불안이 더 큰 이슈였다. 이 결과 선진국들은 금리를 내렸지만, 이머징 국가들은 오히려 금리를 올렸다. 서로 정책 목표가 달랐기 때문이다. 대부분 주택담보대출에 문제가 생긴 미국의 금융 위기로만 이해했다. 21세기의 유동성 파티를 애써 무시하면서 글로벌 위기로 전염될지 예상하지 못했다.

위기가 세계화되었을 때는 글로벌 공조 체제로 풀어야 한다.

이머징 국가에 유입된 자금은 선진국 자금이다. 그것도 빚을 내서 들여온 자금이 태반이다. 선진국이 어려우면 이머징 국가도 어렵다는 단순한 사실을 은폐해서는 안 된다. 이런 상반된 시각은 유가 동향에서도 발견된다. 위기가 지속되는 국면에서도 이머징 국가의 고성장은 이어질 수 있다는 환상으로 유가는 2008년 7월까지 상승한다. 물론 하락하는 달러의 대안으로 원유시장이 부각된 측면도 있다. 그러나 거의 30년간 지속된 세계화와 신자유주의의 결과 세계 경제는 그물망처럼 얽혀 있다는 사실을 망각한 채 서로 다른 대응을 내놨다.

세 가지 모순 : 달러가 위험하다!

복잡한 공식으로 디자인되고 얽힌 거래 관계 때문에 신용파생상품이 뇌관이 된 위기는 시간이 지날수록 증폭되는 특성이 있다. 원인을 완전히 제거하지 못한다면 시간과 위기는 정(+)의 관계를 가진다. 그러나 글로벌 투자은행들이 피해 금액을 숨기면서 분기 실적이 나올 때마다 세계는 경악하기 시작했다. 미국의 소규모 은행들도 도산하기 시작했다. 이런 과정에서도 2008년 8월까지 미국을 비롯한 세계는 오직 실물경제로의 확산을 막기 위한 대책에만 몰두했다. 금융 위기 해결을 위해 미국이 금리를 내리면 달러 가치는 하락한다. 쌍둥이 적자로 가치가 하락하는 달러에 미국의 저금리는 치명적이다. 반면 낮은 금리와 달러 가치 하락은 물가 상승을 유발한다. 금리를 낮추

■ 모순적 금융 위기 해결 정책

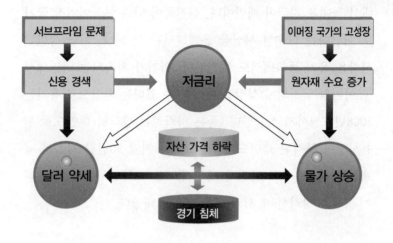

면서 물가를 안정시키고 달러 가치마저 유지하려 했던 미국의 시도는 경제적으로 모순이다.

사실 시장이 이런 모순을 감지한 것은 2008년 5월 말이었다. 위기에 대한 모순적인 해법, 지속되는 부동산시장의 침체, 달러 약세 가속화는 시장 이면에서 신용파생상품시장의 자체 붕괴를 유발하고 있었다. 이머징 국가에서는 고금리, 고물가 추세가 정착되면서 빠르게 자산 가격이 하락하기 시작했다. 2008년 8월까지 실물경제를 살리려는 순진한(?) 시도로 시간을 너무 허비했다. 이후의 전개 상황은 두더지 게임에 가깝다. 특정 금융기관이 문제가 발생해서 자금을 공급하면 바로 또 다른 문제가 발생하고, 해결하면 또 다른 문제가 발생하고……. 두더지 게임은 2~3분이면 끝나지만, 2008년 11월 현재 미국의 금융 위기는 끝없이 지속되는 현재 진행형이다.

위기의 글로벌 화

미국의 금융 위기는 2008년 초를 기점으로 글로벌 위기로 확산된다. 영국은 모기지 업체인 노던록을 2월 국유화해서 사태의 확산을 막았지만 역부족이었다. 영국의 부동산 버블은 미국보다 더 과했기 때문이다. 부동산발 위기는 영국뿐 아니라 스페인, 이태리 등 유럽 전역으로 확산되었다. 고성장을 구가하던 이머징 국가도 예외가 될 수 없었다. 주가 하락을 시작으로 부동산 등 자산 가격이 급락하고 있다. 원자재 가격도 하락하면서 원자재 수출국의 경기는 더 얼어붙고 있다. 러시아 주가가 2008년 5월 말 이후 급락한 것은 유가 하락 때문이다. 일부 국가에서는 글로벌 위기가 사회 불안과 정치적 위기로 번지고 있다. 유가마저 하락하게 되자 실물경제 침체는 피할 수 없는 현실로 굳어졌다. 글로벌 위기의 끝을 가늠하기 어렵게 되었다.

2008년 여름 이후 나타나고 있는 현상은 누적되었던 세계화 기반의 신자유주의 호황이 정확하게 역방향으로 이동하고 있음을 보여준다. 21세기 초중반 전 세계가 유례없는 고성장을 구가했지만, 헤게모니 국가의 위기가 전 세계적 위협임을 입증시켰다. 또한 국경만 없어진 것이 아니라 자산의 증권화와 유동화를 통해 모든 자산 가격이 국제금융시장과 연결되었음을 확인시켜주고 있다. 특정 국가가 국내적으로 어떤 경제 정책을 펴도 세계 경기의 흐름에서 예외가 될 수 없음을 보여주었다.

수습의 시간

최초 미국 등 선진국 정부는 실물경제로의 전염 차단이 주된 정책 방향이었다. 특히 베어스턴스 사태가 발생한 2008년 3월의 경우 다양한 유동성 공급으로 제조업 등 일반 기업으로 위기가 확산되는 것을 막고자 했다. 미국은 중앙은행이 TSLF, PDCF 등과 같이 다양한 방법으로 시장에 유동성을 공급해줌으로써 위기가 해결될 수 있을 것으로 예상했다. 또한 9·11 때와 같이 약 1,500억 달러의 세금 감면이 추가된다면 실물경제 침체도 막을 수 있다고 판단했다.

시간이 없는데…

신용파생상품은 특성상 시간이 흘러야 손실을 제대로 측정할 수 있다. 특히 기초 자산인 모기지 채권의 안정성이 현저히 낮아진 상태였기 때문에 금융기관 손실은 측정조차 어려운 상태였다. 2008년 상반기에만 미국의 주택 가격은 18%나 하락했다. 주택 가격이 고점이었던 2006년에 주택을 매수한 계층은 단순히 주택 가격이 18% 하락한 것이 아니라, 주택 가격의 약 80%를 모기지론을 통해 구입했기 때문에 실제로는 투자금액의 평균 45%나 손실이 발생했다.

모기지 금리 상승으로 서브프라임 연체율은 2008년 초반에 이미 19%나 되었다. 주택 가격은 하락하는데 연체율이 오른다면, 주택 구입자나 금융기관이 고사 지경에 도달하는 것은 당연하다. 그런데 문제는 이런 모기지 채권을 기초 자산으로 천문학적인 신용파생상품을 전 세계의 금융기관이 나눠가지고 있다는 점이었다. 시간이 흐를수록 부실은 커질 수밖에 없다.

신뢰의 위기로 전환

드디어 운명의 9월 15일, 리먼브러더스와 메릴린치를 시작으로 AIG보험, 워싱턴 뮤추얼등 유수의 세계적 금융기관들이 일거에 사실상 파산했다. 위기는 투자은행뿐 아니라 안전하게 여겨졌던 상업은행으로도 확산되었다. 그러나 보다 큰 문제는 부동산과 투자은행의 문제가 그토록 우려하던 실물경제로 확산되고, 금융 시스템 전체가 파괴되기 시작했다는 점이다. 안전 채권에 투자하는 MMF 수익률이 마이너스로 전환되자 자금시장 전체가 마비되었다. 이에 미국은 9월말 무려 7,000억 달러에 달하는 구제안을 발표했다. 그러나 2008년 9월 마지막 주를 기점으로 미국의 금융 위기는 완전히 세계화된다.

구제금융은 유럽으로도 확산되었다. 베네룩스 3국의 합작은행인 포르티스(Fortis)에 11억 유로가 투입되었다. 브래드퍼드 앤드 빙글리(Bradford & Bingley)는 영국 정부가 모기지 자산을 인수할 것이라고 발표했고, 아이슬란드 3위 은행 글리트니르(Glitnir)는 정부가 75% 지분을 인수하며 국유화했다. 독일에서는 업계 2위의 모기지 전문 은행 히포 레알 에스테이트(Hypo Real Estates, HRE)에 500억 달러의 긴급 구제금융을 지원했다. 푸틴 러시아 총리도 국영 개발은행(VEB)을 통해 530억 달러를 지원할 것이라고 발표했다. 홍콩에서는 예금 인출 사태가 발생하고, 거의 모든 국가들의 금융 시스템이 흔들리게 되었다. 그러나 10월 초반을 넘기면서 국제 금융시장은 신용 위기가 신뢰의 위기로 전환되었다. 거래 상대방을 믿지 못하는 상황으로 진전된 것이다. 오직 당장의 현금만 선호하는 극도의 공포 상황으로 글로벌 위기는 진화했다.

신자유주의가 파괴한 자본주의

10월 중반을 넘기면서 세계 전체는 '위기'에서 공황적 상황으로 치닫는다. 주가는 폭락하고, 부동산은 거래가 끊겼다. 정부가 아무리 자금을 공급해도 실세 금리는 내리지 않았다. 금융기관에 대한 신뢰가 완전히 상실되었다. 자산가치를 평가할 기준마저 없어졌다. 기업들은 생산설비를 감축하고 구조조정에 들어갔다. 신뢰의 위기는 국가 간에, 그리고 금융기관 간에 번

져갔다. 미국과 유럽의 단기 금리 차이가 5%에 육박할 정도로 서로 믿지 못하는 시장으로 변화했다. 이런 종말적 상황에 도달하자 각국은 달러를 안전자산으로 재인식했다. 달러 사재기로 지구가 흔들리기 시작했다. 이제 유일하게 믿을 것은 신자유주의가 배척했던 국가뿐이었다.

2008년 10월말 현재 미국을 포함한 모든 선진국들은 사실상 자본주의를 포기했다. 은행에 대한 채무 보증은 그나마 미미한 조치였다. 은행 예금을 국가가 전액 지급한 국가는 독일, 아일랜드, 덴마크, 네덜란드, 오스트리아, 홍콩, 말레이시아, 싱가포르, 슬로베니아, 슬로바키아 등이고, 일본도 고려 중이다. IMF에 구제금융을 요청한 국가도 아이슬란드 등 5개국이나 되고 외환위기에 직면한 국가는 30여 개국이 넘고 있다. IMF가 도산할 수 있는 지경이다. 금융기관의 주식을 정부가 직접 매입하기도 했다. 모든 선진국들이 빠르게 금리를 인하하면서 유동성을 무한정 공급하기 시작했다. 증권시장이나 외환시장에 대한 개입은 모든 국가가 서슴없이 행하고 있다.

급기야 세계는 개별 국가만의 산발적 대응으로 이 위기를 돌파할 수 없다고 인식한다. 국제 공조에 나서게 된다. 선진국인 G7 회담을 시작으로 G8, G14, 한국도 포함된 G20 회담까지 참여국 숫자를 늘려 빈번하게 만나고 있다. 그러나 국가 이기주의 때문에 성과는 미미하다. 글로벌 위기 과정에서 국가 간 이해관계 상충으로 인해 문제 해결은 더욱 어려워지고 있다.

자본주의는 거래 상대방에 대한 신뢰를 기초로 한다. 신뢰가 무너지면서 금융시장은 시스템 작동이 멈춰버렸다. 그렇다면 해법은 반자본주의적 정책을 쓸 수밖에 없다. '가능한' 조치가 아니라 자본주의 이념상 불가능해도 효과가 있다면 어떤 대책이라도 '무제한'적으로 사용하기 시작했다. 글로벌 위기는 시장을 없앴다. 자본주의의 원칙인 완전경쟁과 사유재산제도는 상당한 수정이 가해지고 있다. 국가로부터 자유를 쟁취했던 시장은 권력을 국가에 반납하기 시작했다.

이 책은 미국의 금융 위기 과정을 설명하기 위해서 쓴 책이 아니다. 또한 금융 위기는 현재 진행형이기 때문에 아직 완벽하게 그 과정을 기술할 수 없다. 책이 출간되는 시점에는 상황이 달라질 수 있다. 따라서 금융 위기가 완전히 해소될 시점에서 이 단원은 수정 보완할 계획이다. 다만 금융 위기의 원인과 그 이후의 상황을 신자유주의와 세계화의 시각으로 거시적으로 조명하는 것이 목적이기 때문에 자세한 진행 과정은 다른 도서를 참조하기 바란다.

음모론

항상 그러하듯이 2008년 9월의 미국 투자은행의 몰락을 음모론으로 보는 시각도 있습니다. 그동안 공조 체제를 유지하던 유대계 자금과 앵글로–색슨 자금의 투쟁으로 글로벌 위기를 판단하는 것이지요. 위기의 순간 유대계가 앵글로–색슨계 금융기관을 흡수했다는 음모론이 있습니다. 결과로 보면 그럴 듯해 보입니다. 원조 유대계인 JP모건체이스와 BOA가 미국 금융시장을 완전히 장악한 결과가 나타났기 때문이죠. 부도만 나면 두 회사가 모두 먹어 치웠으니까요.

투자은행도 마찬가지입니다. 금융 위기 이전의 글로벌 투자은행 중 유대계로 평가받는 1위 골드만삭스와 2위 모건스탠리는 지주사로 전환해서 상업은행 기능을 추가했습니다. 오히려 몸집이 더 커졌죠! 반면에 앵글로색슨 계열인 3위 메릴린치는 BOA에 피인수되었고, 게르만계로 평가되는 4위 리먼브러더스는 파산했습니다. 또한 5위였던 앵글로 색슨계의 베어스턴스도 유대계인 JP모건에 인수되었습니다. (인터넷에 떠도는 글을 각색)

사실 뉴욕의 인구는 700만 명인데 이중 유대인은 250~300만 명 정도 됩니다. 미국의 전체 유대인은 약 560만 명으로 추산되고 있습니다. 따라서 이번 금융 위기로 큰 이익을 본 유대인이 있겠지만, 반대로 손해를 본 유대인도 있을 것 입니다. 어느 쪽 비중이 큰지는 음모론보다 역사가 증명하겠지요.

그렇다면 유대계 자금이 독식한 이후 유대계 자금과 중국의 화교 자금의 대전쟁이 펼쳐질까요? 미국과 중국의 헤게모니 싸움은 금융시장에서 발생할 가능성이 높아 보입니다.

2장

부채의 바벨탑

시장 근본주의는 어떤 집합적 의사결정도 거부한다. 시장은 자신의 잘못을 고치면서 균형으로 움직이지만 정치는 그렇지 않다. 그래서 시장 근본주의는 모두가 자신의 이익을 추구할 때 공공의 이익이 가장 잘 실현된다고 주장한다. 소위 말하는 보이지 않는 손에 의해 모든 것을 해결한다고 하나 그러하지 않다.

세계 자본주의 국가는 추상의 제국이다. 이는 제국이기는 하지만 영토가 없다. 다만 중심과 주변은 있다.

_ 조지 소로스의 『세계 자본주의의 위기』에서

● **글로벌** 위기의 상황적 원인은 금융시장에서 신자유주의적 정책이 무비판적으로 시행된 것이다. 그러나 미국 등 세계가 부채 경제구조에 있었던 것이 보다 직접적 원인이라 할 수 있다. 부채보다 저축이 많았다면 글로벌 위기는 쉽게 해소될 수 있었다. 세계 전체가 빚더미 속에 있음에도 불구하고 신용파생상품을 통해 부채의 바벨탑을 쌓았다. 바벨탑은 신의 뜻이 아니었듯이 부채 경제 기반의 신용파생상품은 세계 경제의 자살 도구였다.

적당한 부채는 자본주의에 있어 윤활유와 같은 존재이다. 부채를 이용해서 이자보다 더 많은 수익을 거둔다면 당연히 레버리지를 이용해서 투자해야 한다. 그러나 그 부채가 담보 능력을 초과하면 문제가 발생한다. 이번 금융 위기는 바로 담보를 초과하는 부채 때문이다.

2장에서는 왜 부채가 늘어났는지 미국을 중심으로 부채 경제의 진행과정을 살펴본다. 신용파생상품과 관련해서 어떤 문제가 있었는지도 알아보자! 그리고 다시 부채와 신용파생상품을 통해 글로벌 위기 진행과정을 복기해본다.

01

빚으로 지탱되는 미국

2차 대전 이후 미국은 세계의 지배자였다. 1945년에는 전 세계 GDP의 거의 절반을 차지할 정도였다. 1, 2차 세계대전을 승리로 이끌고 전 세계에 미국이 제도화한 민주주의를 확산시키면서 미국은 위대해졌다. 소프트파워로 전 세계 엘리트의 머릿속을 지배하고, 모든 법규와 상거래 관행도 방식으로 통일했다. 우주마저 미국이 장악할 정도로 미국의 과학기술은 압도적이고, 군사력은 미국 이외의 모든 국가와 싸워도 이길 수 있을 정도다. 여기에 달러는 세계의 공용 화폐였으니 미국이 정신적으로 강한 자신감을 가지는 것은 너무나 당연했다.

소비 천국

미국의 자신감은 생활 속에 완벽하게 녹아 있다. 그 어느 나라도 미국을 따라올 수 없다는 생각과 영원히 승리할 수 있다는 자신감은 스스로도 모르는 사이에 자만심으로 변화했다. 마치 집단 최면에 걸린 종교 집단처럼 지구가 미국의 영토인 것으로 착각하기 시작했다. 이런 상황을 안토니오 네그리(Antonio Negri)와 마이클 하트(Michael Hardt)는 '제국(Empire)'이라는 용어로 정의했다. 사회주의의 몰락을 보면서 일본계 사회학자인 프랜시스 후쿠야마는 미국식 자유민주주의의 세계화로 역사가 종말을 맞이하고 있다는 유명한 표현마저 사용했다. 미국은 과거 칭기즈칸의 제국이나 로마제국과는 비교할 수 없을 정도로 모든 분야에서 지구 전체를 통치하는 제국으로 등극했다.

20세기 초반부를 지나면서 미국의 자신감은 자만심으로 변화했다. 자신감은 진취적이고 긍정적이지만 자만심은 독선적이고 배타적이다. 자신감이 자만심으로 전환되면서 미국에서는 미래에 대해 낙관적으로 판단하는 견해가 집단적으로 형성되었다. 미국의 위대한 정치인, CEO 등은 항상 미래를 얘기한다. 꿈을 가지라고 한다. 미국이라는 나라가 모두 실현시켜줄 수 있으니까……. 어떤 형태의 미래에도 미국은 승리할 수 있다는 생각, 어떤 어려움도 미국은 이겨낼 수 있다는 생각을 하게 된다면 미국은 서둘러 미래를 준비할 필요가 없다.

자만심 기반의 집단 착각

미래에 대해 준비할 필요가 없다면 저축은 필요 없다. 현재 중심으로 살아도 된다. 미국이 다른 국가에 비해 소득 대비 소비 규모가 비교할 수 없을 정도로 높은 것은 미국만의 자신감에 기인한다. 일반적으로 선진국의 경우 소비성향이 매우 높다. 미래에 대한 자신감과 안정적인 인구구조 때문이다. 그 중에서도 미국의 소비성향은 타의 추종을 불허한다. 도가 지나쳐 미래의 소비 여력(부채를 통한 소비)을 현재 소비하는 현상마저 일반화되었다.

미국은 아시아와 다르게 소비성향이 높을 수밖에 없는 사회구조를 가지고 있다. 국토가 넓기 때문에 전체 주택 1억 3,000만 채 중 9,000만 채가 단독주택이다. 단독주택은 단열이 어렵고 관리비용이 많이 든다. 대중교통 수단도 오직 개인의 자동차에 의존한다. 1인당 평균 하루에 70km를 이동하기 때문에 성년의 자녀를 둔 가정은 4인 가족 기준으로 하루에 무려 280km를 이동한다. 세계 인구의 5%에 불과한 미국이 전체 석유의 20% 이상을 소비하는 이유다. 유럽보다는 짧지만 휴가 기간은 이머징 국가와 비교할 수 없을 정도로 길다.

문제는 미국의 헤게모니가 약화되는 시점에서 소비성향이 더욱 높아지고 있다는 점이다. 미국의 전성기였던 1970년대 소비

성향은 87~88%대였다. 자신의 소득 중 12~13% 정도는 저축하고 나머지는 소비했다. 이런 현상은 1990년대 초반까지 이어진다. 물론 오일쇼크와 같은 외부 충격이 있었을 경우에는 일시적으로 85% 아래로 줄기도 했다.

그러나 위기에 처했던 미국 경제가 신자유주의 체제로 전환이 급진전되고, 사회주의 몰락이 가시화된 1990년 초반을 기점으로 소비성향은 다시 크게 증가한다. 물론 IT 경기 호황과 세계화의 급진전에 따른 해외시장 진출로 헤게모니 국가의 파워를 경제적으로 취득하는 단계였다는 시간적 측면도 중요한 몫을 했다. 1993년을 시작으로 미국의 소비성향은 지속적으로 증가한다. 급기야 2005년 이후에는 소득의 거의 전부를 써버리기 시작했다. 문제는 저축률이다. 1980년대 초반에도 미국의 저축률은 상대적으로 낮았지만 2005년 이후에는 소득의 1%도 저축하지 않았다. 정말로 저축 없이도 마음 편히 살 수 있다고 믿는 것일까?

소비가 증가하면 당연히 부채가 증가한다. 그런데 미국은 소비가 1% 증가하면 가계 부채는 2분기에 걸쳐 0.86% 늘어난다(박현수, 삼성경제연구소). 소비와 가계 부채는 동시에 증가하는 경향이 있지만 반대로 소득이 줄 경우에는 소비는 잘 줄지 않는다. 왜냐하면 생활수준이 향상되면 필수적인 소비가 늘기 때문이다. 주택 관리비용, 교육비용, 휴대폰 등 통신비용, 건강 관련 비용 등은 경기나 소득 변동과 무관하게 지출된다. 특히 미국의 고령자 비중이 크게 증가하고 있는 것도 소비 증가의 원인이 된다. 이 결과 미국의 가계 부채는 1952년 한국전쟁 이후 월남전 시기와 1, 2차 오일쇼크 기간을 제외하고는 항상 증가했다. 특히 1983년부터 실질 가계 부채 증가율은 항상 (+)를 유지했다. 한 해도 줄지 않고 부채는 늘어만 갔다.

세계화, 신자유주의, 그리고 신경제

소비가 증가한 경제적 이유는 세계화와 신자유주의의 확산도 큰 영향을 미쳤다. 소비가 급증한 1993년 이후의 경제 상황을 두 시기로 구분해보자. 초기였던 1993년부터 2000년 초반까지는 미국 경제가 무한히 좋아질 것이라는 환상이 지배하던 시기였다. 물론 1970년대 초반 1차 오일쇼크부터 시작된 장기 불황이 마무리되면서 실제로 경제가 아주 좋았다. 클린턴 행정부 시절 장기 호황의 원동력은 신자유주의가 IT 기술 발전으로 세계화되던 시기였다. 주식시장과 부동산시장이 동시에 상승하면서 소득이 크게 늘었다. 특히 금리는 1981년을 고점으로 지속적으로 하락하던 기간이었다. 금리는 하락하고 자산 가격은 상승해 소득이 늘자 저축보다는 투자에 열중하게 되었다. 자금이 부족한 일부 가계는 빚을 내서 투자했다. 빚을 내 뛰어든 투자로 거둔 수익이 자산 가격 상승으로 인해 근로소득보다 많아지게 되자 더 많이 투자하게 되었다. 이런 상황이라면 누가 저축을 할 것인가? 주가가 10배가 오르는 동안 신경제 효과로 물가가 안정되고 금리가 하락한다면 더 많이 빌려서 투자해야 한다. 신자유주의의 긍정적 효과가 지속되면서 미국은 미래의 자산가치를 대상으로 거대한 '폰지 게임' 국가로 변화되었다.

■ 미국의 자산가치 변화 추이

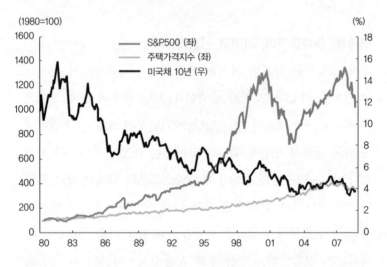

자료 : Thomson Reuters Datastream

1993년의 또 다른 시기적 특성은 1980년 유발된 금융 위기, 즉 최근의 서브프라임 위기와 유사한 주택대부조합(S&L) 파문이 해결된 시점인 동시에 동유럽과 소련이 완전히 체제 전환을 이룬 시점이다. 미국의 유일한 근심거리인 소련이 러시아라는 초

라한 국가로 전락하면서 미국은 겁이 없어졌다. 부채를 두려워하지 않게 된 것이다. 개인뿐 아니라 금융기관도 엄청난 달러 파티에 대해 그저 새롭고 신비로운 경제로 미국이 진입하고 있는 것으로 판단했다.

이런 과정을 통해 미국에서는 돈을 쉽게 벌어서 쉽게 쓰는 생활 패턴이 정착되었다. 돈을 버는 과정은 중요하지 않았다. 많이만 벌면 된다. 이런 현상을 브루스 E. 헨더슨은 최근 저작인 『서브프라임 크라이시스』에서 '쉽게 벌고 쉽게 쓰기(Easy Come, Easy Go)' 풍조로 비유한다. 또한 한 달 후의 소득을 앞당겨 소비하는 신용카드가 도입되면서 미국은 정말 살기 쉬운 나라가 되었다.

부채의 성(城)

아메리칸 드림의 본질은 부동산에 있다고 판단하는 시각도 있다. 미국의 건국자와 19세기~20세기 초반의 이민자들은 유럽의 본국에서 2등 시민이었다. 이들이 주도했던 미국의 서부 개척시대는 농장을 건설할 땅(부동산)을 찾아 서부로 이주하던 시기였다. 미국 정부도 공유지 불하를 통해 이들을 지원했다. 산업사회에 진입하면서부터는 농장뿐 아니라 도시 거주자들의 멋진 주택에 대한 선망이 강화된다. 새로운 농장과 주택에 대한 선망 때문에 미국인들은 이사를 가장 많이 한다.

부동산 아메리칸 드림

미래학자인 제러미 리프킨(Jeremy Rifkin)은 『유러피언 드림』에서 미국 전체 가구의 25~35%가 5년에 한 번씩 이사를 해서 유럽의 2배나 된다면서 프랑스 54%, 독일 43%, 네덜란드 44%, 그리고 스위스에서는 전체 가구의 30% 이하가 집을 소유하고 있지만, 미국은 68%가 자가 주택을 가지고 있다고 밝히고 있다. 미국에서 자가 주택 보유비율이 높은 것을 그는 개인주의에서 찾고 있다. 남에게 간섭 받지 않는 나만의 공간을 선호하는 사고 체계, 즉 개인주의가 주택에 대해 편집증을 유발한 것으로 분석한다.

그래서 보다 큰 집, 특히 단독주택을 선호한다. 역사적으로 유럽은 빈번한 대륙 내부의 전쟁 때문에 집을 잃는 경우가 많았다. 국경도 자주 바뀌었다. 그러나 미국은 거대한 대륙이 단일 경제를 이루는 국가이다. 외부 침입을 걱정할 필요가 없다. 해외에서는 지금도 매년 90만 명의 이민자가 몰려와서 고령화 사회에 대한 부담도 가장 작은 선진국이다. 따라서 부동산 가치가 유럽보다 미국이 높은 것은 당연하다. 미국에서 큼지막한 주택을 소유한다는 것은 아메리칸 드림의 상징이 될 수밖에 없다.

부채 투자 촉진법

반면 1980년대 이후 신자유주의의 확산으로 양극화 현상이 심화되면서 사회 하층민의 부동산 아메리칸 드림의 실현이 어려워졌다. 또한 히스패닉계 인구가 전체 인구의 10%를 넘게 되자 정치적으로 이들의 주거 안정이 필요했다. 이런 상황에서 미국 정부가 아메리칸 드림의 실현을 위해 발 벗고(?) 나선다. 주택 소유를 촉진하기 위해 금융기관의 대출 조건을 지속적으로 완화했다. 때마침 저금리 구조가 정착되자 1980년대 10년 동안 연방 정부뿐 아니라 주 정부까지 가세해서 규제를 해제했다. 특히 모기지론 지급이자에 대한 소득 공제 실시는 부채로 집을 장만하는 결정적 계기가 되었다.

대출 이자에 대한 소득 공제 혜택, 낮은 대출이자와 복수 주택 보유에 대한 규제 완화 덕분에 이 시기에 자가 주택 구입이 비약적으로 증가하게 된다. 미국 주택의 평균 가격이 약 20만 달러 내외이기 때문에 대출을 받아 집을 사지 않는 것이 오히려 이상하게 보일 정도였다. 게다가 1가구 2주택도 이자에 대한 소득 공제 혜택이 주어지기 때문에 중산층 이상 계층은 살고 있는 집을 담보로 대출을 받은 후, 대출 자금으로 또 다른 집을 구입하는 레버리지 투자가 유행했다. 더군다나 소득 공제의 상한선은 100만 달러에 달했다. 예를 들어 연 5,000만원의 수입이 있는 주택 투자자가 2억원의 대출로 집을 장만할 경우 소득 공제 효과로 240만원의 이익을 보게 되었다.

주택 대출이 없는 경우 (원)

수입	세율	세금
50,000,000	20%	10,000,000(A)

주택 대출을 받은 경우

수입
50,000,000

주택대출	금리	지불이자
200,000,000	6%	12,000,000

소득공제후수입	세율	세금
38,000,000	20%	7,600,000(B)

※ 240만원 세금 감소(A-B)
　자료 : 하루야마 쇼카, 『서브프라임』

금융기관들은 모기지론의 유동화가 가능해지면서 대출 여력이 크게 증가했다. 증가한 대출 여력으로 또 다른 주택 구입자에게 자금을 빌려주면서 부채는 기하급수적으로 증가한다. 이런 추세는 2005년을 기점으로 획기적으로 증가하면서 미국 이외 지역으로 확산된다. 부동산발 부채 파티는 글로벌 파티가 되었다. 모기지 채권을 담보로 한 증권이 AAA 등급 채권으로 분류되면서 부동산발 부채 광풍은 미국인 모두를 복부인으로 만들었다. 2008년 상반기 기준으로 미국 가계의 부채 중 모기지 부채는 전체 부채의 73.4%인 10조 6,000억 달러에 이른다. 특히 21세기 이후에는 전체 부채 증가율이 둔화됨에도 불구하고 모기지 대출은 지속적으로 늘기만 했다.

■ 부동산(모기지) 중심의 가계 부채 증가 추이

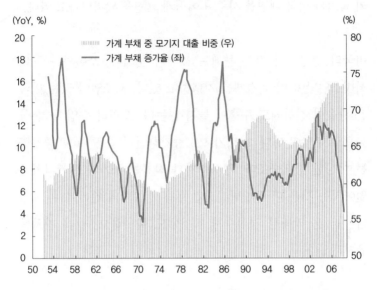

(YoY, %)　　　　　　　　　　　　　　　　　　　　　　　　(%)

가계 부채 중 모기지 대출 비중 (우)
가계 부채 증가율 (좌)

자료 : Thomson Reuters Datastream

제국의 관리 비용은 부채

부채는 민간 부분에서만 발생하지 않았다. 미국이 역사상 유례
없는 제국을 유지하려면 그만큼 많은 비용이 필요하다. 미국의
군사비는 미국 이외 상위 10개국의 군사비와 비슷하다. 여기에
9 · 11 테러 이후 이라크 전쟁 비용과 미국 국토 안보에도 막대
한 예산이 필요해졌다. 미국의 헤게모니와 부족한 천연자원을
지키기 위해 미국은 이라크에서만 2007년까지 6,000억 달러를
썼다. 현재 미국의 누적 재정 적자는 2007년 기준 4.8조 달러다.

이 누적 재정 적자는 세계의 유지비용으로 인식되면서 미국 이외 국가가 미국 채권을 사주며 어렵게 균형을 맞춰나가고 있다.

미국의 경상수지 적자 문제는 세계의 문제다. 소비와 관련된 서비스업만이 미국 경제를 지탱하고 있다. 제조업이 없는 미국은 환율이 절하돼도 수출이 늘지 않는다. 오히려 수입 물가 상승으로 부담이 된다. 소비가 1% 증가하면 수입은 1.6% 증가하는 이상한 경제구조다. 경상수지가 적자인 국가의 화폐가치가 떨어지는 것은 미국이 발전시킨 현대 경제학의 진리이다. 그러나 미국은 막대한 경상수지 적자에도 불구하고, 달러 가치를 유지해왔다.

2006년 미국의 경상수지 적자는 무려 7,881억 달러였다. 이 금액은 하루에 약 22억 달러, 1시간에 약 9,000만 달러를 빌려다가 소비한다는 의미다. 미래학자인 레스터 서로우(Lester C. Thurow)는 미국에 대해 "연 4%대 성장을 전제로 미국은 경상수지 균형을 맞추기 위해 세계 평균보다 영원히 연1%p 낮게 성장해야 한다. 여기서 '영원히'라는 말을 강조하고 싶다"고 야유한다. 이런 모순은 달러가 세계의 기축통화이기 때문에 가능하다. 따라서 달러가 기축통화 지위를 유지하기 위해서는 미국의 강력한 헤게모니가 유지되어야 한다. 그러나 미국은 이미 경제구조가 헤게모니를 유지할 수 없을 만큼 허약하다. 끊임없이 외부로부터 자금이 수혈돼야 한다. 결국 미국의 헤게모니와 세계 질서의 본질은 미국이 유발한 부채에 있다.

브라이언 아서(Brian Arthur)는 헤게모니 국가의 일방주의는 자연스럽게 고립주의로 넘어간다고 주장한다. 역사가 보여주는 진실이지만 헤게모니를 장악한 국가나 권력자는 필연적으로 일방주의로 흐른다. 미국은 자신들의 헤게모니가 약화되고 있다는 사실을 외면하면서 부채의 성(城)에서 스스로 고립되었다.

임계치에 도달한 가계 부채

어느 국가나 소득 증가율과 부채 증가율은 유사한 방향성을 가진다. 미국도 1980년대 중반까지는 유사했다. 그러나 레이거노믹스가 본격 시행되면서—신자유주의 체제로 전환되면서—부채 증가율이 소득 증가율을 앞서게 된다. 특히 미국의 신경제 성공과 패권을 완성하게 되는 21세기 초반에는 부채 증가율이 거의 10%나 되었지만 가처분소득 증가율은 4~5%에 불과했다. 따라서 미국의 부채 증가는 신자유주의 체제 채택이 큰 영향을 주었음을 시사한다. 21세기의 미국 경제 호황은 정부, 금융기관, 가계 등 미국 전체가 부채 파티를 즐긴 결과로도 해석이 가능하다.

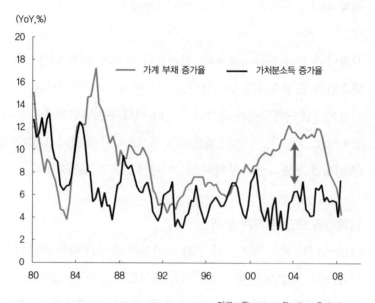

■ 소득 증가율을 상회하는 부채 증가율

(YoY,%)

범례: — 가계 부채 증가율   ━ 가처분소득 증가율

자료 : Thomson Reuters Datastream

절대 규모로 봐서 미국의 부채 수준은 천문학적이다. 도대체 부채 규모가 얼마인지 살펴보자. 2007년 기준으로 미국의 가계는 총 45조 달러의 자산을 보유하고 있다. 그러나 이 중 순자산 비중은 68%에 불과하다. 반면 가계의 금융 부채는 31.5%인 14조 달러나 된다. 미국 전체 GDP와 똑같다. 빚을 다 갚으려면 미국 전체가 1년 동안 돈을 한 푼도 쓰지 않고 저축할 때만 가능하다. 결론적으로 불가능하다는 의미다. 1970년대 부채 규모는 전체 자산의 21% 수준이었다. 부채 규모는 1990년대까지

소폭 증가하는 데 그쳤다. 그러나 미국 전체가 부동산 투기에 휩싸인 21세기 이후에는 빠른 속도로 증가하기 시작했다. 저축률은 9.5%에서 0.8%로 줄어들었다. 이 결과 1990년대 평균 17.5%였던 소득 대비 부채 상환 부담이 2007년에는 평균 19.1%로 상승한다. 전체 수입의 1/5을 이자로 내고 있다는 의미다.

자산 구조에 있어서도 여타 국가와 차이가 많다. 미국은 금융 자산 중 43%가 주식이다. 더군다나 31% 비중을 차지하는 보험과 연금은 전체 투자의 절반가량을 주식에 투자하고 있다. 따라서 전체 주식 비중은 무려 58%에 달하는 것으로 추정할 수 있다. 주식은 가격 변동이 심하다. 금융 위기가 발생하면 가장 빠르게 하락한다. 천문학적인 부채가 있지만 그 부채를 갚

■ 주요국 자금순환표상 개인 부문 자산 구성(2007년말 기준)

		한국	미국	영국
금융 자산 비중 (%)	예금 · 현금	42.9	13.0	26.3
	보험 · 연금	22.8	31.0	54.5
	채 권	12.4	9.8	0.7
	주 식	21.2	42.7	14.9
	기 타	0.8	3.5	3.5
예금/대출금(배)		1.00	0.44	0.74

주: 미국 영국은 2007년 3/4분기말 기준　　　　　　　　　자료: 한국은행

을 예금과 현금 비중은 13%에 불과하다. 반면 한국은 정반대다. 미국의 위기 해결이 극약 처방에 의존하는 이유는 가계의 자산 구조가 부채를 감당할 수 없기 때문이다.

부채의 광풍

누구나 돈을 쉽게 빌릴 수 있게 되면서 소위 닌자(NINJA) 대출이라는 용어가 등장한다. 닌자 대출이란 소득도 없고(No Income), 직업도 없고(No Job), 자산도 없지만(No Asset) 대출이 가능하다는 의미다. 주택자금 대출업자들은 좌판을 벌인 노점상처럼 대출했다. 대출 후 수수료만 챙기고 자신들은 책임은 신용파생상품으로 넘길 수 있었기 때문이다. 2005년 경 이미 미국의 부채는 사상 최고 수준이었다. 집값도 1993년부터 무려 13년이나 오르고 있었지만 부동산 가격은 새로운 부채 조달로 끊임없이 공급되었다.

집을 살 경우 80%는 모기기 업체를 통해 부채로 조달했다. 그러나 일부는 홈에퀴티 캐시아웃(Home Equity Cash Out)이라는 제도를 통해 추가 대출을 받았다. 한국에는 없는 제도이기 때문에 적절한 용어를 찾지 못했다. 홈에퀴티 캐시아웃이란 예를 들어 3억 원짜리 집을 살 경우 집값의 80%인 2억 4,000만원은 모기기 대출을 통해 조달하고, 나머지 주택 구입자의 실질 지분인 6,000만원을 담보로 다시 자금을 대출받는 것을 의미한다. 이 금액이 2005년 말에는 약 7,000억 달러까지 증가한다. 이렇게 추가 대출을 받은 자금으로는 집을 고치는 데 30%, 빚을 갚는 데 25%, 주식이나 부동산 투자에 20%, 생활비에 15%를 사용했다. 결과적 홈에쿼티 캐시아웃을 통해 미국의 집은 부채로만 지어진 허상으로 변질되었다.

미국의 행태는 바로 여타 국가로도 전염되었다. 미국의 주택 가격 대비 대출금액 비율을 의미하는 LTV 비율(loan to value ratio)은 80%였다. 주택 가격의 평균 80%를 대출받았다는 의미다. 그러나 영국이나 스페인 등 일부 유럽 국가들은 이 비율이 무려 90%를 넘기기도 했고, 심지어 95%를 넘긴 지역도 있다. 3억 원짜리 집을 사는데 1,500만원이면 살 수 있었다. 그러나 반대로 5%, 즉 1,500만원만 집값이 하락하면 그 집에서 쫓겨난다는 의미다. 아시아권의 LTV도 상당히 높았다. 싱가포르의 경우 90%이며, 정도의 차이는 있지만 금융 위기가 한창인 2008년 기준 75~80%를 유지하고 있다. 세계는 부채로 지은 집에 살고 있다.

부채의 역습

부채 경제의 최대 적은 금리 상승이다. 이자 비용이 늘면 가계의 소비 감소로 부채는 실물경제를 공격하기 때문이다. 따라서 저금리 유지는 필수 조건이다. 저금리는 앞서 살펴본 대로 자금의 자유로운 이동이 가능한 신자유주의와 세계화의 산물이다. 따라서 저금리를 유지하기 위해서는 신자유주의와 세계화가 더욱 촉진되어야 한다. 그러나 문제는 신자유주의는 양극화를 초래한다는 점이다. 장기간 신자유주의 체제가 유지되면서 미국의 양극화 수준은 선진국 중 가장 높다. 여기서 불행은 저소득층이 서브프라임이라는 마술을 통해 집을 구입한 점이다. 이들은 이자와 원금을 매달 금융기관에 내야 한다. 그런데 금리가 오르면 이자 비용이 증가한다. 경기마저 침체되어 직장을 잃게 된다면 부채의 공격으로 집에서 쫓겨나야 한다.

금리가 안정적이었던 2005년 조사에 따르면 전체 가구 중 주거 관련 비용이 소득의 50% 이상인 가구가 무려 15%를 넘는 것으로 조사되었다. 이 정도 되면 정상적인 생활을 할 수 없다. 특히 저소득층이 서브프라임을 통해 집을 산 경우에는 더욱 견디기 어려울 것이다. 애초 미국은 무주택자가 쉽게 집을 마련해서 삶의 질을 높이려는 선의에서 부채를 통한 주택 보급을 늘렸다. 그러나 오히려 사회 양극화를 심화시키는 역설적 결과를 낳았다.

부채 경제의 역설

또 다른 부채의 위기는 미국의 지나친 탐욕으로부터 발생한 측면도 있다. 미국은 신자유주의적 세계화를 선진국뿐 아니라 이머징 국가에도 이식시켰다. 21세기 들어 이머징 국가들은 역사상 유례가 없는 고성장을 구가했다. 이 과정에서 미국은 투자은행을 통해 엄청난 이익을 획득했다. 미국의 개인들은 이머징 국가의 주식, 채권, 부동산 투자에 열광했다. 투자한 자금의 상당 부분은 부채였다.

부채로 조달된 자금이 이머징 국가에 투여되면서 이머징 국가는 고성장을 구가했다. 잠자던 엔진이 미국 등 선진국의 자금 투여로 가동되기 시작하면서 이머징 국가 스스로도 미국과 유사한 부채 경제로 진행된다. 중국의 부동산과 주식 시장의 투기적 열풍 초기에는 해외 자본의 역할이 컸다. 성장 엔진에 불이 붙으면서 미국의 부채 금융기법은 빠르게 이머징 국가에도 전수되었다. 이머징 국가의 국내 자본은 거품의 가속 페달을 밟았다.

이머징 국가의 경제는 산업화 초기 단계로 에너지를 비롯한 원자재를 다량 소비하는 특성이 있다. 따라서 이머징 국가의 개발은 물가 상승을 유발한다. 물가가 오르면 생필품의 대부분을 수입하는 미국의 수입물가 상승은 불가피하다. 미국 편의점에 있는 농산품의 평균 이동 거리는 1,300마일이 될 정도로 수입 비중이 높다. 물가가 오르면 미국은 물가 안정을 위해 금리를 인상해야 한다. 상승한 금리 때문에 부채가 많고 소득이 적은 미국의 중산층은 몰락하게 된다. 글로벌 아웃소싱이라는 이름으로 이머징 마켓에 일자리를 빼앗긴 상태에서 이머징 국가의 고성장이 유발한 고금리 때문에 미국의 중산층은 일자리와 집을 모두 잃는 결과가 나타났다. 실제로는 불가능한 일이었겠지만 만일 미국이 장기적 시각으로 이머징 국가에 대한 자금 투여를 서서히 진행했으면 그만큼 이번 금융 위기는 쉽게 지나갔을지도 모른다. 미국 지배층의 탐욕은 신자유주의라는 마법의 수단을 통해 세계뿐 아니라 미국이 가장 큰 어려움에 처하도록 이끌었다.

02

부채의 세계화

아메리칸 드림을 실현하기 위한 부동산 광풍과 주식투자 열기는 부채에 기반을 둔다. 부채가 증가하는 과정은 몇 번의 시기를 거쳤다. 적어도 1990년대까지의 부채 증가는 미래의 자신감에 근거한 완만한 증가였다. 21세기 들어 부채 증가는 다양한 정부의 지원(규제 완화)과 투기적 탐욕이 결합해서 사회 전반을 부채가 고착화된 구조로 전환시킨다. 세계화로 부채의 수출이 가능해지자 부채의 세계화마저 달성된다. 그러나 2005년을 고비로 부채 증가 양상은 차원을 달리하게 된다. 바로 부채에 의존한 신용파생상품 시장이 급속히 확산된 것이다.

신용파생상품의 도입 경로

물론 이전부터 신용파생상품시장은 존재했었다. 그러나 세계 대부분의 국가들이 성장의 한계를 느낀 2005년경 글로벌 투자은행들이 개발한 신용파생상품은 급속히 확산된다. 신용파생상품에 의한 부채 증가 속도는 이전과 차원을 달리한다. 예를 들어 2001년에 1조 달러에 불과하던 대표적 신용파생상품인 CDS의 경우 62조 달러를 넘겨 거래된 것으로 추산되고 있다. 그러나 CDS의 기초 자산인 대출, 해외채권, 회사채는 20조 달러에 불과하다. 바로 이것이 파생상품의 마술이다.

자본주의 팽창 본능에 불을 붙이다

신용파생상품 시장이 커진 것은 크게 보면 자본주의 팽창 본능이다. 기업이 영구 성장을 추구하듯 자본의 팽창 본능도 기본적 속성이다. 2005년을 지나면서 3년간 경기 상승의 피로감은 물가 상승을 유발했다. 하반기부터는 금리마저 오르기 시작하자 돈이 부족해졌다. 바로 이 시점에서 신용파생상품이 급속히 확산되면서 부채를 기반으로 추가적인 유동성을 글로벌 자금시장에 제공했다.

가장 큰 역할은 역시 골드만삭스, 메릴린치, 모건스탠리, 리먼 브러더스 등 글로벌 투자은행들이 수행했다. 그러나 국가별로 정도의 차이는 있지만 빠르게 글로벌 투자은행의 신용파생상품 기법을 도입하면서 유동성을 증가시켰다. 경기가 조정 없이 지속적으로 상승하는 방법은 유동성 공급만이 유일했기 때문이다. 이를 우아한 용어인 골디락스(Goldilocks) 경기로 세계는 오해했다. 물가 안정 속에 경기 조정 없는 꾸준한 경제 성장! 모든 국가의 꿈이 실현된 것이다. 그러나 공급되는 유동성의 실체를 대부분 제대로 인식하지 못했다.

규제 완화라는 신자유주의 원칙에 따라 신용파생상품이 팔리도록 방치한 각국 금융 감독 당국이나 투자자도 사실은 이번 금융 위기의 공범이다. 물론 금융당국의 입장에서 자국만 규제를 할 수는 없었다. 인지하건 못하건 신자유주의 기반의 글로벌 스탠더드를 거역한 국가는 지구상 어디에도 없었다. 만일 당시에 특정 국가가 신용파생상품을 규제할 경우 외자 도입은 불가능해지고, 이미 유입된 자금마저 이탈할 가능성이 높았기 때문이다. 미국 이외의 국가에서도 신용파생상품은 미국과 보조를 맞추면서 급속히 커졌다.

신용파생상품이 세계로 퍼져나가는 과정에서 글로벌 투자은행들은 추가로 투자를 늘리면서 탐욕을 확대 재생산했다. 세계 경제는 마치 글로벌 투자은행이 조율하는 것처럼 보였다. 2005년 이후 각국 정부는 글로벌 투자은행의 투자를 받기 위해 머리를 조아렸다. 새로운 투자 기법을 배우기 위해 각국 금융기관들은 글로벌 투자은행 따라 배우기에 나선다. 외환위기 이후의 고착화된 상황이지만 한국 금융기관이 글로벌 투자은행에 비해 정책 당국으로부터 역차별 받은 것은 이런 상황과 무관하지 않다. 동북아시아 금융 허브, 한국형 글로벌 IB와 같은 담론은 역차별의 서러움에 근거한다. 그리고 개인 투자자들도 신용파생상품과 해외투자에 몰두하기 시작했다.

신용파생상품의 세계화

한국뿐 아니라 세계 대부분이 신용파생상품에 알게 모르게 이미 투자해왔다. 증권화된 신용파생상품은 유동화된다는 특성이 있다. 과거에는 금융자산을 제외할 경우 부동산이나 원자재에 개인이 직접 투자하기 어려웠다. 그러나 증권화된 신용파생상품은 지역과 금액을 막론하고 누구나, 언제든지, 그리고 어떤 상품에도 투자할 수 있게 되었다. 적은 금액으로 부동산이나 석유나 농산물을 살 수 있게 된 것이다. 신용파생상품 시장이 팽창하면서 2007년까지 자산 가격은 대부분 상승했다. 원자재 등 자산 가격의 상승이 투기 자본에 의한 것이라는 의심을 받기도 했다. 신용파생상품의 운용 기법은 부채에 의존하고 있기 때문에 당연히 투기적으로 운용한다. 금융 시스템 스스로 투기가 가능하게 만들어놓고 투기 자본이라고 비난하다니……. 그래서 금융 위기 발발 이후 신자유주의와 규제 논쟁이 벌어지고 있는 것이다.

신용파생상품 시장이 커질수록 글로벌 투자은행들은 더 많은 부채와 각종 수학적 기법을 이용해서 새로운 신용파생상품을 만들어냈다. 원금이 보장되면서 고수익을 얻을 수 있는 상품, 약간 투자 위험은 있지만 은행 예금보다 고수익이 보장되는 상품, 여기에 이머징 마켓 성장 스토리에 대한 신화가 가세하면서 자산시장은 폭발한다. 금융, 부동산, 원자재 시장이 동시에 폭발하면서 물가 상승이라는 위기의 바이러스는 수면 아래로 잠복한다. 모든 자산 가격이 오르면서 자산효과(wealth effect)로 소득과 소비가 동시에 늘어났다. 소비와 소득이 증가하면 투자가 늘면서 자산가격은 다시 오른다. 무한궤도처럼 성장은 영원히 지속될 것이라는 믿음이 현실화된 것이다. 다만 시간이 지날수록 소비 증가와 펀더멘털(기본 가치) 이상으로 과도하게 오른 가격 부담으로 금리가 조금씩 오르는 점을 간과하고 있을 뿐이었다.

시뮬라시옹

시뮬라시옹(Simulation)은 프랑스의 철학자 장 보드리야르(Jean Baudrillard)가 창시한 개념이다. 우리는 미디어와 다양한 간접 통신 수단을 이용해서 기호화된 가상세계를 현실로 오해하고 살고 있다. 가상세계가 현실세계를 넘어 결국 현실마저 지배한다는 의미로 해석할 수 있다. 이 결과 실제보다 가상세계가 중요해졌고, 가상세계가 실제를 대체한다고 믿게 되었다. 시뮬라

시뮬의 대표적 사례로 영화 「매트릭스」나 디즈니랜드를 꼽는다. 디즈니랜드의 많은 조형물들은 유럽의 건축물들을 미국식으로 변형한 것이다. 그런데 다시 일본으로 건너간 동경 디즈니랜드는 미국의 디즈니랜드보다 오히려 더 화려하고 잘 만들었다는 평을 듣는다. 유럽을 모사한 미국식 테마파크를 들여와서 일본식으로 변경한 것이 도쿄 디즈니랜드다. 그 안을 유럽인들이 돌아다니면서 감탄한다. 동경 디즈니랜드를 구경하는 유럽인들은 그들의 과거(실제)를 동경 디즈니랜드(가상세계)로 인식한다.

이번 글로벌 위기의 본질인 파생 금융상품의 문제를 필자는 시뮬라시옹으로 판단한다. 실제 금융 거래를 초월하는 막대한 규모의 CDO, CDS 등 신용파생상품(가상세계)이 바로 실제 금융시장을 배후에서 조종했기 때문이다. 실질적으로 글로벌 위기의 발화점은 신용파생상품에 있다. 문제는 아직도 정확한 가상세계의 실체를 모르고 있는 점이다. 얼마나 손실이 발생할지, 2차, 3차로 이어진 신용파생상품의 꼬리가 어디서 언제 끝나는지 모른다. 시뮬라시옹의 굴레에 지구가 갇혀 있다.

03
신용파생상품의 비극

일반적으로 상업은행은 자본 대비 10배 정도 부채를 발생시킨다. 그러나 투자은행들은 자본 대비 부채비율이 20~30배를 웃돈다. 따라서 적은 기초 자본으로도 엄청난 수익을 올리는 이유는 특별한 비법이 아니라 부채 조달(레버리지)로 위험자산에 투자하기 때문이다. 2007년 말 현재 투자은행의 자금 조달도 예금이 아닌 환매조건부채권(RP) 33%, 고객 신용 43%, 그 외 차입 18% 등 다양하게 자금을 조달해서 고수익 금융상품에 투자한다. FRB 통계에 따르면 2007년 말 현재 투자은행들은 CP, 회사채, 해외 채권 등 채권형 상품에 16.3%, 모기지 채권이나 지방채에 10.5%, 신용 공여 11.4%, 주식에 5.5%를 투자하고 있는데 나머지 52%는 기타 자산으로 분류되고 있다. 이 기타 자산의 정확한 내역은 보고되지 않았다. 다만 이 자산 중 상당 부분이 신용파생상품일 것이라고 추정된다. 바로 이 상품이 현재 말썽을 일으키고 있는 것이다. 글로벌 투자은행은 신용파생상품을 통해 거대한 헤지펀드로 변신했다.

■ 투자은행과 상업은행의 부채(레버리지) 비율

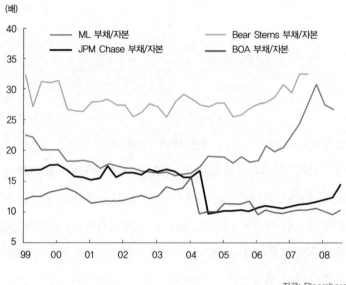

자료: Bloomberg

무지의 비극 : 복잡할수록 안전하다?

투자자나 금융당국은 CDO, CDS, 신용파생상품이 어떤 구조로 설계되었는지, 규모는 어느 정도인지 자세히 모르고 있었다. 애널리스트 역시 복잡한 신용파생상품의 위험에 대해 피상적으로 이해하는 수준에 그쳤다. 해당 증권을 만든 몇몇 담당자들도 자신의 상품에 대해서는 잘 알지만, 전체 시장의 규모와 판매

후 유통경로는 모른다. 물론 해당 증권을 발행하고 투자한 금융기관의 CEO, 리스크 관리 담당자 등 실무자들도 그 규모나 위험성에 대해 피상적으로 알고 있었다. 사실 자세히 알 필요도 없었다. 신자유주의 시스템 하에서는 금융기관이 자율적으로 상품을 만드는 데 감독 당국이 감독할 명분도 없었다.

문제는 이런 몰이해가 2008년 중반까지 이어진 점이다. 문제를 인지했어도 국제금융 시스템을 통째로 흔들 것으로 판단한 사람은 필자를 포함해 거의 없었다. 솔직히 복잡한 수학적 계산에 의해 만들어진 상품을 완벽히 이해하고 문제가 발생했을 때 해결할 수 있는 능력이 과연 있겠는가? 더군다나 규모 파악이 어려운 현실을 감안해야 한다. 초기 대응이 부족했던 것도 바로 이런 이유 때문이다. 2008년 3월 베어스턴스 위기 때만 하더라도 신용파생상품시장이 그렇게 크고 위험한지 잘 몰랐다. 따라서 단순한 유동성 공급과 금리 인하로 해결할 수 있다는 낙관론이 지배했다. 세계는 아나콘다의 꼬리를 보고 미꾸라지 정도로 파악했다. 그러나 시간이 지나면서 9월 중반 리먼브러더스가 파산하자 세계는 즉시 항복했다. 전 세계적인 집단적 무지와 인간의 탐욕이 결합해서 결국 최악의 금융 위기와 불황으로 세계를 몰아넣었다.

세계가 얼마나 무지했는지는 투자의 현인이라는 워런 버핏의 행보에서 나타난다. 그는 2008년 9월 말 공적자금 투입을 앞두고 정부 당국과 의회에 상당한 로비를 한 것으로 알려져 있다. 그의 행보에 대해 일각에서는 위기의 정점에서 금융주에 많은 투자를 했기 때문에 자신의 투자 이익을 위해서 나섰다는 시각도 있었지만, 순수한 애국심으로 평가하려는 시각이 우세했다. 그러나 그의 행보를 정책 당국과 국회의원의 무지를 일깨워준 행동으로 평가한다. 금융 위기가 얼마나 무서운지, 그래서 정부가 왜 나서야 하는지 등을 설명했을 것이다. 정말 세계 전체가 신용파생상품에 대해서 잘 몰랐다.

2008년 9월 21일 헨리 폴슨 미국 재무장관은 구제금융 투입 방안을 발표하면서 다른 나라, 특히 유럽이 비슷한 조치를 취해줄 것을 요청했다. 이에 EU 상임이사회와 프랑스, 독일 등은 미국계 은행의 문제를 유럽 국가 예산으로 처리할 수 없다고 강하게 거절했다. 또한 자신들의 금융기관은 매우 안전하다는 말을 잊지 않았다. 그러나 1주일도 못돼서 유럽 은행들도 줄도산 한다. 이에 유럽 각국은 미국보다 신속하게 구제금융을 지원했다. 상황 파악이 얼마나 안 됐는지 알 수 있는 사례다. 신용파생상품을 제대로 이해하고 있는 정치인이 지구에 과연 있을까? 아이러니하게도 한국이 상대적으로 미국발 금융 위기에서 직접적인 피해가 적은 것은 이런 무지(?) 때문에 적게 투자했기 때문이다. 그러나 정말 문제는 이 글을 쓰는 2008년 11월 현재 정확한 손실액을 알 수 없다는 점이다. 부동산 가격 하락에서 신용파생상품까지 이어진 긴 아나콘다의 실체를 여전히 피상적으로 이해하는 상황이다.

모럴 해저드

아무런 규제 장치 없이 모럴 해저드는 금융기관에 일반화되었다. 세계 최대 보험사인 AIG에 정부 출자가 이루어진 이유는 AIG보다는 AIG가 런던에서 경영하던 AIG 파이낸셜 프로덕트(AIGFP) 때문이다. 이와 관련된 2008년 9월 30일자 조선일보 기사 내용을 살펴보자.

이 회사는 본사 통제를 거의 받지 않고 회사의 대외 장부에는 직원 377명의 소규모 회사로 기록되어 있었다. 조지프 카사노 사장은 10년 전 JP모건으로부터 신종 파생상품 거래에서 협력하자는 제안을 받은 뒤 적극적으로 새 시장을 개척했다. 카사노가 시작한 이 금융상품은 현재 미국발 금융 위기의 주범으로 알려진 CDS였다. 2007년까지 카사노의 CDS 사업은 AIG에 '황금알을 낳는 거위'였다. AIGFP의 총수입은 1999년 7억 3,700만 달러에서 2005년에는 32억 6,000만 달러로 급증했다. AIG의 신용도를 등에 업은 카사노는 CDS에 대한 담보를 거의 설정하지 않았기 때문에 영업이익률은 2005년 무려 83%에 달했다. 이는 AIG 전체 영업이익의 17.5%를 차지했다. 2001년 이후 7년간 377명의 AIGFP 직원들은 매년 1인당 평균 100만 달러 이상을 보너스로 챙겼다. 1987년 AIGFP를 세울 때부터 관여한 카사노는 강력한 차기 AIG의 CEO로 거론되기도 했다. 그러나 신용위기가 악화되면서 AIGFP가 발행한 CDS 5,000억 달러(2007년 기준)는 AIG의 시한폭탄이 됐다. 2008년 4~6월 CDS 부문의 손실은 250억 달러로 불어났고, 결국 AIG는 2008년 9월 16일 미 정부의 구제금융 850억 달러를 받으면서 사실상 국유화됐다. 그러나 AIG의 몰락을 가져 온 카사노는 이미 2008년 2월에 자체 감사에서 드러난 분식회계로 사임한 뒤였다.

전 세계 가입자 7,400만 명을 자랑하는 세계 최대 보험사인 AIG가 종업원 377명의 조그만 자회사 때문에 파산했다. 소규모 자회사가 엄청난 이익을 올리자 최고 경영진은 그 순간을 즐기려는 태도를 보였다. 그래야만 자신의 보너스도 늘어나니까. 어떻게 돈을 벌었는지는 중요하지 않았다. 오직 얼마를 벌었냐가 중요했다. 2008년 금융기관들의 도산은 AIG와 같이 자회사를 통해 부실을 쌓았거나 혹은 회사 내 신용파생상품을 취급하는 몇몇 부서의 과욕으로 발생한 경우가 대부분이었다. 그럼에도 문제가 발생한 2007년 하반기 이후 글로벌 투자은행들은 위험을 숨기는 데만 급급했다. 너무 어려운 신용파생상품의 구조상 숨기기는 쉬웠다. 그러나 분기 실적이 나올 때마다 손실은 눈덩이만큼 커졌다.

미국 정부의 구제금융이 승인됐음에도 불구하고 글로벌 금융시장에서 불안이 증폭된 것은 금융기관 자체를 못 믿겠다는 시각 때문이다. 안전한 상업은행에 대해서도 숨겨진 부실이나 자회사의 장부 외 부채가 있을지 모른다는 의구심이 여전하다. 이 문제에 대해 필자도 상업은행이 완전히 안전하다고 아직 장담할 수 없다. 금융의 기초가 되는 신뢰가 모럴 해저드로 무너진 것이다. 모럴 해저드는 단기 성과 지향의 경영 관행이 기반이 됐다. 공공성과 신뢰를 감춘 금융기관이 리스크 관리보다는 수익에만 집착한 결과다. 결국 원죄는 공적 통제(국가)로부터의 민간 부문(특히 금융기관)의 자유를 의미하는 신자유주의적 시스템의 속성으로 볼 수 있다. 자본주의는 성악설(性惡說)에 기반하고 있음을 간과한 것이다.

누구의 책임인가?

글로벌 위기의 책임이 개인으로 보면 누구에게 있을까요? 중앙일보 9월 20일자는 앨런 그린스펀 전 미국 연준 의장, 투자은행 CEO, 크리스토퍼 콕스 미국 증권거래위원회(SEC) 위원장과 탐욕으로 가득 찬 미국의 개인들을 꼽았습니다. 또한 9·11 테러를 저지른 빈 라덴은 미국의 21세기 초반 경기 부진을 유도해서 투기의 원인이 된 과잉 유동성을 공급한 주범으로 지적했습니다. 장쩌민전 중국 주석의 경우는 값싼 공산품을 중국에 수출하는 동시에 막대한 경상수지 흑자 금액을 미국에 재투자해서 미국이 문제를 자각할 기회를 주지 않은 점을 꼽았습니다.

결국 이들 모두는 무의식적 공범입니다. 이들과 함께 자본시장에 있었던 필자의 경험으로 보면 빈 라덴을 제외하고 당시 그들 입장에서는 신자유주의적 사고에서 볼 때 최선의 선택(?)이었던 것으로 기억합니다.

역사적 사건들은 특정 개인의 문제라기보다는 구조적 문제로 판단됩니다. 역사적 사회 변동은 당시 사회를 지배했던 이데올로기가 가장 중요한 역할을 했습니다. 그래서 학교에서는 위인전보다 철학과 역사를 가르치지요. 이런 측면에서 보면 20세기 후반의 중심 이데올로기인 신자유주의가 가장 책임이 커 보입니다.

앞으로 신자유주의의 논란이 세계를 가로질러 뜨거워질 것으로 예상됩니다. 이런 논쟁 과정 중 잊지 말아야 할 것은 신자유주의를 포함한 어떤 이데올로기도 완벽하지 않다는 점입니다. '시장과 도덕은 양립할 수 없다'는 조지 소로스의 말을 뒤집어 앞으로 추구해야 할 가치는 시장과 도덕의 적절한 조화가 아닐까요?

3장

글로벌 위기의 뿌리

자본주의는 기본적으로 경제적 현상을 훨씬 넘어서는 것이다. 자본주의는 전체 인간관계에 근본적인 영향을 끼치기 때문이다. 자본주의적 관계를 끝까지 분석해보면, 그것이 성공적으로 지속되는 열쇠가 그 사회 내의 행위자들 스스로가 소중히 여기는 기본적 신념과 가치를 어떻게 만드는가에 있다는 것을 알 수 있다.

_ 닐 우드(Neal Wood)의 『미국의 종말에 관한 짧은 에세이』에서

◉ **모든** 위기의 기저에는 당시 이데올로기의 모순이 배경으로 깔려 있다. 이번 글로벌 위기도 신자유주의 체제의 논리적 모순과 무제한의 세계화가 금융 시스템을 파괴하면서 시작되었다. 우선 급한 금융 시장 문제가 해결된 이후 근본적인 치유 과정에서 신자유주의적 세계화의 문제는 중심 화두가 될 전망이다.

신자유주의와 세계화가 결합되면서 지구는 그물망 구조로 연결되었다. 초기의 연결 과정에서 세계는 놀랄 만한 부(富)의 축적을 이루었다. 그러나 글로벌 위기가 닥치자 세계는 불과 1개월 만에 붕괴되었다. 세계화와 신자유주의에 따른 연결성 증대는 상호 의존성을 심화시킨다. 상호 연결성의 위험에 대한 인식은 국내외를 막론하고 리스크 관리의 기초다.

신자유주의란 무엇인가?

01

역사상 최근과 같이 신자유주의란 용어가 광범위하게 사용된 때는 없었다. 대부분의 국가들이 신자유주의 논쟁에 함몰되어 있다. 신자유주의란 한마디로 정부를 대신해서 민간, 특히 기업이 사회의 주체가 되는 것이다. 여기서 신자유란 자유 시장, 자유 무역, 자유 송금, 사적 소유의 자유를 의미한다. 신자유는 시장을 통해서만 유지되는 시장 근본주의와 같은 의미이다. 이런 내용을 첨가해서 다시 신자유주의를 정의하면 '정부를 포함한 사회는 모든 경제 활동을 민간에 이양하고 시장이 자본의 논리로 유지되는 체제'로 볼 수 있다.

작은 정부 큰 경제

신자유주의의 포괄성은 여타 경제 이론과 차원을 달리한다. 왜냐하면 좁게는 경제 문제에 대한 시각이지만, 이면에는 국가의 역할, 노동에 대한 시각, 분배와 평등을 주제로 한 민주주의와의 긴장을 함축하고 있기 때문이다. 경제 이데올로기인 동시에 정치적 · 사회적 이데올로기로 볼 수 있다.

신자유주의 체제에서 국가는 공기업을 직접 운영하기보다는 금리와 세금을 낮춰 기업이 경영을 잘할 수 있는 토대를 마련해줘야 한다. 이 말의 뜻을 풀어보면 정부는 아무것도 해서는 안 된다는 의미다. 오직 시장 메커니즘이 잘 돌아갈 수 있도록 여건만 조성하면 된다. 국가는 시장을 유지시키는 기능이 전부이며 복지 문제는 개인의 책임으로 간주한다. 금융시장에 있어서도 금융기관이 어떤 상품을 만들고 어떤 방식으로 판매하든지 관여해서는 안 된다. 시장 참여자 스스로 자신의 판단에 책임을 져야 한다. 시장 자율에 모든 것을 맡긴 신자유주의의 금융적 측면이 이번 글로벌 위기의 발단이 되었다. '작고 강력한 정부' '작은 정부 큰 경제'란 정치 구호는 신자유주의와 같은 뜻이다.

구체적인 사례를 통해 신자유주의를 이해해보자. 영미식 신자유주의 국가는 경기 부양을 위해서 복지를 축소하고 세금을 내린다. 세금은 줄면서 반대로 개인의 소득은 늘어난다. 소득의 증가는 소비를 촉진시킨다. 소비가 늘면 당연히 경제 성장률은 높아진다. 이 결과 세금을 깎아준 것보다 더 많은 세금이 걷힌다. 이 세금으로 사회 인프라에 투자하면 경제 성장과 소비 증가가 무한히 이어질 수 있다. 이럴 경우 고성장의 결과물로 자연스럽게 저소득층의 소득이 늘어 복지도 향상된다는 논리다. 현재 대부분 국가의 정책은 이런 신자유주의에 기반을 둔다.

여기서 세 가지의 결과가 도출된다. 우선 국가는 본질적으로 세금의 축소 이외에 별반 한 일이 없다. 둘째, 국가가 먼저 세금을 축소한다는 사실이다. 감세 이후의 경제 상황에 대해서는 국가가 개입하지 않는다. 셋째, 개인의 복지는 경제 상황, 즉 시장 움직임과 연동된다는 점이다. 산업혁명 이후 초기 자본주의와 너무나 유사하다.

파이를 키우자!!!

신자유주의 논리를 가장 잘 표현한 구호는 아마 '파이를 키우자!' 는 논리일 것이다. 신자유주의자들도 신자유주의가 부의 분배에는 적합하지 않다는 점을 잘 인지하고 있다. 또한 그들도 복지를 강조한다. 다만 사회복지는 경제적 성공의 결과물로 파악한다. 고성장이 지속될 때 부자뿐 아니라 사회 전반에 일자리 증가를 통해 실현된다고 본다. 일자리가 늘어나서 복지가 향상되면 사회적 평등도 가능해지는 것으로 판단한다. 결국 끊임없는 성장만이 가장 좋은 소득 재분배로 이해한다. 따라서 파이를 키우는 성장이 복지에 전적으로 우선한다.

전 US 스틸의 이사장 로저 블로(Roger M. Blough)는 "선진국에서 최근 수십 년 동안 대중의 물질적 생활이 크게 향상된 것은 소득 분배 덕분이 아니라 생산 증대 때문이었다는 점은 피할 수 없는 사실이다"라고 말했다(갤브레이스, 『풍요의 사회』). 최근 중국에서 발견할 수 있는 사실인데, 중국의 지속적인 경제 성장이 절대적 빈곤 계층의 숫자를 줄인 것은 틀림없다. 흑묘백묘론(黑猫白猫論)이나 선부론(善富論)은 우선적으로 파이를 키우자는 중국식 신자유주의의 다른 표현으로 볼 수 있다. 중국뿐 아니라 한국과 같이 개발도상국에서 급성장한 국가는 용어만 다르지 신자유주의적 정책을 통해 성장한 것을 부인할 수 없다.

파이를 키우는 과정에서 지속 성장이라는 성장 중심적 이데올로기가 자연스럽게 굳어진다. 신자유주의는 고성장 속에서만 제대로 가동된다. 이는 자본주의의 팽창 본능과 자연스럽게 결합된다. 고성장을 유지하기 위해서는 기업의 매출과 이익이 늘어나야 한다. 정부는 기업의 매출이 늘도록 규제를 철폐해야 한다. 기업은 사내유보 자금을 재생산에 투입하면서 계속 성장

기업이 되어야 한다. 문제는 계속 성장 기업이 되기 위해서는
외부와의 경쟁을 피할 수 없다는 점이다.

자본주의의 또 다른 본질인 완전 경쟁이 신자유주의의 기반이
되기 때문에 경쟁에서 승리하기 위해서는 노동 생산성이 높아
야 한다. 이를 위해서 기술과 자본 투입을 늘리고 노동력 사용
을 배제한다. 더 높은 성장을 위해 기업은 소위 '돈' 되는 것은
모두 해야 한다. 이런 문화가 사회 저변에 퍼지면서 신자유주
의는 새로운 이름을 얻게 되었다. 그것은 바로 적자생존을 의
미하는 사회적 다윈주의(Social Darwinism)이다.

신자유주의와 정부

신자유주의 체제의 출범 동기는 여타 체제와 같이 사회적 부의
창출에 있었다. 그러나 결과는 적자생존의 정글의 법칙이 지배
하는, 의도하지 않은 변화가 나타났다. 정글 속에서의 개인의
자유는 자신이 지키든지 울타리 속 안전지대로 피난할 때만 가
능하다. 신자유주의 체제가 장기화되면서 자신을 지키고 때로
는 사냥감을 포획할 수 있는 뛰어난 개인은 오히려 더 잘살 수
있다. 그러나 최소한의 안전장치인 울타리 속에 갇힌 자는 제
한된 자원만을 가지게 된다. 울타리는 국가이다. 국가가 개인
의 자유와 최소한의 복지를 제공해야 함에도 신자유주의는 국
가라는 보호막을 치워버렸다. 그래서 신자유주의 체제는 기본

적으로 불안정하다. 중립적인 심판관이 없이 이해당사자들 간의 합의에 의존하기 때문이다.

사회학자인 이매뉴얼 월러스틴은 『세계체제 분석(World-Systems Analysis: An Introduction)』에서 국가에 대해 일곱 가지 정의를 제시하고 있다.

① 국가는 상품·자본·노동이 국경을 넘나들 수 있는지, 그리고 어떠한 조건이 충족되어야 이것이 허용되는지를 결정하는 규칙을 제정한다.
② 국가는 자국 내부의 재산권에 관한 규칙을 제정한다.
③ 국가는 고용과 피고용자의 보상에 관한 법률을 제정한다.
④ 국가는 기업이 어떤 비용을 내부화 해야 하는지 결정한다.
⑤ 국가는 어떤 종류의 경제 과정이 독점화 될 수 있으며, 또 그 독점화는 어느 정도까지 가능한지 결정한다.
⑥ 국가는 세금을 거둔다.
⑦ 다른 국가의 결정에 의해 자국의 국경 내부에 자리 잡고 있는 기업들이 영향 받을 때 국가는 다른 국가들의 결정에 영향을 끼칠 수 있는 자국의 힘을 외적으로 사용한다.

그의 견해에 동의한다면 국가와 기업의 관계는 자본주의적 세계 경제의 기능을 이해하는 열쇠이다. 궁극적으로 기업은 국가라는 울타리 속에 있다. 이런 측면에서 국가에 대한 자유를 선언한 신자유주의는 논리적으로 모순적이다. 다국적 기업도 본국의 보호와 묵시적인 지원은 절대적으로 필요하다.

모든 상황이 자유화된 신자유주의적 사회에서 현실적으로 이해 당사자들 간의 합의는 어렵다. 이런 이유로 신자유주의 체제는 기본적으로 불안정해서 규칙이 필요하다. 신자유주의는 자체 한계 때문에 국가가 다시 필요해졌다. 규제 해제로 파이를 키우는 환경 조성자라는 측면과 불안정 체제의 조정자로서 정부가 필요해졌다. 정부가 제정한 규칙(법률)과 질서를 유지하려면 국가가 독점한 폭력을 적절하게 활용해야 한다. 법률에 의한 국가 통치라는 개념은 법률에 명시되지 않은 것은 모두 할 수 있다는 해석이 가능하다. 신자유주의는 법률 이외 사항은 무시한다.

또한 정부 보조금이나 재정 투자를 통해 기업들이 얻을 수 있는 이익도 크다. 예를 들어 국가가 단순한 방관자가 아니라 특정 사업에 자금 지원을 하거나 공장부지 옆에 도로를 건설하면, 재정 투자가 기업으로 이전되는 효과가 발생한다. 따라서 신자유주의는 국가의 간섭으로부터 자유라는 가장 큰 원칙을 스스로 약화시킨다. 물론 경제 영역에서의 규제 철폐는 기업의 사업 기회를 넓히기 때문에 지속적으로 외친다. 이런 이중적 행태 때문에 진보 진영에서는 신자유주의가 원하는 국가의 적극적 역할에 주목해서 케인스 경제학으로의 복귀라고 비난하기도 한다.

신자유주의와 세계화의 결합

30년 남짓한 신자유주의의 시대에 세계화가 동시에 진행되었다. 외부로부터의 무한 경쟁에 시달리는 기업 입장에서는 국가의 도움이 절실히 필요해졌다. 이데올로기 시대의 종결로 국가간의 관계는 이념이 아닌 오직 경제만이 문제가 되는 관계로 변환되었다. 경제 문제란 상대적으로 다른 국가보다 잘사는 것이다. 세계화와 신자유주의가 결합하면서 세계 전체는 정글을 넘어 제로섬 게임적 상황에 도달했다. 경제학은 자국만 잘 살면 그만이라는 이기적인 중상주의 경제시대로 퇴보했다.

중상주의는 국가의 적극적 역할을 필요로 한다. 다른 국가와 전투 중인 기업을 지원하는 것은 국가의 당연한 책무가 되었다. 또한 기업들은 세계 전체를 대상으로 경쟁하기 때문에 자국 기업이 진출한 다른 나라의 규제나 간섭으로부터 자국 기업을 보호해야 했다. 이런 이유로 신자유주의는 배타적인 국가주의(애국주의)와 민족주의의 도움이 필요하다. 일부 다국적 기업을 예로 들면서 국가의 역할이 필요 없다는 초보 세계화 논자들도 있다. 다국적 기업은 사업을 여러 국가에서 할 뿐 본사는 자신들의 모태가 되었던 국가나 지원을 많이 해주는 국가에 둔다. GE와 같은 미국의 다국적 기업은 세계 수십 개 국가에서 사업을 하고 있지만, 미국 정부와 긴밀한 관계를 유지하는 미국 기업이다. 세계 정부가 없는 상태에서 다국적 기업은 여전히 국민국가 내에 존재한다. 세계화가 만든 제로섬적 상황은 자연스럽게 대부분의 성장 지향 국가에서 신자유주의를 거부할 수 없게 했다.

신자유주의적 세계화는 실물경제에서만 발생하지 않는다. 신자유주의는 모든 자산을 금융화했다. 유동화와 금융화 과정을 거쳐 상시 거래가 가능하게 되었다. 이 결과 자산 가격과 금융시장은 동일한 방향으로 움직인다. 자산의 범위가 세계화되는 것이 경기 상승 국면에서는 아주 긍정적이다. 경기가 상승하기 때문에 원자재 가격은 상승한다. 부동산과 주식 가격도 상승한다. 금리는 풍부한 유동성 때문에 안정적 상황이 된다. 만일 어떤 이유로든지 달러가 약세 전환하면 금(金)이나 원자재 펀드를 매입하면 된다. 세계 경제와 모든 국가의 자본시장은 같은 방향으로 움직이게 되었다. 다만 자산 가격 변동과 국가나 지역별로 반영되는 약간의 시차만 —실질적으로 거의 느낄 수 없는 시차만—발생한다. 사실상 국경이 제거되었기 때문에 브라질이나 호주의 금리가 높으면 글로벌 자본이 일거에 몰려가서 금리를 낮춘다. 최근과 같이 미국의 서브프라임 문제에서 야기된 미국의 금융 문제는 세계의 금융 문제가 되기도 한다.

신자유주의가 만든 각종 파생상품 덕분에 리스크 관리도 용이해진다. 예를 들어 한국의 KIKO 문제를 살펴보자. 파생상품 시장은 본질적으로 제로섬 시장이다. 따라서 KIKO 문제의 이면에서는 누군가 이익을 봐야 한다. KIKO를 판매한 외국계 은행들은 리스크를 줄이기 위해 수수료를 챙긴 후 포지션을 청산해버린다. 원화 약세가 계속 진행되어도 최초 투자한 기업을 제외하고 금융기관은 아무도 손해 보지 않는다. 신자유주의가 만든 세계화는 맹물로 달려가는 자동차처럼 안전하고 끝없이 수익을 발생시키는 것처럼 보였다. 희생자는 금융기관이 아니라 최초 투자자뿐이다.

신자유주의적 세계화가 미국의 생명 줄

미국 입장에서는 신자유주의적 세계화를 추진하는 것만이 미국을 지키고 헤게모니를 유지하는 유일한 방책이다. 막대한 경상수지 적자를 메우기 위해서는 전 세계 모든 국가들이 미국과 유사한 제도를 갖추고 언제든지 자본의 유출입이 가능한 국가가 되어야만 한다. 왜냐하면 세계화가 촉진될수록 세계의 기축통화로서 달러의 역할이 강화되기 때문이다. 세계화로 각국 경제의 통합 속도는 빨라지고 교역량은 급증했다. 국제적인 상거래에 있어서 달러화는 여전히 기본적인 결제 수단이 되고 있다. 전체 상거래의 80% 가까이 달러로 결제되고 있다. 유로화나 중국의 위안화는 안정성과 사용 범위에 있어 달러화에 견줄 수 없다. 심지어 일부 국가는 자국의 화폐가 아닌 달러화를 공용 화폐로 쓰도록 노력했다. 홍콩이나 사우디 등 중동 국가는 달러와 교환 비율을 고정한 페그제(Peg System)를 사용한다.

세계화로 증가한 경제 교류가 달러화 사용을 확대시킨다면 세계에 풀려 있는 엄청난 달러화는 미국에 부메랑이 될 수 없다. 달러가 아프리카, 중국, 러시아, 심지어 북한까지도 내국민 간 상거래에서 사용되기 때문에 경상수지 적자만큼 외부에 공급된 달러는 큰 문제가 되지 않는다. 경상수지 적자는 문제가 되지 않고 신비로운 길은 탄탄해진다. 2008년 10월 금융 위기의 한가운데서 전 세계 모든 국가가 달러 부족에 시달렸다. 글로벌 위기의 당사국 화폐인 달러 가치가 상승한 것은 바로 미국 중심의 세계화의 결과를 보여주고 있는 것이다.

나쁜 사마리아인

세계화 과정에서 미국은 신자유주의 체제를 이중적으로 적용했다. 자국 산업에는 조직적인 지원을 했지만 미국 이외 국가에는 철저하게 신자유주의 원칙을 강요한다. 예를 들어 미국의 농업 보조금은 세계에서 가장 많지만, 다른 나라에는 국가 보조금 철폐를 주장하고 완벽한 농산물 시장 개방을 요구한다. GM, 포드 등 미국의 자동차 산업에는 장기간에 걸쳐 비상식적인 자금 지원을 하고 있다. 반면 미국 이외 국가의 자국 산업에 대한 지원은 철저하게 막고 있다. 미국 정부가 직접 나서기도 하지만 때로는 국제통화기금(IMF)과 세계은행(IBRD)이 대리인으로 나서는 경우도 빈번하다. 미국은 원칙에 충실한 신자유주의적 세계화 환경에서 유럽, 일본 기업과의 경쟁에서 승리할 수 없다. 산업의 기반과 기업의 경쟁력이 취약하기 때문이다. 미국 기업들이 글로벌 기업으로 변화하는 과정에서 미국 정부의 도움은 필수적이었다.

미국의 이중 잣대를 비판한 서적은 국내 번역본만도 수백 권 이상이다. 미국의 이중 잣대는 세계화와 신자유주의 저항 운동의 근원으로도 볼 수 있다. 21세기 신자유주의는 세계화 없이 불가능한 체제다. 그러나 미국의 이중 잣대는 신자유주의적 세계화를 불안정하게 한다. 캠브리지 대학의 장하준 교수는 이 문제에 주목한다. 그는 개발도상국이 발전하기 위해서는 정부 개입 없이 불가능하기 때문에 후진국은 미국과 마찬가지로 신자유주의를 국가 상황에 맞게 이중적으로 적용하자고 주장한다. '나쁜 사마리아인'의 특징은 표면적으로 신자유주의 원칙에 충실하다. 그러나 내면적으로는 신자유주의를 만국 공통의 시스템이 아닌 자국의 이익에 맞게 변용한 국가를 의미한다.

신자유주의와 민주주의의 갈등
생산성, 효율성, 고성장이란 용어와 민주주의는 어울리지 않는다. 복잡한 의사결정 과정을 거치는 민주적 절차가 경제학적으로 최적의 결과를 도출할 수 있을까? 이런 의문은 굳이 고성장주의자가 아니라도 한번쯤 의문을 가진 사항일 것이다. 뛰어난 엘리트와 전문가에 의한 빠른 의사 결정을 선호하는 신자유주의는 민주주의에 대해 회의적이다. 한국의 재벌 성장 스토리는 신자유주의적 성장의 중요한 사례이다.

신자유주의를 추구하는 이머징 국가가 대부분 비민주적이고 권위주의적인 정부 형태를 띠고 있는 것은 민주주의와 신자유주의 상충 관계 때문으로 판단된다. 국가 전체가 엘리트 그룹에 의한 효율성 중심으로 흐르게 되면 사회 갈등은 더욱 치유하기 어렵게 된다. 민주주의를 무시한 신자유주의가 사회 양극화를 강화하는 것은 바로 이런 이유 때문이다.

한발 더 나아가 사회 갈등에 직면한 미국은 21세기 들어 신보수주의(neo-conservatism)를 도입한다. 국가나 권력 엘리트가 적극적이고 공세적으로 신자유주의적 세계화 체제를 유지해야 한다고 판단하기 시작했다. 미국식 신자유주의 체제에 반기를 드는 국가를 악(惡)으로 규정하면서 선제적 공격도 마다하지 않는 것이 신보수주의다. 신자유주의는 국가의 적극적 개입이라는 측면에서 신보수주의와 전략적으로 제휴하면서 미국식 개발 독재로 전환된다. 미국식 개발 독재는 한국의 박정희 · 전

두환, 싱가포르의 리콴유, 말레이시아의 마하티르보다 훨씬 위험하다. 왜냐하면 개발 독재를 세계 전체를 대상으로 사용하기 때문이다.

미국식 신자유주의를 펼 수 없는 미국 이외 국가들은 대외적으로는 원론적인 신자유주의 체제를 외친다. 글로벌 투자은행 등 국제 금융기관의 투자 유치를 위해서 자국 기업이나 금융기관을 역차별하기도 한다. 그러나 구체적인 정책에 있어서는 국가 개입이 일반화되고 있다. 글로벌 경쟁에서 생존하고 승리하기 위해서 국가가 나설 수밖에 없다는 논리로. 모든 국가가 이런 식으로 변화하면서 국가 간의 관계는 점점 갈등 구조로 빠질 수밖에 없다. 말로는 세계화를 외치지만 진정한 세계화는 오히려 퇴보하는 모습이다. 국가 간의 갈등 문제는 이 책의 5장 '패권과 헤게모니' 편에서 자세히 다룰 예정이다.

교도소 사장님!

신자유주의는 오직 효율성만 중요시 하기 때문에 그동안 공공적 성격으로 인해 국가가 담당했던 분야를 민영화합니다. 이라크 전쟁을 흔히 민영화된 전쟁이라고 합니다. 정규군뿐 아니라 용병의 전쟁 참여와 전쟁 상황을 중계하는 TV를 통해 세계인이 함께 하는 상업적(?) 전쟁이 되었습니다.

미국에서는 범죄자를 수용하는 교도소마저 민영화되고 있습니다. 폭증하는 범죄자를 수용하고 관리하기에 연방정부가 버거운 상태이기 때문입니다. 아직 초기 단계지만 전체 교정시설의 7%를 민간이 경영하고 있습니다.

1983년 설립된 CCA(Corrections Corp. of America)는 미국 최대의 민간 교정시설 운영업체로, 국영 교정시설을 포함해 미국 내 다섯 번째로 큰 규모입니다. 19개 주에 위치한 65개 시설에 약 6만 8,000명의 수감자를 수용하고 있습니다. 40개는 직접 소유하고 있고, 나머지 25개 시설은 운영 및 위탁 업무만 맡고 있습니다. 2006년 상반기 기준으로 하루에 1인당 52달러를 정부에서 받아서 38달러를 비용으로 지출하니까 죄수 1인당 이익은 14달러입니다.

한국도 교도소는 아니지만 보안·경비 부분은 민영화가 상당히 진전되었습니다. 이미 국내 보안시장은 연 1조 4,000억원 시장을 형성하고 있습니다. 일본은 37조원이나 됩니다. 미국의 세계적 보안업체인 타이코(TYCO INTERNATIONAL)는 2008년 9월까지 1년 동안 무려 15억 달러의 순이익을 기록했습니다. 2007년에 일본 세콤(Secom)은 8,300억원, 한국의 에스원(S1)은 1,040억원의 이익을 냈습니다.

정말 모순적인 것은 이들 기업의 주가입니다. 2003년 이후 CCA 주가는 무려 5배나 올랐습니다. 왜냐하면 연방 교정시설이 수용인원을 134% 초과해 운영되고 있고, 24개 주의 교정시설이 포화 상태이기 때문입니다. 양극화와 사회의 불안정성이 높아져서 범죄율이 올라갈수록 이 기업들의 주가는 상승합니다. 21세기 내내 CCA는 영업의 안정성과 수익성이 확보된 최고의 성장주입니다.

02

시장인가 정부인가?

GBN(global business network)은 『What's the Next 2015』란 책에서 "세계화가 세상을 변모시킬 거대한 에너지를 내재하고 있다"고 중요성을 강조했다. 세계화는 기존의 세력 판도를 무너뜨렸고 세계 질서의 형태와 주도권을 둘러싼 새로운 투쟁을 촉발했다고 주장한다. GBN의 공동 창업자 중인 한 사람인 스튜어트 브랜드(Stewart Brand)는 "진정한 글로벌 사회를 만드는 데는 최소한 21세기의 1/3(어쩌면 절반 혹은 전부)이 소요될 것이다"라고 세계화 과정이 험난할 것임을 예고했다.

Bottom Up！ Hurry Up!!!

글로벌 위기는 신자유주의 기반의 세계화가 얼마나 취약한지 여실히 보여준 사건이다. 하나의 문명과 제도가 성립되기 위해서는 지고한 세월을 통해 다듬고 연마되어야 한다. 하루아침에 로마나 중국 문명이 창조된 것이 아니다. 제도 간의 균형과 보완을 위해 수십, 수백 년의 실패를 기반으로 현실에 가장 적합한 총체적 차원의 문명을 만들어냈다.

지금의 세계화는 갑작스럽게 시작되었다. 특히 세계화의 기본 이데올로기가 된 신자유주의와 너무 쉽게 제휴했다. 시각을 좁히면 현재의 세계화는 경제, 특히 무역과 금융 측면의 세계화가 전부라고 볼 수도 있다. 지구가 하나가 되었는데 정치, 사회, 관행, 문화의 세계화는 상대적으로 등한시되었다. 문제는 신자유주의적 세계화는 오히려 세계화를 후퇴시키고 있다는 점이다. 세계가 한동안 평평해지자 바람이 너무 거세졌다. 약탈자는 담이 없는 국가를 빈번히 이탈하여 빠르게 사냥한다. 그렇다면 다시 장벽을 세워야 하나? 그렇다. 미국은 멕시코 이민을 막기 위해서 장벽을 세웠다. 국가 간에 보편적이고 공정한 무역 관련 규칙을 세우려던 WTO는 쇠퇴하고, 국가 간에 냉정하게 '줄 건 주고 받을 건 받는 관계인 FTA' 관계가 대세가 되었다.

낭만적으로 세계 정부를 주장하고 싶지는 않다. 디즈니 (Dysney) 사의 부사장을 역임했던 대니 힐리스(Danny Hillis)는

"우리는 세계 정부를 갖게 되겠지만 그것은 톱다운 방식으로 일어나지 않는다. 대신, 항공관제나 제품 표준 및 안전 기준 등 수많은 기술 분야에서 아주 다양한 방식으로 세계적 통치가 이루어진다"고 했다. 그의 견해는 결국 톱다운 방식의 세계화, 즉 국가 상호 간에 협상을 통해 세계화된 제도와 관행을 만들기 어렵다는 의미다. 오히려 구체적이고 세세한 부분에서 세계적 표준을 만들어가는 것(Bottom Up)을 의미 있고 현실성 있는 세계화로 보고 있다. 그러고 보니 아직도 세계화되지 않은 부분이 많다. 이번 글로벌 위기의 경우 세계적 차원의 위기임에도 국가별로 서로 다른 대책, 혹은 상충된 대책을 내놓고 있다. 완전한 세계화까지는 시간이 많이 걸릴 듯하다.

총체적 차원의 세계화가 필요

무역과 금융 부문의 세계화는 글로벌 위기로 상당 부분 후퇴가 불가피해 보인다. 따라서 향후 인류 모두가 주력해야 할 세계화는 관행, 표준과 같이 구체적 생활을 세계화하는 것이다. 그러나 문제는 구체적인 문화와 관행을 세계적 차원으로 바꿀 수 없다는 점이다. 인류는 취향과 선호가 너무 상이하다. 그렇다면 톱다운 방식으로 세계화를 다시 추진해야 한다. 그동안 세계화 과정에서 소외되었던 정부와 사회를 재조합할 정도로 근본적인 세계화가 필요하다. 그러나 이 문제 역시 자국 이기주의 때문에 쉽지 않다.

글로벌 위기를 해소하는 유일한 방법은 국제 공조뿐이다. 인류 모두의 위기로 느낄 때 글로벌 위기는 해법을 찾을 수 있다. 인류 전체의 문제로 인식하는 방법은 세계화 과정에서 미진했던 부분이 세계화되어 세계의 시민으로 인식하고 행동하는 것이다. 국가 간의 달러 유동성 부족 문제를 해결하는 과정에서 나타났듯이 세계화가 완벽하게 가동되었다면 견조한 공조체제가 가동되면서 국제금융시장이 제로섬 시장으로 변하지는 않았을 것으로 판단된다.

조지 소로스(George Soros)는 현재의 세계화를 불균형 세계화로 본다. 금융시장에 비해 사회적 세계화는 지체되고 있다는 의미다. 따라서 앞으로의 세계화는 국적 없는 정치인을 필요로 하고 있다면서 그가 추구하는 열린 사회는 "국제법에 의한 지배를 의미한다"고 한다. 그러나 이런 견해는 너무 이상적이다. 인류를 혹시 물질로 보는 것은 아닐까? 최첨단 빌딩보다 산사(山寺)가 편한 사람도 있다. 큰돈을 버는 것보다 가진 돈으로 자선을 베풀기를 선호하는 사람도 있다. 따라서 세계화는 당분간 후퇴가 불가피하다. 그렇다면 저널리스트인 케빈 켈리(Kevin Kelly)의 유명한 명제처럼 향후 "세계 경제는 고도로 분권화될 것인가 아니면 고도로 통합될 것인가?" 그러나 당분간 여기에 대한 해답은 없다. 다만 글로벌 위기로 신자유주의적 세계화에 어느 정도 수정이 가해질 것임은 틀림없다.

신자유주의의 보완재

신자유주의는 완전 경쟁을 기반으로 하기 때문에 불안정한 체제이다. 무한대의 탐욕을 추구하는 신자유주의의 특성 때문에 국가별로 보완할 수 있는 제도를 갖추고 있다. 보완재가 필요한 이유는 신자유주의로 양극화 현상이 보편화되었기 때문이다. 반면 해결 주체인 각국 정부는 표면적으로 신자유주의 체제와 사회복지가 필요하다는 수정적 입장의 중간에서 일관성을 상실하고 있다. 따라서 정부를 대신해서 사회 불균형을 치유하기 위한 보완재가 필요하다. 대표적인 제도가 비정부기구인 NGO들이다. 유럽 국가들의 경우 정부와 기업의 견제 장치로 시민사회가 주축이 된 NGO의 활동이 강화되고 있다. 또한 언론들도 정부와 기업의 감시에 눈길을 떼지 않고 있다. 미국은 종교가 강하게 보완재 역할을 하고 있다. 도덕적 다수가 사회를 이끌어야 한다는 생각을 가진 미국 개신교는 적극적으로 정치와 사회 문제에 개입하고 있다. 균형 있는 시각의 NGO, 종교단체와 언론은 신자유주의 사회의 필수 요소다.

보완재의 작동에 있어 국가별로는 차이가 크다. 선진국들은 NGO, 언론, 종교단체 들이 상당할 정도로 신자유주의가 만든 상처를 치유하고 있다. 그러나 이머징 국가들은 이런 완충장치가 전혀 없다. 러시아와 같은 국가는 정치와 기업이 결탁한 '국가사회주의'적 행태가 나타나고 있다. 러시아는 푸틴 전 대통령이 총리가 됐다가 다시 4년 후 대통령으로 재취임할 예정인 국가다. 경제는 국영기업 민영화 과정에서 '올리가르흐(Oligarch)'라는 신흥 갑부들이, 정치는 '실로비키(siloviki)'라고 불리는 구 KGB 등 정보, 군사, 법률 관료 출신들이 러시아를 통치하고 있다. 두 세력은 정치와 경제를 모두 장악하면서 사회적 저항을 폭력으로 무마시키고 있다. 황제 수준의 권력자인 푸틴도 신자유주의 체제의 문제를 특정 계층의 권력 독점을 용인함으로 근근이 막아내고 있다. 여타 이머징 국가들도 정도 차이는 있지만 러시아와 대동소이하다. 신자유주의 체제의 보완 없이 시간만 흐르고 모순이 쌓여가고 있다.

신자유주의의 보완재인 종교, 언론, NGO 들도 사실은 신자유주의의 희생양이다. 이들은 선의에 기반해서 사회 문제에 적극적으로 개입한다. 그러나 이들도 완전 경쟁에 노출되어 있다. 매일같이 언론사가 생겨나고 있다. 집계조차 할 수 없을 정도로 많은 NGO들이 자극적인 언사로 사회의 주목을 받아 성장하려는 욕구를 숨기지 않는다. 종교 간의 갈등도 심화되면서 같은 종교 내부에서조차 종파 간 경쟁이 치열하다. 신자유주의 체제의 미비점을 보완하려 했던 이들은 사회를 보완하기에 앞서 자신들의 생존 문제의 질곡에 빠져 있다.

생존의 위기에 빠진 세 개의 보완 시스템은 정치와 제휴를 추진한다. 정치와의 제휴는 자신들의 영향력 확대와 생존을 가능하게 하기 때문이다. 유사한 사례가 한국에서는 보완재 간의 대립으로까지 확산되고 있다. 언론, 종교, NGO 간에 갈등은 이전투구에 가깝다. 보완재 간의 투쟁이 심각한 것은 한국에서 그만큼 신자유주의적 갈등이 심각하다는 반증이다. 성숙된 국가일수록 보완재 간에 상호 협력으로 신자유주의의 한계를 메우려 한다. 향후 국가의 안정성 판단에 있어 보완재의 발달과 상호 협력, 그리고 본분에 얼마나 충실한지가 중요 지표가 될 전망이다.

국가 독점 금융자본주의 시대

2008년 9월 이후의 글로벌 위기 수습 과정은 경제 이념과 원칙을 무시하고 오직 시장을 살리는 데 초점이 맞춰져 있다. 원인이 신자유주의에 있었기 때문에 신자유주의를 유보시키는 각종 정책이 남발되고 있다. 사실 원칙이 중요하지는 않다. 조지 소로스는 이전의 경기를 슈퍼 버블로 부르면서 1929년 대공황 이후 가장 어려운 시기로 규정했고, 원인 제공자 중 한 사람인 그린스펀 전 FRB 의장은 100년에 한 번 나올 위기라고 평했다. 따라서 특정 이데올로기를 넘어 금융시장의 재건이 최우선적으로 필요한 상황이 되었다.

각국의 초법적인 구제책은 거대 금융기관들이 국가의 보호를 받는 국가 독점 금융자본주의 형태로 세계를 변화시키고 있다. 세계 유수의 금융기관뿐 아니라 개도국의 작은 은행까지도 정부의 직접 출자, 지급 보증, 유동성 지원을 받고 있다. 경제의 혈맥인 금융기관을 정부가 통제할 때 경제가 제대로 가동될 수 있을까? 금융기관이 합리성과 효율성에 근거해서 예금과 대출을 관리할 수 있을까? 만약 국가 지원이 중단된다면 독자 생존이 가능해지는 시기는 언제일까? 금융의 국가화는 신자유주의 체제의 몰락 신호이다.

필자가 명명한 국가 독점 금융자본주의는 역사상 존재하지 않았던 제도이다. 문제는 전 세계 모든 국가가 국가 독점 금융자본주의로 진입하고 있는 점이다. 국가의 적극적 시장 개입이라는 측면에서 신자유주의 논리와는 완전히 배치된다. 당분간 금융의 국가화 현상이 나타난다면 신자유주의 체제를 중단하거나 적어도 수정과 보완은 불가피하다. 금융이 국가에 종속되면 실물경제 전체도 종속된 것이나 다름없다.

세계 각국은 엄청난 금액의 자금을 구제금융으로 쏟아 붓고 있다. 유로존 전체는 1년 GDP의 22.4%를 , 영국은 21.4%, 미국은 15.2%를 쏟아 붓고 있다. 여기에 추가로 경기 부양책을 감안하면 향후 글로벌 위기 탈출을 위해 세계는 전체 GDP의 절반 정도의 금액이 필요해질지도 모른다. 최고의 복지국가인 네덜란드나 스웨덴도 어렵기는 마찬가지다. 아마 책이 출간될 즈음 이탈리아에서도 구제안이 나올 것으로 예상된다.

■ 각국의 구제 금융 규모(10억 유로)

	자본 투입	채권 보증	기타	총계	GDP 비중(%)
미국	193	1,082	348	1,623	15.2
영국	64	321	–	385	21.4
독일	80	400	–	480	20.0
프랑스	40	–	320	360	19.0
이탈리아	–	–	40	40	2.6
스페인	–	200	50	250	23.8
스웨덴	2	151	–	153	49.3
네덜란드	36.8	200	–	236.8	41.6
아일랜드	–	400	–	400	210.0

자료: 국제금융센터(2008년 11월 12일 현재)

마르크스가 지하에서 웃고 있다?

미국은 그동안 세계에 대해 하지 말라고 했던 정책보다 훨씬 강도가 높은 정책을 쏟아내고 있다. 미국의 수습책은 뒤집어보면 외환위기 당시 한국에 요구했던 '해서는 안 되는 정책'과 거의 같다. 1997년 글로벌 투기 자본과 한판 대결을 펼쳤던 마하티르 전 말레이시아 총리는 "우리가 외환 위기로 고생하는 국내 기업을 도우려 하자, 미국 정부는 우리를 막았었다"며 "우리가 잘못됐다던 미국은 오늘날 똑같은 일을 하면서 '문제없다'고 한다"고 야유한다.

드디어 본격적인 신자유주의 논쟁이 벌어지고 있다. 한국의 경우 진보 성향의 언론이나 세력들은 신자유주의를 완전 폐기해야 한다고 주장한다. 반대로 우파들은 신자유주의의 문제를 애써 외면하고 있다. 한국 언론들은 글로벌 위기 초기에 신자유주의 문제를 집중 조명하다가 2008년 10월 이후에는 신자유주의 문제에서 '미국식 자본주의 문제'로 사용하는 용어와 개념을 변질시키고 있다. 그럼에도 한국 정부는 신자유주의를 철저하게 배제한 정책만을 내놓고 있다.

이런 식의 대응은 본질을 흐리게 하고 체제 개혁을 지연시킨다. 통상 기득권 계층은 체제 전환을 거부한다. 글로벌 위기로 양극화 심화와 사회 불안정 증대로 계급이 고착화될 수도 있다. 특히 사회주의에서 자본주의로 전환한 국가들은 위험성이 보다 높다. 자생적으로 사회주의에 대한 향수가 나타날 수도 있다. 최근 유럽에서는 마르크스의 『자본론』 판매가 늘고 있다고 한다. 어쩌면 지하에서 마르크스가 웃고 있을지도 모른다. 160년 전 예측한 상황이 드디어 왔다고. 글로벌 위기 상황에서 신자유주의와 국가 독점 금융자본주의가 결합된다면 상상하기 어려운 이상한 세계가 될 것 같다. 그런 세계에서 기존의 기득권 계층이 살아남을까?

신자유주의의 균열

2008년 9월 30일 아일랜드가 독자적으로 은행 예금에 대해 무제한 지급 보증 조치를 내리자 영국 등 유럽 각국은 아일랜드 이기주의에 대해 비난했다. 그러나 독일은 일주일도 채 지나지 않은 10월 5일 세계에서 세 번째로 모든 개인 예금에 대해 국가의 지급 보증을 선언했다. 이후 세계 각국은 자국 금융기관과 기업 보호를 위해 '가능한' 조치가 아니라 '어떠한' 조치든 '무한정' 내놓기 시작했다.

경제 행위의 모든 책임을 개인과 기업에 귀속시키는 신자유주의 원칙에서 보면 금융기관의 파산이나 이에 따른 개인의 손실을 국가가 보전해서는 안 된다. 그러나 이번 글로벌 위기 과정에서는 자연스럽게 국가가 은행 예금에 대해 지급을 보장해주고 있다. 천문학적인 구제금융에 이어 예금자 보호를 무제한으로 해주는 경우는 전례가 없다. 그것도 모든 국가가 거의 동시에.

글로벌 위기로 신자유주의 성공 모델이었던 아일랜드가 심각한 경제 위기에 처했다. 20년 전 유럽의 최빈국에서 신자유주의 도입으로 고성장했던 아일랜드는 2008년 2분기에 마이너스 성장을 보였다. 주가와 부동산 가격이 급락하면서 한국의 외환위기와 유사한 상황이다. 급기야 가장 먼저 2008년 9월 30일에 모든 예금을 국가가 지급 보장했다. 아이슬란드는 작은 아일랜드로 볼 수 있다. 21세기 들어 아이슬란드가 금리를 올리고 규제를 없애자 유럽 자금이 집중되었다. 외부에서 유입된 자금은 다양한 신용파생상품과 부동산에 투자되면서 가격을 끌어 올렸다. 미국식 금융자본주의를 모델로 한 '유럽의 금융 허브'라는 찬사를 받아왔다. 그러나 금융 이외 산업의 육성은 거의 관심을 두지 못했었다. 이 결과 글로벌 위기가 발생하고 해외 자금이 이탈하면서 가장 먼저 타격을 받았다.

■ 아일랜드의 GDP성장률과 1인당 GDP

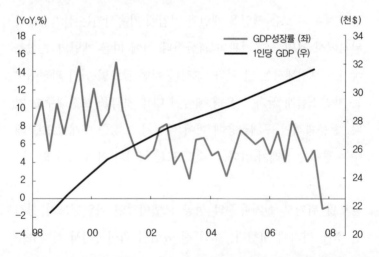

자료 : Thomson Reuters Datastream

정도의 차이만 있을 뿐 뉴질랜드도 아일랜드와 거의 유사한 경로로 2005년부터 경기가 침체 국면에 빠졌다. 여기서 주목해야 할 점은 이번 글로벌 위기 이전에 아일랜드나 뉴질랜드는 이미 경기 침체에 빠졌다는 점이다. 신자유주의적 성장의 한계가 외부 요인이 아니라 자체적으로 나타났다는 점에서 향후 연구가 필요해 보인다.

수정 신자유주의의 필요성

2008년 9월 말 미국의 구제금융 법안이 하원에서 부결되자 신자유주의 논쟁이 미국에서도 재현된다. 예기치 못한 부결 배경에는 대중의 거센 반발과 함께 국가 개입을 지나치게 허용한 구제금융안 자체에 대한 공화당 의원들의 반감이 자리하고 있다는 분석도 있었다. 신자유주의의 후퇴에 대해 당사자인 미국의 공화당원들은 상당히 머쓱했을 것이다. 구제금융 법안이 상원 통과 이후 하원에서 통과되는 초유의 상황에서 의미 있는 장면이 포착되었다. 하원의 다수를 차지하는 민주당이 주도했던 수정 구제법안에는 개인에 대한 직접 자금 지원, 예금자 보호 금액 상향, 신재생 에너지 투자 확대 등 상당히 진보적 내용의 정책이 추가됐다. 신자유주의 정책과는 정반대의 입장에 있는 정책들이다.

글로벌 위기 이후 미국은 신자유주의 체제의 보완과 수정이 정책의 핵심이 되고 있다. 미국의 변화는 글로벌 위기가 단순한 금융적 사건이 아니라 세계 체제 변화의 신호탄이 될 것임을 암시하고 있다. 신자유주의는 사유재산권과 완전 경쟁만이 존재하는 원초적 자본주의로 세계를 후퇴시켰다. 그러나 보다 큰 후퇴는 역사를 통해 많은 수정을 가한 자본주의를 왜곡시킨 점이다. 인간의 탐욕을 정교하게 수정한 자본주의가 아니라 규율로서의 도덕과 목적으로서의 인간을 거부한 점이 바로 실패의 본질이다. 이 결과 수정 신자유주의가 필요하다. 모든 이데올로기는 교조적으로 현실에 적용할 수 없다. 상황에 맞게 수정해서 유연하게 적용해야 한다. 신자유주의만 예외가 될 수 없다.

공동선에 기초한 규율

21세기 이데올로기 갈등은 신자유주의적 세계화를 둘러싼 논쟁이 거의 전부다. 신자유주의를 거부하면 적 혹은 좌파로 규정한다. 반대로 찬성하는 측에 대해서는 반민주 세력, 매판 자본으로 간주했다. 흑백논리는 특정 논리에 대한 종교적 믿음에서 출발한다. 그러나 신자유주의 시스템의 문제가 확인되었기 때문에 세계는 진지하게 신자유주의 체제를 제도적으로 수정하려는 노력을 기울여야 한다. 보완재이면서 동시에 신자유주의의 피해자인 언론, NGO, 종교는 본분으로 돌아가서 신자유주의 수정 과정의 주역이 되어야 한다.

데이비드 하비는 자본주의, 특히 자본은 성장을 전제로 하고 있기 때문에 성장이 멈추면 자본주의 체제가 큰 타격을 받을 수 있다고 예상했다. 글로벌 위기는 자본주의 팽창에 제동이 걸리는 최초의 사건이다. 세계 사회학계의 거두인 이매뉴엘 월러스틴은 역사적 자본주의가 구조적 위기를 맞고 있으며, 새로운 분기(分岐)에 직면했다고 진단한다. 그는 '이행의 시대(The Age of Transition)'란 용어로 우리가 당연시하면서 살아온 근대 자본주의 세계 자체, 그리고 그것을 지탱해온 자유주의라는 거대한 이데올로기, 그리고 이에 맞서온 저항의 지배적 형태 모두에 심각한 위기가 발생하여 더 이상 그 생명을 지속하기 어려워졌음을 선언했다.

이들의 주장이 맞다면 정치, 철학, 경제학자들이 모여서 새로운 체제를 구성하기 위한 논의를 시작해야 한다. 아니면 적어도 자신들의 견해를 밝혀야 한다. 그러나 글로벌 위기 과정에서 신자유주의의 수정과 보완을 요구하는 계층이 학계나 정치계가 아닌 조지 소로스와 같은 시장 참가자나 일부 유럽 정치인이라는 측면에서 글로벌 위기 이후 상황이 크게 개선되기는 어려워 보인다. 많은 철학, 사회, 정치학자들은 이제 대안을 가지고 사회를 설득해야 한다.

'시장인가 정부인가'의 담론은 국민의 입장에서 다시 논의해야 한다. 비합리적인 규제는 해제되어야 한다. 동시에 공동선(共同善)의 시각에서 합리적인 규율을 만들어야 한다. 다만 구체적인 방법론은 필자의 영역이 아니다. 필자는 철학자나 사회학자가 아니기 때문에 신자유주의의 이데올로기적 문제에 더 깊이 들어갈 필요를 느끼지 못한다. 다만 신자유주의와 최근의 글로벌 위기를 연결시켜서 해석하고자 할 따름이다.

나비의 날갯짓 : 위기의 세계화

이데올로기 시대가 마감하면서 경제 주체가 국가에서 기업으로 전환되었다. 실제로 글로벌 경제의 상당 부분은 국가 간섭 없이 유지되고 있다. 공기업은 대부분 민영화되었다. 국가는 환율, 금리 등 주요 경제 변수를 관리하지만 시장의 요구를 후행적으로 반영하는 수준에 그치고 있다. 경제 변수도 관련 국가와 보조를 맞춰야만 환율과 금리가 안정되기 때문에 각국 중앙은행들의 정책 방향은 대동소이하다. 이미 세계 경제에서 국민국가는 사라진 것이 아닐까? 국가 내부의 관료 사회에 민간 경제 전문가들이 입성하면서 국가와 시장의 경계가 모호해지고 있다. 신자유주의 시대에 국가는 시장에 끌려 다니고 있다. 국가 중심주의가 아니라 '시장 근본주의' 시대다.

경제의 근본인 시장은 신자유주의 원칙하에 빠르게 세계화되었다. 특히 경제 분야의 결합도는 '단일경제권' '지구촌 경제'란 용어가 자연스럽게 사용될 정도로 점점 강화되고 있다. 그렇다면 세계가 모두 연결된 것이 정말 경제에 좋은 것인가라는 의문이 남는다. 이번 글로벌 위기는 사실 세계화 때문에 그 피해가 더 컸다. 위기의 세계화 현상이 나타나고 있다.

나비의 이중성(?)

지속가능성(SRI) 분야의 저술가인 폴 호켄(Paul Hawken)은 세계화에 대해 "우리는 편안한 마음으로 이미 알고 있는 사실, 즉 모든 것이 상호 연결되어 있다는 사실을 받아들여야 한다"면서 세계화의 본질적 의미로 '자신의 삶을 다른 사람의 삶과 분리할 수 없다'는 뜻이라고 주장한다. 즉, 세상을 하나의 시스템으로 보자고 제안했다. 케빈 켈리는 "경제학 서적들은 대개 내부와 외부를 구분하고, 우리 경제에 속하지 않는 사람들이 있다는 전제를 깔고 있다. 진정한 세계 시장에서는 우리 경제에 포함되지 않는 외부란 없다"고 주장했다. 정말 세계는 하나가 되었는가? 지구를 환경과 생물로 구성된 하나의 유기체, 즉 스스로 조절되는 하나의 생명체로 인지하는 가이아(Gaia) 이론이 인류가 만든 세계화라는 제도를 통해 구현된 것인가?

나비효과란 단순한 나비의 날갯짓이 여러 경로를 통해 폭풍으로 변할 수 있는 것처럼 상호 연결성으로 인해 작은 변화가 큰 변화를 불러올 수 있다는 이론이다. 이 표현은 상호 연결성의 증대를 설명하기 위한 적절한 비유로 사용되어왔다. 따라서 나비효과는 연결성이 높다는 것을 전제로 한다. 연결성이 높아지게 되면 긍정적인 요인들은 아주 빠르게 반영된다. 지난 5~6년간의 경기 호황은 전 세계가 동시에 경험한 호황이었다. 나비가 훈풍을 유발한 셈이다. 반대로 세계에 해악이 되는 문제는 더 빠르게 전염시킨다. 미국의 금리 정책이 세계 경제를 흔들듯이 이머징 국가의 사소한 정책 결정도 세계 경제 전반에 즉각적으로 반영된다. 나이지리아 석유 노동자의 파업은 유가를 통해 세계 경제에 실시간으로 영향을 준다.

상호 연계성 증대에 따른 단일 경제의 가장 큰 문제점은 최근과 같이 경제가 악화되면 대안이 없다는 것이다. 지구 전체가 피해를 본다. 일부에서는 폐쇄 국가인 북한이나 미얀마 등은 별 영향이 없을 것으로 예상한다. 그러나 북한이나 미얀마도 글로벌 위기에서 자유로울 수 없다. 원자재의 상당 부분을 해외에서 수입하기 때문이다. 북한은 중국으로부터 저가에 원유를 공급받기 어려워졌다. 또한 비료 가격 상승으로 농산물 생산량이 줄어들 수 있고, 한국의 경기 침체로 북한에 대한 '퍼주기'도 어려워졌다. 전 세계 어떤 정권도 세계화의 날갯짓을 피할 수 없다.

국민 경제는 없다!

국민국가를 벗어나서 세계 시장은 통합되고 있다. 과학기술의 발달, 특히 통신과 운송 기술의 발달은 세계화를 촉진했다. 폐쇄적이던 공산주의가 몰락함과 동시에 이머징 국가의 경제 발전으로 지구는 하나의 경제 중심 공동체로 묶였다. 세계적 차원에서 정치의 통합은 유럽(EU) 이외에는 전무하나 경제 분야는 정치, 사회 분야보다 통합 정도가 강하다. 국내 경제가 신자유주의 원칙으로 재편되고 있듯이 세계 경제는 국가 역할이 축소되면서 시장 중심으로 운영되고 있다. 국민 경제라고 불리던 국가의 내부 경제는 세계 경제로 흡수되었다. 결국 세계화의 중심 이데올로기인 신자유주의는 국내 경제와 세계 경제를 하나로 통합시켰다.

신자유주의적 세계화 과정에서 국경과 국가 내부의 규제로부터 자유로워진 기업은 세계 경제의 주역이 되었다. 이미 대부분의 국가에서 최우량 회사채와 정부의 국채 금리는 비슷한 수준까지 금리 차가 축소되었다. 시원찮은 정부보다는 세계적으로 우량한 기업이 더 안전하고 신용도가 높아졌다. 그래서 신자유주의의 다른 이름은 기업의 세계화로도 볼 수 있다.

역사상 처음으로 세계 경제가 통합됨에 모든 자산 가격과 경제 변수는 상호 연동되어 움직인다. 특정 국가의 경제 정책은 효과가 미미해진다는 의미다. 예를 들어 한국의 주가는 중국이나 미국 주가 동향에 철저하게 연동되어 움직인다. 왜냐하면 한국의 상장기업 주주의 약 30%가 외국인이고, 매출의 상당 부분을 수출에 의존한다. 해외 자회사 비중이 높아지면서 세계 경기 변동은 곧바로 한국 기업에도 영향을 준다. 중국의 수출액 중 55% 정도는 외자 기업이 수행한다. 내수 비중이 높은 미국 기업도 대형주인 S&P500을 기준으로 살펴보면 해외에서의 매출과 영업이익이 각각 30%를 차지한다(2007년 기준). 정부의 경기 부양책보다 세계 경기 변동이 주가의 더 큰 결정 요소가 되었다. 거의 모든 국가에서 비슷한 상황이 벌어지고 있다. 물론 이머징 국가도 마찬가지다.

금융뿐 아니라 실물경제에서도 유사한 상황이다. 중국의 멜라민 파동, 유해 만두 사건 등은 수입국인 동아시아 경제에도 타격을 준다. 원자재 가격 급등은 전 세계 모든 국가의 물가를 상승시키면서 세계 경제를 침체의 늪에 빠트렸다. 삼성전자의 설비투자 보도는 대만의 IT 업종을 고사시키고 있다. 국가 간 교역과 인력 교류가 증가하면서 사스나 AI 등과 같은 전염병은 즉시 세계적 질병으로 등장한다. 전염병이 세계화 될 경우 외식, 여행이 줄면서 내수 경기를 침체시키기도 한다.

정치 수난 시대

세계의 위기가 여과 없이 국가 내부에 유입되면서 대부분의 국가에서 정치적 안정성이 약화되고 있다. 내수 경기 침체 원인이 국내 요인보다 세계적 요인이 강할 경우 정치권이나 정부가 펼 대책은 거의 없다. 역사적으로 21세기와 같이 정권 교체가 빈번하게 나타난 적은 없다. 대통령 지지율은 어느 국가나 역사적 최저 수준이다. 세계적 위기에 대해 국내적으로 특별한 대안이 없기 때문에 정권이 희생자가 되어 빈번한 정권 교체가 발생한다.

일반적으로 국가 외부의 문제로 정권이 위기에 처할 경우 각국 정치권은 신자유주의적 세계화를 강화함으로써 위기를 타개하려 한다. 그러나 대외 개방 확대는 오히려 해외발 위험이 더 커지게 하는 모순적 상황을 발생시킨다. 전 세계가 촘촘히 얽히면서 위기의 절대 규모와 강도는 개별 국가가 일일이 대응할 수 없을 만큼 커졌다. 현재 대부분의 국가는 장기적 안목으로 국가를 경영하기보다는 국경 밖에서 밀려오는 위기를 수습하기에 정신이 없다. 정치권과 관료의 수난 시대가 되었다.

2008년 이후 한국의 내수 침체는 한국 자체의 원인뿐 아니라 세계적 불황의 여파가 가세한 결과다. 솔직히 정부가 대응하기 어려운 위기이며 신자유주의 체제에서는 대응할 능력과 명분도 없다. 다만 문제점을 얘기하고 대응이 잘못됐다는 비판만 무성하다. 어느 누구도 대안을 제시하지 못하고 있다. 지구상 거의 모든 국가는 글로벌 위기와 이것이 유발한 경기 침체로 신음하고 있다. 그러나 한국과 마찬가지로 정부, 기업, 학계 모두 미리 대책을 세울 엄두도 내지 못한다. 다만 후행적으로 새롭게 추가되는 위기를 분석하고 대응할 뿐이다.

위기의 세계화

글로벌 위기로 금융시장 문제가 실물경제로 확산되고 있지만 지구촌 전체가 해결 방법을 찾지 못하고 있다. 국가별로 서로 다른 경로를 통해 진행되었던 과거의 금융 위기는 국가별로 위기의 사회화를 통해 빠르게 해소되었다. 그러나 글로벌 위기는 전 세계 모든 나라로 하여금 금융 부실의 사회화를 요구하고 있다. 여기서 사회화란 국가의 재정 투입이나 전 국민의 고통 분담을 의미한다. 금융과 아무런 관련이 없는 사람까지 글로벌 위기의 고통을 분담해야 한다.

예를 들어 글로벌 위기로 인한 세계 경제 침체로 한국의 수출 증가율이 둔화될 수 있다. 주가와 부동산 가격 하락 때문에 소비심리가 침체되어 내수 경기 침체는 불가피하다. 주식이나 부동산이 전혀 없는 일용직 노무자는 미국의 서브프라임 문제가 자신의 생활과는 아무런 관련도 없으면서 일자리를 잃게 되었다. 중국과 베트남의 장밋빛 미래를 보며 장기 투자했던 60대 투자자는 노후자금을 모두 날릴 수 있다.

이런 상황에서 해결의 주체가 될 정부는 곤경에 빠진다. 금융 시스템을 정상적으로 복원하는 유일한 방법은 정부의 시장 개입이다. 그러나 금융기관의 손실이 사회화됨에 따라 명분이 약하다. 일용직 노무자나 해외펀드 투자자에게 공적자금을 투입할 명분이 없다. 미분양 아파트를 정부가 매입해줄 경우 건설사의 잘못을 세금으로 해결하는 셈이다. 미국에서 구제금융이 부결되었던 것도 월가 금융 귀족들의 잘못을 세금으로 지원하는 것에 대한 반발 때문이었다.

정부의 시장 개입은 체계적인 저항을 불러올 수 있다. 더군다나 그동안의 신자유주의로 양극화가 심화되었고 정부는 방조 내지는 촉진자였다는 과거도 있다. 신자유주의적 세계화가 고착화된 결과 어느 국가든지 해외발 위기의 해소 과정에서 도덕성에 대한 논쟁이 치열해질 전망이다. 신자유주의적 세계화가 유발한 이번 글로벌 위기는 상호 연결성의 비약적 증가 때문에 해결이 더욱 어려워졌다. 위기의 세계화 상황에서 돌파구는 없다!!!

차악으로의 신자유주의

신자유주의에 대해서 필자는 앞서의 비판적 논조와 달리 신자유주의의 대안이 별로 없다는 점에 주목하고 있다. 정부보다 시장이 효율적이라는 데 동의한다. 글로벌 위기로 시장경제가 심각하게 침해 받는다면 공멸의 위기가 나타날 수 있다고 예상한다.

논리적으로도 인류 모두 정의롭다면 신자유주의란 제도는 탄생하지 않았을 것이다. 탐욕과 이기심의 결정체인 인간이 모두 잘사는 방법은 없다. 따라서 이데올로기 논쟁이 시공을 초월해서 발생하는 이유는 이기적인 우월 욕망이 인류의 기본적 성향이기 때문이라고 생각한다. 계획경제인 사회주의는 인간이 모두 선량하다는 성선설(性善說)에 기초한다. 그러나 필자는 인간도 동물이기 때문에 매슬로우(Maslow)의 욕구의 5단계에 충실하다고 본다. 성선설과 성악설의 중간 단계에 위치한 인간이 사회적 부를 향상시켜 복지를 촉진하는 데 자본주의 체제 이상의 것을 아직 찾지 못했다. 신자유주의 비판론자들은 대안이 없거나 대안이라고 해도 경제성(효율성)이 낮다. 제한된 몇몇 부분에 대한 주장 그리고 19세기에나 가능한 논리들이 대부분이다.

이 책에서 주장하는 신자유주의 비판은 자본주의 자체에 대한 비판이 아니다. 다만 자본주의를 21세기 현실에 맞게 고쳐보자는 의미다. 기존의 자본주의에 인간 중심의 신자유주의, 보편적 가치에 입각한 세계화가 추가되어야 한다. 인간은 생존에 필요한 욕구가 충족되면 '절대적인 부' 보다 '상대적 부' 에 집착한다는 사회 상대성 이론을 상기할 필요가 있다. 빈부 격차가 심한 국가에서는 상류층 사람들도 많은 질병에 시달리며 더 높은 사망률을 보인다는 통계에 주목하자!

체제를 수정, 보완하자는 시각, 즉 중도적 견해나 진보 진영의 주장도 함께 아우르는 대안을 마련하자는 주장이다. 이데올로기는 종교가 아니다. 유연하고 자체 수정 능력이 있는 신자본주의 시대를 기대한다.

4장

세계화의 그림자, 이머징 마켓

이머징 마켓의 역동적인 흐름은 경제학자들의 예측처럼 선진국이 직면하게 될 빈혈적 성장과 큰 대비가 된다. 현재의 성장 추세가 지속된다면 중국과 인도는 21세기 중반 이전에 한국과 대만 정도의 중산층 경제 수준에 도달할 수 있을 것이다.

상해, 인천, 싱가포르의 현대적 공항을 떠나 뉴욕의 지저분한 JFK 공항에 내린 여행객들은 자신이 도착한 곳이 후진국 도시인지 아니면 선진국 도시인지 가우뚱하게 될지도 모른다.

_ 앙트완 반 아그마엘(Antoine Van Agmael)

*이머징마켓이라는 용어를 처음으로 사용한 글로벌 투자 전문가

이머징 국가를 중심으로 세계 경제 흐름이 변화한 것은 거부할 수 없는 흐름이다. 이머징 국가의 고성장에 대해서는 많은 책이 있기 때문에 부연 설명할 필요를 느끼지 않는다. 다만 이머징 마켓 중심의 경제 구조가 글로벌 위기 때문에 오히려 세계 경제의 불안정성을 높이고 있다는 측면에서 접근하고 싶다. 이머징 국가 중심의 사고는 이미 신화의 단계로까지 확산되었지만, 이번 글로벌 위기는 이머징 국가의 생존력을 크게 훼손시킬 수 있다. 짧게는 3~4년 정도의 경기 침체가 예상되지만, 근본적으로 이머징 마켓이 자생력을 가지기 위해서는 더 많은 시간이 필요해 보인다. 경제 성장기에 가려져 있던 이머징 국가의 구조적 문제가 이번 시스템 위기를 거치면서 한꺼번에 분출될 가능성이 높아졌다.

이기적 제휴 관계

신자유주의 체제와 세계화의 가장 큰 수혜자는 미국이다. 약화되는 헤게모니를 세계화와 신자유주의의 절묘한 조합으로 보완해왔기 때문이다. 세계와 미국을 강하게 엮어놓을수록 기축통화 효과, 군사력, 소프트 파워의 힘으로 미국은 막후에서 세계를 조종할 수 있다. 또한 이를 기반으로 미국은 경제력 이상의 과잉 소비를 유지할 수 있었다. 그러나 미국의 불안한 헤게모니 뒤편에서 이머징 국가는 미국과 묵시적 동맹을 맺으며 성장해왔다.

미국은 글로벌 자금을 몰아서 이머징 국가에 투자하면 이 자금으로 이머징 국가는 공장을 지어 저가의 소비재를 미국에 수출하는 분업 체제를 구축했다. 글로벌 자금은 이머징 국가를 브릭스, 비스타(VISTA, 베트남 · 인도네시아 · 남아공 · 터키 · 아르헨티나) 등 별명을 붙여가면서 지속적인 영양 공급, 즉 자금을 투여했다. 문제는 이머징 국가가 너무 빠른 과속 성장을 보였다는 점이다. 투자와 소비가 빠르게 증가하면서 디플레이션을 수출하던 이머징 국가는 2006년을 고비로 세계 물가 상승의 주범으로 등장한다. 2008년에는 반대로 물가 상승에 따른 고금리를 세계에 수출하게 되면서 글로벌 위기의 직접 당사자가 된다. 그림에서 보듯이 이머징 국가의 성장과 원자재 물가를 대표하는 CRB 지수는 동반 상승해왔다.

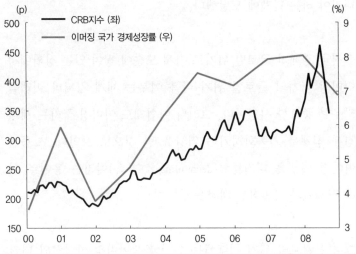

■ 원자재 가격과 동반 상승한 이머징 국가 경제

자료: Thomson Reuters Datastream

또 다른 디커플링으로

글로벌 위기 과정에서 이머징 마켓은 선진국 위기의 구원투수라기보다는 오히려 위기를 증폭시키는 역할을 할 가능성이 높아 보인다. 21세기 세계 경제의 고성장 과정에서 이머징 국가는 기초 체력 이상의 성장을 보였다. 마치 뚱뚱보 초등학생처럼 골격은 아동이지만 몸무게는 성인, 즉 선진국 수준만큼 늘어났다. 비만 아동들도 일상생활에는 큰 불편함이 없다. 그러나 위기가 닥쳤을 때는 빠르게 행동할 수 없다. 비만도가 늘어갈수록 고혈압 등 각종 질병에 시달릴 수 있다. 빨리 달릴 수 없어서 위기에 취약하다. 21세기 초반은 이머징 국가가 체중을 늘리는 단계였다 그러나 글로벌 위기로 이제는 스스로 생존해 나가야 하는 단계에 도달했다.

선진국 경제가 글로벌 위기로 자체 모순에 쌓여 있는 상황에서 이머징 국가의 글로벌 위기 극복 여부는 세계 경제의 미래를 좌우할 중요한 사항이다. 그러나 아쉽게도 이머징 국가는 세계 경제 침체를 가속화시키는 역할을 할 것으로 보인다. 그동안 이머징 마켓은 디커플링(decoupling, 차별화)이라는 용어로 여타 경제권과 차별화된 대접을 받았다.

그러나 글로벌 위기 이후에는 선진국과 이머징 국가간의 디커플링이 아니라 이머징 국가 간의 디커플링으로 전환될 전망이다. 내수시장이 크고 기술과 자금이 풍부하며 저렴하지만 우수한 노동력을 가진 국가, 원자재가 풍부한 국가, 그리고 사회 기반이 선진형으로 잘 구축된 국가 들만이 이머징 성장 신화를 이어갈 전망이다. 인구 성장률이나 원자재 등 단순한 경제 지표로 판단하던 이머징 국가를 이제는 총체적인 국력이라는 잣대로 판단해야 한다. 왜냐하면 이머징 국가가 동반 승차하기에 세계라는 차체가 심하게 불안정해졌기 때문이다.

이 책의 1부는 신자유주의적 세계화에 기반을 둔 경제 성장이 한계에 봉착했다는 것과 신자유주의 원칙의 수정이 필요하다는 것이 주요 주제이다. 이머징 국가는 21세기 들어 신자유주의 확산의 주역이었기 때문에 신자유주의 체제가 불안정해지면 이머징 국가는 선진국보다 위험이 더 커질 수 있다. 이머징 국가는 전체로서의 세계 속에 자리하고 있기 때문에 세계의 문제와 이머징 국가의 문제라는 서로 다른 두 개의 문제를 함께 고민해야 할 시점에 도달했다. 21세기 최초의 위기 상황에서 기초 체력이 약한 이머징 국가는 세계의 변화에 과도하게 반응하든지 아니면 완전히 변화에서 소외될 가능성이 높아졌다.

01
누드경제

세계화된 환경 속에서 이머징 국가는 선진국에 비해 여러 면에서 취약하다. 이머징 국가는 내적 준비 없이 바로 세계 시장에 나왔기 때문에 경제구조는 불균형 상태다. 국가 체질을 측정하는 가장 좋은 지표는 물가상승률이다. 최근의 인플레이션 정도를 보면 원자재 수입 비중이 높은 한국이나 일본에 비해 중국 등 여타 이머징 국가의 인플레이션율이 2~3배 정도 높다. 원자재를 수출할 정도로 천연자원이 많은 이머징 국가들도 고물가에 시달리기는 마찬가지다. 이머징 국가의 물가상승률이 높은 경제적 이유는 해외에서 많은 자금이 유입되면서 통화량이 늘어나 물가 상승을 촉발하기 때문이다.

누드 경제를 정부가 가리다

이러한 고물가의 원인은 돈이 많이 풀린 측면도 있지만 국가 전체가 비효율적이라는 점이 더 중요한 요인이다. 세계화 시대에 국내 물가가 상승할 경우 해외에서 싼 가격에 수입하기 때문에 국제 가격과 국내 가격 차이는 제한적이다. 이머징 국가는 특정 세력이 유통구조를 장악하거나 교통 인프라가 취약하고 따라서 물류망이 엉성하다. 물가는 물류를 장악한 세력이 조작할 수 있다. 일부 세력들이 매점매석을 통해 폭리를 취하기도 한다.

통상 이머징 국가의 정부는 유가 등 중요 원자재 가격을 통제해왔기 때문에 원자재 물가가 올라가면 보조금을 늘려야 한다. 아직도 리터당 휘발유 가격이 중국은 800원, 인도는 1,300원 정도이다. 국제 시세와의 차이를 정부가 부담하고 있는 것이다. 이 결과 인도는 재정 적자가 대규모로 발생하면서 경제 위기를 맞고 있다. 인도의 재정 적자는 2007년 기준 미국보다 많은 GDP 대비 5.5%나 된다. 정부가 보조금을 통해 시중에 돈을 과잉 공급했기 때문에 오히려 물가가 더 오르는 악순환에 빠져 있다. OECD 가입 국가인 한국도 세계화에 따른 외부적 요인과 국내 경제의 양극화가 경제 문제의 본질인 것을 보면 후진적인 이머징 국가의 시스템 위기는 간과해서는 안 된다.

정치권이 글로벌 위기를 차단하기 위해 반세계화나 고립화로 진행할 가능성도 대비해야 한다. 그동안 세계화에 동참하지 않은 국가는 북한, 미얀마 등 극히 일부였다. 그러나 베네수엘라, 볼리비아 등 일부 중남미 국가들은 세계화와 신자유주의로부터 국내 시장을 보호한다는 명분으로 세계화와 신자유주의를 공격하고 있다. 선진국의 사회과학자들을 중심으로 세계화나 신자유주의의 반대 운동이 활발하지만, 국가 차원에서는 이런 반동 기운이 나타나는 것은 상당히 의미 있는 변화다. 특히 21세기 초반부에 대부분의 국가에서 좌파가 집권한 것은 이런 변화의 증거로 볼 수 있다. 물론 베네수엘라의 차베스 식 반동 운동은 정권을 유지하기 위한 수단에 불과하다. 그러나 전반적인 국가 내부 상황이 취약한 이머징 국가의 권위주의적 정부들은 반세계화의 유혹을 떨치기 어려울 수도 있다.

사다리가 치워졌다!

정도의 차이가 있지만 케임브리지 대학의 장하준 교수의 지적처럼 선진국으로의 도약을 위한 사다리가 치워진 이머징 국가는 전 세계의 모든 위험에 완전히 노출되어 있다. 세계화에 따른 완전 경쟁적인 국제관계로 경기 침체 시 이머징 국가를 도와줄 국가는 이제 없다. 그동안 디커플링이라는 용어로 이머징 마켓 신화가 형성되었지만, 세계 경제가 깊은 침체에 진입하면서 이머징 국가도 동조화(recoupling)의 위험에서 벗어날 수 없게 되었다. 다시 이머징 국가가 차별화된 성장을 하려면 경제와 사회구조를 포함해서 모든 분야에서 진보가 있어야만 가능해 보인다.

이머징 국가의 미래는 금융시장뿐 아니라 세계의 미래를 보여주는 나침반이다. 미국 등 선진국들은 너무 허약해져 있다. 다만 동조화의 위기를 극복할 정도로 내부 역량을 갖춘 이머징 국가만이 다시 차별화되어 세계 경제의 주역이 될 것으로 보인다. 다만 과거의 인식보다 시기를 훨씬 뒤로 미뤄야 한다. 반대로 미국 등 기존의 선진국들은 시간을 벌었다.

02

아나키즘을 향하여

전 세계가 연결되면서 네트워크 관리자의 기능은 오히려 증가한다. 신자유주의는 정부의 간섭으로부터 기업이 자유를 쟁취하는 것이다. 그러나 탐욕과 이기심이 충돌하는 세계에서는 공정한 관리자(?)가 필요하다. 규칙(rule)이 없다면 세계화는 무정부 상태로 진행되기 때문이다. 이데올로기 시대 종식 이후 1990년대 초반부터 미국은 실질적으로 세계를 관리해왔다.

결과적으로 세계화와 신자유주의 지휘자는 미국이었다. 미국의 입장에서 신자유주의가 약화될 경우에는 신비로운 길이 붕괴되면서 대 파멸의 길로 들어설 수 있다. 그러나 미국은 글로벌 위기로 내적 붕괴가 빨라지고 있다. 진보 진영이 주장하듯이 미국이 약화된다면 이머징 국가는 미국의 착취에서 벗어날 수 있을까? 그들의 주장대로 잘못된(?) 미국이지만 때로는 국제 질서를 어지럽히는 독재자를 응징하기도 한다. 미국이 있기 때문에 이머징 국가의 독재 정부는 국민과 미국의 눈치를 본다. 만약 미국이 없다면 폭력을 독점한 이들은 정말 활개를 치면서 본격적인 착취와 강압의 정치를 펼 가능성이 높다. 국가 간의 관계도 냉정한 대결 구조에 빠질 가능성이 높다. 미국이라는 지휘자가 글로벌 위기로 흔들리고 있기 때문에 향후 세계 질서는 혼란에 빠질 가능성이 높다. 이 과정에서 상대적 약자인 이머징 국가는 불안정의 피해자가 될 수 있다.

관리자(헤게모니 국가)의 약화

미국이 어려워진 이유는 여러 가지다. 그러나 21세기라는 시간적 측면에서 보면 세계화가 빠르게 진전되면서 관리자로서 미국의 관리 영역이 급속히 확대된 것도 중요한 이유다. 잠들지 않는 파수꾼으로 미국의 존재는 여전히 중요하다. 그러나 미국 내부는 조금씩 약화되고 있다. 미국의 약화를 주제로 필자는 2005년에 『세계 경제의 그림자, 미국』이라는 책을 집필했다. 이 책에서 미국의 헤게모니 본질을 독점 시스템(monopoly system)으로 규정했고, 열 가지 파워를 독점 시스템의 본질로 규정했다. 이 열 가지 미국의 강점은 강한 군사력, 소프트 파워, 민주주의, 자원의 독점, 세계화와 신자유주의의 지휘자, 정경 유착, 전 세계적인 금융자본의 장악, 뛰어난 과학기술, 미 국민의 지지(독점 성향), 지정학과 경제의 융합 등으로 제시했다. 그런데 미국의 독점 시스템은 필자가 예상했던 것보다 빠르게 약화되고 있다.

관리자인 미국의 파워가 약화되면 세계는 궁극적으로 '만인 대 만인이 투쟁' 하는 홉스(Thomas Hobbes)적 무질서 속에 빠질 수 있다. 이데올로기 열정이 사라진 지금 모든 국민국가의 속셈은 세계화와 신자유주의를 이용한 국익 추구에 있다. 관리자가 약화된다면 국가 간의 관계는 총칼을 숨겼을 뿐 치열한 대결의 관계로 전환된다. 이런 상황은 20세기 초반의 1차 세계화 시대에도 있었다. 이런 무질서 속에서 제1차 세계대전이 발발했다. 그러나 과거와 달라진 점은 세계화가 전 지구에 확산되었기 때문에 갈등의 수준과 양이 급속히 증가한 점이다. 국가 간의 교류가 급속히 늘고 경제구조는 상호 의존적으로 변화했다. 민주주의 국가 간의 전면전은 여전히 제한적이겠지만, 세계는 약육강식의 살벌한 분위기로 전환되었다. 이런 상황에서 이머징 국가가 설 자리는 거의 없다. 관리자 없는 신자유주의적 세계화의 피해자는 힘없고 체질 약한 이머징 국가다. 국가 간의 정치적 갈등과 관련해서는 5장 '패권과 헤게모니' 편을 참고하기 바란다.

세계 경제의 규칙이 지켜질지도 의문이다. 강대국일수록 지금의 미국과 같이 자신들에게 유리한 잣대로 무역 규칙을 바꿀 수 있다. 미국이 약화되면 중국이 한국 시장 개방을 더 많이 요청할 수 있다. 일본이 인도네시아의 금융시장을 장악할 수도 있다. EU는 보호무역 장벽을 높일 수 있다. 이런 환경에서 이머징 국가가 수출로 생존할 수 있을까? 여기에 최근 중국과 같은 강대국들이 에너지 등 천연자원을 빠른 속도로 독점해가고 있다. 중국이 자신도 부족한 자원을 다른 이머징 국가에 나눠줄까? 경기 침체로 원자재 가격은 하락하지만, 자원 외교가 더 필요해진 이유가 바로 여기에 있다. 지휘자 없는 세계 속에서 이머징 국가는 망망대해 속의 조난선이다. 그래서 미국의 문제는 세계의 문제이며 이머징 국가의 문제가 된다.

경기 침체의 최대 피해자

중국 등 대미 수출 비중이 높은 국가들은 미국 경제가 약화되면 수출이 줄면서 직접적으로 타격을 입는다. 최근과 같이 미국, EU, 일본 등 전 세계가 동시에 위기를 맞게 되면 이머징 국가의 경제는 타격이 더 커진다. 아마 2009년의 화두는 선진국의 경기 침체가 이머징 국가를 어떻게 변화시킬 것인가가 될 것이다. 왜냐하면 이번 글로벌 위기는 지난 역사에서 찾을 수 없는 첫 번째 세계적 위기이기 때문이다. 세계 경기의 동반 침체로 중국 수출이 줄게 된다면 어떤 일이 벌어질까? 미국 경제

의존도가 높은 멕시코 등 중남미나 동아시아 경제는 어떨까? 선진국 IT 경제 의존도가 높은 인도는 무사할까? EU 경제 침체의 직격탄을 받을 동유럽은?

경제 성장의 기반으로 교육, 사회 안정성, 뛰어난 인프라 구축, 국제 수준의 시스템 구축이 공통적으로 필요하다. 모든 국가는 빠른 경제 성장을 추구한다. 어떤 형태로든 자금을 조달하여 이 자금을 기반으로 투자를 활성화 한다. 자금 조달 방법은 국가 간에 차이가 많다. 러시아 · 중동 · 브라질은 원자재 판매, 아르헨티나는 농산물 수출, 인도 · 멕시코는 해외 이주민들의 송금이 투자의 기초 자금이 된다. 그러나 이런 특수한 국가를 제외할 경우 대부분의 국가들은 외자를 유치하여 공장을 짓고, 싸고 풍부한 노동력을 이용해서 수출을 늘리는 경제 성장 경로를 채택한다.

그러나 원자재 가격은 빠르게 하락하고 있다. 미국 등 선진국 경기 침체로 이민자의 본국 송금은 줄어들 수밖에 없다. 직업을 잃지 않는 것만도 다행인 상황이다. 국가 간 불신의 벽이 높아지면서 해외투자에 나설 글로벌 기업이 오히려 해외에서 철수할 가능성이 높다. 지난 몇 년간의 농산물 가격 급등으로 경작지가 크게 늘었다. 농산물 가격 하락도 불가피하다. 경기 침체로 글로벌 기업들의 투자 축소와 구조조정은 당연하다. IT의 해외 아웃소싱 기지인 인도는 우수 인력들이 해고되거나 적어도 2교대 이상 작업이 사라질 수 있다. 각광 받는 신혼 여행지인 몰디브나 발리의 관광객은 줄어들 것이다. 관광객 감소로 태국과 캄보디아 경기는 침체가 불가피하다. 세계화에 기초한 글로벌 위기는 이머징 국가에 있어 단발성인 '쓰나미'보다 위험하다. 언제 끝날지 모르기 때문에…….

비교우위론의 상실

근대 경제 발전의 원동력이 된 무역이론의 핵심은 리카도(Ricardo, David)의 비교우위론(theory of comparative advantage)이다. 비교우위론은 자국에서 생산된 상품이 외국에서 생산된 상품과 비교해서 상대적으로 비교우위에 있는 상품일 때 각국은 이를 특화하여 다른 국가와 무역을 하는 것이 유리하다는 이론이다. 예를 들어 한국은 휴대폰을 만들고, 중국은 소비재를 만들어 교환하면 무역이 증가하고 서로에게 이익이 된다는 이론이다. 세계 무역 증가의 기저에는 비교우위론이 깔려 있다. 이머징 국가 성장의 경제원론은 비교우위론이다. 선진국들은 첨단 제품을 생산하고, 인건비가 싼 이머징 국가는 노동력이 많이 투하되는 상품을 수출하면 세계 경제 전체에 이득이 된다.

신자유주의 체제 초기는 비교우위론이 역사상 가장 잘 작동한 시기였다. 21세기 초반이 바로 이런 시기였다. 국가 개입 없이 오직 생산비로만 무역이 유지되었기 때문이다. 그러나 국가가 개입하면서 비교우위론은 빛을 잃고 있다. 예를 들어 선진국들이 경제특구를 만들어서 이머징 국가보다 싼 가격에 토지를 임대해주고, 세율을 낮추면 기업은 굳이 이머징 국가에 진출할 이유가 없다. 글로벌 기업에 대해 국내 기업과 동일하거나 더 나은 기준을 적용하면 인프라가 잘 갖춰진 중진국 이상 국가에 투자해도 가격 경쟁력이 있다. 최근 일본의 소니가 중국에서 철수한 후 일본 내에서 생산을 늘리는 것은 일본 정부의 과감한 지원 때문이다. 한국에서 경제특구를 열심히 추진하는 것도 국가 간 비교우위론을 극복하려는 시도이다. 한국의 지방자치단체장의 주 업무가 외자 유치나 글로벌 기업 유치가 된 것은 소니의 사례를 한국에 적용하려는 시도다.

노동력보다 기술과 자본 투여 비중을 높일 경우에도 비교우위론의 의미가 약화된다. 일부 IT 제품이나 자동차 산업의 경우 공장 자동화 투자를 늘릴 경우 이머징 국가에서 생산하는 것보다 비용을 낮출 수 있다. 이머징 국가에 직접 투자하지 않고 상대적으로 생산성이 높은 외국인 노동자를 국내로 들여와서 제품 단가를 낮출 수도 있다. 한국은 최근 50만 명 이상으로 추산되는 외국인 노동자를 활용해서 일부 저부가가치 생산기업의 인건비를 줄이고 있다. 물론 국제 경쟁력이 확보된 정도는 아니지만 적어도 이머징 국가에서 수입하는 상품의 수입 대체 효과가 일부 있다.

글로벌 위기 상황에서 관리자인 미국의 약화로 국가 간의 관계는 보다 경쟁적 관계로 변화할 전망이다. 또한 최악의 경기 침체가 예상되고 있다. 생존을 위해 각국 정부는 적극적으로 시장에 개입하고 있다. 외부 환경은 불안정해지는데 그야말로 사자 없는 정글의 세계에 진입하고 있다. 이런 상황에서 이머징 국가는 무질서의 희생양이 될 가능성이 높다

03

투자의 시대

이머징 국가의 산업화 과정에서 투자 증가는 가장 중요한 요소다. 통상 이머징 국가의 정권은 강력한 민족국가 형성을 위해 내수시장 육성보다는 적극적 투자를 통해 수출을 늘리기를 원한다. 수출이 늘어야만 능력 이상으로 국가가 성장할 수 있기 때문이다. 한국은 이런 성장 스토리를 전형적으로 보여준다. 권위주의 정권의 경우 투자 증가는 정권 안정의 기반이 된다. 투자가 늘면 일자리가 증가하면서 경제가 활기를 찾는다. 상대적으로 교육 수준과 사회적 성숙도가 낮은 이머징 국가의 국민들은 민주화보다는 경제 성장을 선호한다. 권위주의 정권하에서 민족주의적 성향이 강한 이머징 국가는 민주화, 평등, 분배보다 경제 성장을 더 중요한 가치로 둔다.

대표적인 사례가 중국이다. 공산당 1당 독재 체제이면서 민족주의적 성향이 강한 중국은 '서부 대개발'을 서두르고 있다. 최근의 투자는 중국의 정 중앙에 위치한 충칭(重慶)을 중심으로 집중되고 있다. 동부 해안 지역의 경우 자체 동력으로 경제 성장이 가능해졌다. 그러나 중부, 서남부, 북동부 등은 여전히 개발에서 소외된 지역이다. 그러나 이 지역은 한족 이외 이민족 비중이 높다. 2007년 티베트의 저항과 같이 사소한 정치적 저항도 권위주의적 정부는 위기를 느낀다. 따라서 이들을 무마하기 위해서는 강력하게 치안을 통제하면서 경제 성장에 동참할 수 있도록 파이를 나눠주는 것뿐이다. 이런 상황에서 쓸 수 있는 유일한 정책은 일자리 창출을 위해 공장을 새로 짓고 도로 등 인프라 투자를 늘리는 것이다.

자체적인 투자 자금이 없었던 동유럽은 유럽 글로벌 기업들의 생산기지, 아시아 국가의 서유럽 진출을 위한 우회 투자 지역으로 등장하면서 투자가 활발해졌다. 서유럽은 실업률이 상승했지만 동유럽 경제가 호전을 보인 것은 유럽의 투자가 동유럽에 집중되었기 때문이다. 21세기 초반 이머징 국가의 투자 붐은 역사상 가장 큰 규모로 가장 넓은 지역에서 모든 산업에 걸쳐 나타났다.

현재를 위한 투자

현재 대부분의 이머징 국가는 중국과 유사한 고민에 빠져 있다. 러시아는 연해주 등 동부 지역 개발이 필요하다. 러시아 동부가 슬라브족을 중심으로 개발되지 못한다면 언젠가 중국에 빼앗기면서 태평양으로의 출구를 잃을 수도 있다. 체제 전환국인 동유럽 상황도 비슷하다. 사회주의 체제 시절 국가가 제공하던 복지에 길들여진 폴란드 등 동유럽 국가는 신자유주의적 수출 국가로 전환하기 위해 투자 증가가 필요했다. 중동도 마찬가지다. 석유 수출 대금의 대부분을 왕족들이 착복하면서 사회 불안정성이 높아지고 있다. 이들을 무마하기 위해서는 일자리, 즉 투자가 필요하다. 두바이는 석유 고갈 이후의 성장 동력이기도 하지만, 다른 한편으로는 현재 정권의 바람막이 역할이 더 클 수 있다. 투자를 늘려야만 현재의 정권이 안정되고 경제도 발전할 수 있다.

이머징 국가가 과도하게 투자를 늘리면서 21세기를 주도한 산업은 산업재와 소재였다. 건설, 조선, 기계, 운송 및 철강, 화학 산업은 이머징 국가의 투자에 절실한 산업이다. 공장을 짓기 위해서는 굴삭기가 필요하고, 철강재 등 각종 소재를 이용해서 공장을 지어야 한다. 물론 도로와 발전소, 항구, 철도도 필요하다. 공장을 다 짓게 되면 그곳에 기계 장치를 설치하고, 전기를 끌어올 전선도 필요하다. 재미있는 것은 2002년 이후 전 세계 주식시장의 흐름은 이런 업종의 대표 기업들이 이머징 국가의 투자 상황에 따라 상승과 조정을 반복하는 과정이었다. 역사는 21세기 초반 10년을 이머징 국가 주도로 투자가 크게 늘면서 산업재와 소재 중심으로 경제가 성장한 기간으로 기록할 것이다.

■ 이머징 지역별 투자 증가율

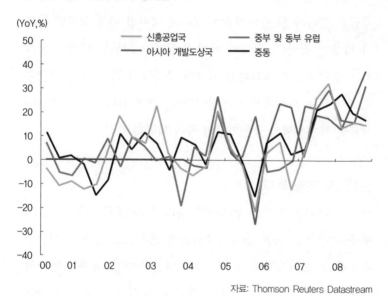

자료: Thomson Reuters Datastream

이머징 국가의 투자 재원은 국가, 기업, 금융기관이 합세해서 유치한 해외 자본이었다. 신자유주의 체제는 이머징 국가가 해외에서 자금을 수월하게 빌릴 수 있는 여건을 조성했다. 금리를 조금만 높여도 해외 자본은 이머징 금융기관에 자금을 빌려

줬다. 중국의 경우 은행의 대외 채무는 2000년에 193억 달러에 불과했다. 그러나 2008년 1분기에는 1,377억 달러에 달했다. 최근 한국의 외화 유동성이 부족한 것도 같은 이유다. 한국은 같은 기간에 328억 달러에서 1,562억 달러로 은행의 대외 채무가 늘었다. 해외에서 빚을 들여와서 '재정 거래'라는 금리 따먹기, 중소기업 대출, 아파트와 찜질방 건설에 사용했다. 바로 이 자금을 갚아야 할 만기가 돌아오는데 때마침 세계 글로벌 위기가 발생한 것이다. 정도의 차이는 있지만 대부분 이머징 국가의 금융기관들은 해외에서 자금을 조달해서 국내 투자 자금으로 활용하는 과정에서 선봉장이었다. 그래서 어느 국가에서나 글로벌 투자은행이 금융기관의 꿈이 되었다.

선진국도 과잉 투자

정도의 차이는 있지만 선진국도 과잉 투자 상황이다. 완전 경쟁을 기반으로 하는 신자유주의는 기본적으로 불균형 성장을 추구한다. 신자유주의 체제가 정착되면서 어느 국가나 양극화 문제는 사회의 암적인 존재가 되었다. 사회의 부가 가진 자에게서 하층민으로 넘쳐 흐르려면 빠른 성장과 투자가 필요하다. 따라서 정부 입장에서는 투자 증가를 위해서 무슨 일이든지 한다. 다만 선진국들은 신규로 제조업에 투자하기보다는 효율성 투자, 즉 기계장치의 사용을 늘리는 투자가 활발했다. 대부분의 선진국에서 공장 가동률이 역사적 최고치를 기록한 것은 공장을 새로 지은 것이 아니라 공장 안에 첨단 기계 장치를 들여놓았기 때문이다. 선진국들도 보이지 않게 투자를 늘려왔다.

그러나 기계 설비투자만으로는 부족하다. 근본적인 경기 부양을 위해서는 더 많은 투자가 필요하다. 이런 한계적 상황에서 자연스럽게 국가가 개입한다. 대부분의 국가에서 경기를 살린다는 명목으로 사회간접자본 투자가 활발하다. 일본의 경우 1995년부터 2007년까지 무려 630조 엔을 투자했다. 정도의 차이만 있을 뿐 선진국들도 투자에 열중했다.

디플레이션의 주범

21세기 들어 국가 구분 없이 투자에 열중하면서 세계적 차원에서 공급 능력이 급속히 증가했다. 특히 구 공산권 지역에서 투자가 활발했는데 내수시장이 취약했기 때문에 모두 수출 지향적 경제를 추구했다. 한국 등 NIEs나 동남아의 산업화 과정이 진행되던 1970~1980년대와는 달리 21세기의 이머징 국가의 투자는 처음부터 생산성이 중요했다. 왜냐하면 동시에 너무 많은 국가가 투자에 나섰고 투자 자본이 선진국 자본이었기 때문이다. 세계에서 가장 싸게 만들면서도 품질은 최초 생산부터 국제 기준에 맞아야만 했다. 따라서 당연히 기계 설비 투자가 많았다. 나이키 운동화의 경우 현재의 베트남 공장은 1980년대 한국 공장에 비해 종업원 수는 적지만 더 많은 기계장치를 사용한다.

산업 구분 없이 투자가 늘면서 생산능력은 역사상 유례를 찾기 어려울 정도로 증가했다. 반면 불균형을 유발하는 신자유주의적 성장의 결과, 수요는 천천히 증가하고 있다. 사회의 불평등 배분 정도를 나타내는 지니계수는 21세기 들어서 어느 국가나 상승했다. 소득 상위 계층의 소득은 지속적으로 증가해왔지만 하위 계층의 소득은 추세적으로 감소하고 있다. 이 결과 성장과 분배의 갈등은 한국뿐 아니라 모든 국가의 가장 중요한 이슈가 되고 있다.

최근 각국의 정권 교체가 성장 중심 정권과 분배 중심 정권으로 빈번하게 교체되는 것은 사회 안정 계층인 중산층이 줄고 있기 때문이다. 중산층의 소비는 완만하게 늘거나 아니면 줄어들고 있다. 혹자는 중국 등 브릭스의 소비 증가에 주목한다. 그러나 이들 국가는 중산층이 제대로 성장하지 못했다. 21세기 성장 과정에서 중산층 비중은 크게 늘지 않았다. 반면 상류층을 모방함으로 대리 만족을 얻으려는 사회적 분위기 때문에 브랜드 가치가 있는 소위 '명품' 열기가 세계적으로 유행이다. 공급력은 증가하는데 소비는 더디게 늘고 있다. 이것이 바로 공급 과잉, 즉 디플레이션이다.

디플레이션 상황의 피해자는 이머징 국가다. 대규모로 공장을 지어놨는데 세계적 차원에서 소비는 천천히 증가하고 있다. 2003~2007년 사이에 이머징 국가에 대한 투자가 급속히 증가했다. 시간이 흐를수록 이머징 국가의 새로운 공장들이 완공되는 시점에 도달하고 있다. 기본적인 경제 환경이 디플레이션 구조인 상태에서 글로벌 위기로 소비는 더욱 위축될 전망이다. 대부분의 선진국들의 2009년 성장률이 마이너스 성장을 보일 것이라는 전망은 이머징 국가의 수출이 어려울 것임을 보여주는 예측이다. 또한 이머징 국가의 제품 중 명품 대열에 오를 정도로 품질과 브랜드 가치를 가진 상품이 없다. 대부분 저가의 단순 소비재에 불과하다. 최근 중국의 멜라민 파동과 같이 품질은 형편없고 상품의 신뢰는 낮다.

카니발리즘에 노출되다!

디플레이션 상황에서 이머징 국가의 생존 비결은 상품 가격을 낮추고 품질을 높이는 것뿐이다. 상품 가격을 낮추기 위해서는 정부의 보조금 지급을 생각해볼 수 있다. 그러나 대부분 이머징 국가는 재정 적자 상태다. 또한 신자유주의 체제에서 보조금을 줄 수도 없다. 만약 정부가 보조금을 지급할 경우에도 정치 세력과 결탁한 일부 기업에만 한정될 것이다. 이머징 국가는 대부분 정경 유착(Corporatocracy) 체제이거나 정실자본주의(Crony capitalism)이기 때문이다.

그렇다면 노동비용 축소밖에는 대안이 없다. 수출 가격을 낮추기 위해 기업은 인건비를 줄이거나 노동 시간을 늘리는 18세기 유럽의 방직공장 상황으로 회귀할 가능성도 있다. 이머징 국가 중에서도 승자는 제한적일 것이다. 뉴질랜드 마오리족의 승자는 싸움에서 죽인 자의 살을 베어 축하 잔치에 썼다. 이 흉칙한 카니발리즘(Cannibalism)이 이머징 국가 간에 나타날 수 있다. 디플레이션이라는 기초 환경에서 글로벌 위기는 이머징 국가 노동자를 카니발리즘적 환경에 노출시킨다.

두바이? Do Buy?

네이버에서 두바이를 주제로 한 책을 찾아보았습니다. 무려 1,357권의 관련 도서가 검색되었습니다. 중동 지역 성장과 개혁의 증거로서 두바이의 가치는 충분합니다. 그러나 두바이는 중동이라는 지역에서의 성공보다는 신자유주의와 세계화의 구체적인 성공 증거로 평가받고 있습니다. 두바이의 건축물들은 대부분 예술품으로 평가 받습니다. 팜 아일랜드, 160층 이상이나 되는 세계 최고층 빌딩 버즈 두바이, 7성급 호텔, 스키 두바이 등 기상천외한 건물이 즐비합니다. 중앙일보 서정민 기자의 표현처럼 정말 두바이의 부동산을 꼭 사야만(Do Buy)할 정도로 두바이의 성장은 놀랍습니다.

필자는 우주에서도 보인다는 두바이의 미래를 우울하게 바라보고 있습니다. 두바이는 외국인 노동자에 의해 가동됩니다. 전체 인구의 80%가 외국인입니다. 경제의 중심은 단연 석유입니다. 유가가 하락하면 두바이 경제는 침체가 불가피합니다. 연간 1,000만 명 이상의 세계인이 방문합니다. 그러나 세계 경제 침체와 유가 하락으로 두바이 방문객들이 7성급 호텔에 숙박하고 열대의 나라에서 스키를 탈까요? 이런 문제는 경기가 풀리거나 유가가 오르면 해결될 수 있습니다.

정말 큰 문제는 주변 국가들이 두바이 모델을 벤치마킹하고 있다는 점입니다. 두바이에서 돈을 쓰는 사람들은 중동의 왕족, 중동 건설시장 관계자, 아니면 두바이 성공을 견학하려는 사업가들입니다. 두바이의 개발이 거의 완료된다면 두바이의 사업 가치는 하락합니다. 두바이가 성장할수록 두바이를 따라잡으려는 주변 국가의 투자는 더욱 확대될 수 있습니다. 한국의 건설사는 사우디 왕족에게 아마 이런 식으로 세일즈할 것입니다. "전하! 조그만 두바이가 사우디에 도전하고 있습니다. 1,000m가 넘는 빌딩을 짓고, 세계 최대의 돔형 스키장을 지어서 전하의 위용을 만 천하에 뽐내셔야 합니다. 물론 저희 회사는 전하의 권위를 위해 가장 크고, 높고, 획기적인 건물을 지어드리겠습니다." 사우디 제다와 쿠웨이트는 지금 1000m 이상의 빌딩 건립을 추진 중입니다.

필자의 예상대로 세계에서 가장 높은 버즈 두바이의 매매가는 2008년 6월에 비해 10월 말에는 50%나 내렸다는군요! 현지에서는 투기꾼들이 처분한 것으로 알려져 있지만 결국은 공급 물량 증가가 원인이 될 겁니다.

내려가지 않는 물가

04

물가는 기본적으로 수요와 공급이 균형을 이루는 지점에서 형성된다. 공급에 문제가 생기면 물가는 천정을 모르고 상승한다. 1, 2차 오일쇼크는 석유 공급을 줄인 결과다. 그러나 일반적인 경우에 물가는 수요 증감에 영향을 크게 받는다. 그리고 수요는 경기 상황에 전적으로 좌우된다. 세계 경제 구조에서 소외되었던 이머징 국가들이 세계 시장에 편입되면서 원자재 수요가 급증하고 있다. 대부분 공산권이었던 이머징 국가들은 냉전시대에는 소련이 에너지와 원자재를 지원해주면서 살림을 꾸려왔다. 그러나 이제는 스스로 조달해야 한다. 소련은 지원했지만, 러시아는 국제 시세로 판매할 뿐이다.

원자재 먹는 하마

이머징 국가의 빠른 경제 성장으로 원자재 수요는 폭발하고 있다. 가장 대표적인 석유의 경우 수요 증가는 대부분 중국 등 이머징 국가에서 나타났다. 2007년의 경우 전체 소비 증가분 중 거의 70%가 브릭스였고, 나머지도 이머징 국가들이었다. OECD 선진국의 석유 소비는 오히려 감소했다. 이러한 상황은 2008년에 더욱 심화되었다.

수요가 늘면 가격은 상승한다. 그러나 공산품과 달리 원자재는 무한히 생산할 수 없다. 지구라는 갇힌 공간에 존재하는 유한한 자원이 원자재이다. 따라서 수요 증가 이상으로 가격이 상승한다. 석유, 식량과 같은 필수 원자재는 수급이 붕괴되면 가격 상승을 예측할 수 없다. 아무리 비싸도 석유가 없다면 경제는 유지될 수 없다. 곡물도 마찬가지다. 가격이 올라도 굶을 수는 없다. 전 세계가 북한과 같이 '고난의 행군'을 할 수는 없다.

오일쇼크와의 차이점

이머징 국가는 지난 10여 년간 빠른 성장을 보였다. 생활수준도 크게 향상됐다. 중국의 경우 1인당 국민소득이 1997년에는 775달러였지만, 10년이 지난 2007년에는 1,791달러다. 따라서 빈부 격차 여부를 떠나 기본적으로 생활수준이 향상되었다. 이 결과 원자재 수요가 급증할 수밖에 없다. 규모 차이는 있지만 아프리카나 중남미의 최빈국을 제외할 경우 이머징 국가의 원자재와 식량 소비는 증가할 수밖에 없다.

1980년대 초반 2차 오일쇼크 이후 유가는 크게 하락했다. 당시의 세계 경제는 오직 선진국만 존재하고 있었다. 유가가 오르면 선진국 소비자는 석유 소비를 줄였다. 또한 북해 유전의 생산이 본격화되고, 앞바퀴 굴림형 자동차의 개발로 연료를 크게 절감할 수 있는 하드웨어의 탄생이 있었다. 현재의 선진국들은 2차 오일쇼크 이후 에너지 소비를 줄이는 경제 구조로 전환했다. 현 시점에서도 합리적인 선진국 소비자들은 유가가 급등하자 석유 소비를 줄이고 있다.

반면 이머징 국가는 그렇지 못하다. 이머징 국가에 집중된 중후장대(重厚長大)형 산업은 에너지 소비가 많다. 현재의 선진국은 중후장대형 산업이 거의 없다. 따라서 원자재 가격 상승은 중후장대형 산업이 밀집된 동아시아 이머징 국가들의 피해를 크게 한다. 중국의 2007년 현재 자동차 보유 대수는 5,700만 대이다. 연간 870만 대씩 새 차가 중국 대륙을 달리기 시작했다. 2차 오일쇼크 당시에는 중국 등 이머징 국가가 없었다. 자동차의 존재 유무로 향후 석유 소비를 인식해야 한다. 자동차가 있는 경우 유가가 상승하면 운행 시간을 줄일 수 있다. 1980년대 초반에 이머징 국가에는 자동차가 없었다. 그러나 지금은 차량 보유 대수가 빠르게 늘고 있다는 근본적인 차이를 감안해야 한다. 글로벌 위기 수습이 어느 정도 이루어진다 하더라도 부존량이 적은 원자재 가격은 크게 하락하기 어려울 전망이다.

달러 가치와 원자재 가격

달러화의 위상 약화도 원자재 가격 상승에 한 몫을 거들었다. 21세기 들어 달러화의 대안은 주로 유로화, 중국의 위안화, 금, 원자재 등이었다. 그러나 유로화 역시 불안정하기는 마찬가지이고 중국의 금융시장은 아직 초보 단계다. 정부가 투기 자금의 유입 억제와 수출 촉진을 위해 외환시장에 수시로 개입한다. 국가가 금융시장에 개입하는 국가의 화폐는 달러를 대체할수 없다. 위안화는 아직 역부족이다.

생산에 필수적인 원자재는 달러를 대체할 만한 가치가 있다. 금은 시장이 협소하고 생활에 사용할 수도 없다. 금값이 오르면 금 함유량이 적은 광산들도 채산성을 맞추면서 공급을 늘릴수 있다. 무엇보다도 원자재와 금이 다른 점은 원자재는 사용하면 사라지고 재생이 어렵다. 그러나 금은 어디엔가 항상 존재한다. 사용한다고 없어지는 자원이 아니다. 특히 현재와 같이 극단적인 유동성 선호 현상이 벌어지는 상황에서 금보다는 당장의 현금이 중요하다. 원자재는 안전하고 훌륭한 달러의 대체 투자 대상이다. 앞으로 위기 국면에서는 석유 등 매장량이 제한된 원자재는 가장 안전한 자산이 될 전망이다.

당분간 원자재 가격은 달러 강세로 약세를 면치 못할 전망이다. 그러나 유동성 선호 현상이 마감되면서 달러 가치가 약세로 전환된다면 원자재 가격은 달러의 대체물로 재부각될 전망이다. 글로벌 위기의 해결이 가까워지면 원자재 가격이 오르면서 물가 상승 국면에 재진입할 가능성이 높아 보인다. 이머징 국가 입장에서는 2009년 이후는 경기 침체와 고물가가 이어지는 최악의 국면을 대비해야 한다.

투기자본의 생각

부채(레버리지)를 이용하는 헤지펀드 등 투기 자본은 원자재의 이런 특성을 잘 활용했다. 원자재 가격 상승이 불가피하다면 원자재에 투자해서 이익을 얻으려는 시도는 당연하다. 2005년부터 투기 자본들은 금융기관 자금뿐 아니라 공모로 자금을 모아(펀드) 원자재 투자에 나섰다. 원자재 가격 상승에 대한 확신, 저금리, 그리고 무한정의 외부 차입이 결합되면서 원자재에 대한 투자는 비약적으로 증가했다. 원자재 펀드에 자금이 집중되면서 원자재 생산국에 대한 주식 투자도 크게 늘었다.

대표적인 자원 수출국인 브라질 주가는 2003년 10월 중반부터 2007년 5월 말까지 무려 8배 상승했다. 러시아는 2001년 초부터 2007년 5월까지 16배 주가가 상승했다. 또한 환율 절상을 감안하면 실제 투자 수익률은 더 높다. 여기에 외부에서 3~5배 정도 차입해서 투자했을 가능성이 높아 실제 투자 수익률은 100배 정도 되지 않았을까? 이 과정에서 원자재는 소비재가 아니라 투기의 대상으로 전락했다. 유가의 경우 가격이 가장 비쌌던 시점은 2008년 7월이었다. 물론 금융 위기 때문에 달러의 대체물로 상승한 점도 있지만, 투기적 자본이 원유 관련 상품으로 압축되어 유입된 측면도 무시할 수 없다.

반면 2008년 8월 이후 원자재 가격이 폭락한 것은 원자재 관련 펀드들이 청산되면서 일거에 매도로 전환되었기 때문이다. 유가가 80달러에서 147달러까지 상승하는 데 9달이 걸렸다. 반대로 하락하는 데는 불과 3달밖에 걸리지 않았다. 이런 추세라면 원자재 관련 상품에서 자금 유출이 마무리될 때까지 원자재의 적정 가격은 알 수 없을 듯하다. 또한 부채를 이용해서 원자재에 투자한 경우 외환시장이 불안정하고, 실세 금리도 크게 올랐기 때문에 추가적으로 원자재 펀드가 설립되기 어려운 조건이다. 이런 변화로 원자재 수출 비중이 높은 이머징 국가는 큰 타격을 받고 있다. 이번 글로벌 위기 과정 중(최고치 대비 2008년 10월 말까지의 최저치 기준) 러시아의 주가 하락률은 74%, 브라질은 60%다. 이번에는 원자재 가격 하락에 모두 베팅하는 모습이다.

원자재 가격에 대해 세계가 고려해야 할 것은 원자재 투자와 관련해서 금융자본뿐 아니라 모두가 공통적으로 원자재 비축량을 늘렸다는 점이다. 지속적으로 원자재 가격이 상승하자 기업이나 개인 구분 없이 원자재 사재기에 나섰다. 세계 전체가 필요량 이상으로 원자재 재고를 보유하고 있는 것으로 판단된다. 이런 과잉 재고 상황에서 글로벌 위기를 맞았다. 원자재 재고가 많은 기업은 고가에 사들인 원자재 때문에 생산비가 올라갈 수 있다. 신규로 원자재를 사지는 않을 것이다. 그나마 사재기해놨던 원자재마저 처분할 수 있다. 이런 상황이 일거에 나타나는 시점이 2008년 4분기이다. 그나마 원자재 가격 하락으로 부존자원이 적은 일부 이머징 국가의 여건이 호전된 점은 다행이다.

물가가 내리지 않는다

이머징 국가는 비효율적인 경제구조 때문에 물가 상승률이 높다. 사회적 자원을 정권이 독점적으로 사용하는 경우도 많다. 교통 인프라 부족에 따른 물류 체계의 후진성 때문에 동일 국가 내부에서도 상품의 가격 차가 크다. 원자재 가격의 하락이 예상됨에도 이머징 국가의 물가 안정에는 상당한 시간이 필요해 보이는 이유다.

이머징 국가에는 경제력 이상으로 많은 자금이 풀려 있다. 그럼에도 글로벌 위기로 금융기관을 살리기 위해 자금을 마구 풀어대고 있다. 금융시장이 안정된 이후 이번에 풀린 자금은 물가 상승이라는 부메랑이 되어 타격을 줄 수 있다. 돈을 풀면 시기의 문제이지 언젠가 물가는 오른다. 한편 1~2년 전에 착공한 투자는 끝나지 않았는데 정부는 경기 부양을 빌미로 추가 투자를 계획하고 있다. 금리 수준은 2~3년 전에 비해 높은데 해외에서의 자금 조달마저 여의치 않다. 그렇다면 물가를 올릴 수밖에 없다. 디플레이션에 앞서 스태그플레이션 상황에 이머징 국가가 진입할 가능성은 매우 높다.

결론적으로 이머징 국가의 물가 상승률이 연간 20~30%대인 것은 많은 유동성과 비효율적인 사회구조가 원인이다. 또한 원자재 가격은 하락하기 어려운 구조에 놓여 있다. 이머징 국가에서 물가가 잡히지 않는다면 사회구조가 취약한 이머징 국가는 정치 불안으로 비화될 가능성이 매우 높다.

짐바브웨의 비극

짐바브웨는 독립 28년째를 맞는 신생국입니다. 과거에는 빅토리아 폭포가 아주 유명했는데, 지금은 물가 상승으로 더 유명해졌습니다. 정확한 물가 상승률을 측정할 수 없지만 대략 연간 1000만%에 가까운 것으로 추정되고 있습니다. 1억짜리 지폐가 쓰레기처럼 나뒹굴고, 50억이었던 계란 반 판이 다음날에는 100억 짐바브웨 달러를 줘야 합니다. 맥주 한번 마시고 다시 주문할 때 물가가 오르는 상황이지요!!! 짐바브웨의 한 학교는 수업료 대신 소나 염소를 끌고 가야 한답니다. 소나 염소가 없으면 연 700리터의 휘발유 쿠폰을 내야 학교에 다닐 수 있습니다.

반면에 집권 무가베 정권은 정권 연장을 위해 내전을 벌이고 자기 생일파티에 수백만 달러를 썼습니다. 선거 때는 야당 지지자들이 투표를 못하도록 수족(手足)을 자르기도 했다는군요. 그런 그도 쫓겨났습니다. 물가 상승은 어떤 절대 권력도 버틸 수 없지요!!!

05
과거를 그리워하는 사회

과거 공산권이었던 이머징 국가의 경제가 성장하면서 정권은
여전히 사회주의 체제를 유지하는 경우가 많다. 중국, 베트남
등이 대표적이다. 러시아도 표면적으로는 선거를 통해 민주적
절차로 정치인을 선출한다. 그러나 실제 국가의 운영 방식은
과거의 소련과 크게 다르지 않다. 반전주의자인 존 리즈(John
Rees)는 『새로운 제국주의 저항』이란 책에서 스탈리니즘 위드
코크(Stalinism-with-Coke), 즉 시장과 결합된 스탈린주의로 러
시아의 현 정치체제를 설명했다. 정치 비평가인 조지프 히스
(Joseph Heath)의 질문처럼 '체 게바라는 스타벅스 속으로 들어
갔을까?' 아니면 '혁명을 팔아먹었나?' 정말로 사회주의는 사
라진 것일까?

사회주의적 시장경제

독일 통일 후 독일의 가장 큰 문제는 구 동독 지역민들의 사회주의적 타성이었다. 부지런함, 성과 지향 등 자본주의적 생활윤리를 그들은 받아들이기 어려웠다. 정부가 아무리 많은 자금을 투입해도 이들이 자본주의에 동화되는 데는 거의 10여 년 이상 걸렸다. 한국에서도 적극적인 통일운동을 반대하는 일부 인사는 북한 주민의 사회주의적 성향(게으름)을 원인으로 꼽는 경우도 있다. 1989년 통독 당시의 자본주의는 지금보다 온화했다. 그러나 21세기의 자본주의는 20년 전 수정자본주의보다 훨씬 치열한 신자유주의다. 통독 이전 동독 주민들은 높은 교육 수준과 동유럽에서 가장 견실한 경제구조를 가지고 있었다. 같은 게르만족이라는 민족적 통일감도 사회 안정에 역할을 했다. 이런 우호적 조건임에도 사회학계에서는 구 동독인들이 완전히 자본주의화 되지 못한 것으로 평가한다.

경제가 성장 국면에 있을 때 이데올로기는 휴지통에 버려진다. 파이가 커지는 과정에서 물질적 욕구가 중요해지기 때문이다. 세계 경제가 고성장기였던 2007년까지 구 공산권에서 이데올로기 문제는 중요하지 않았다. 그러나 지금부터가 문제다. 체제 전환 이전 공산당 정권은 부족하고 품질은 낮았지만 식량, 교육, 에너지 그리고 기본적 복지를 제공했었다. 그러나 글로벌 위기는 이머징 국가 경제 전체를 침체로 몰아넣고 있다. 특히 이머징 국가의 사회 하층민은 경기 침체의 가장 큰 피해자가 될 것이다. 기업 파산이나 인원 해고는 이미 현실화되고 있다. 반면 일부 특권 계층은 여전히 높은 수준의 소비와 많은 자산을 유지하고 있을 것이다. 굶주린 이머징 국가의 하층민 입장에서는 사회구조 전반에 대해 적대감이 증가할 만한 상황이 도래하고 있다.

향수, 민주주의 그리고 혼란

사회에 대한 적대감 증가 현상이 이머징 국가 전반에 퍼지게 된다면 잊힌 것으로 여겨졌던 사회주의에 대한 향수가 되살아날 가능성도 있다. 따라서 글로벌 위기는 이머징 국가의 계급 갈등을 내재하고 있다. 사회주의에 대한 향수가 커지는 과정에서 재정 적자 상태인 이머징 국가의 정부는 특별히 취할 조치가 없다. 민주주의로 향하게 된다면 현재의 정권은 권력을 유지하기 어렵다. 오히려 정권을 지키기 위해 폭력에 의한 공포정치를 시행하고, 정권 충성 계층의 지지 확보를 위해 사회 양극화를 강화할 가능성도 배제할 수 없다. 정치 사회적 불안정이 커진다면 이머징 국가의 생존은 더 어려워진다.

사회주의적 시장경제란 수식어로 체제를 유지하고 있는 이머징 국가 정권은 지금 상당히 불안할 것이다. 기본적으로 시장경제와 사회주의는 양립할 수 없다. 양립할 수 없어서 냉전시대가 있었고, 양자 간 투쟁의 결과 자유민주주의가 승리한 것이다. 시장경제 도입만으로 경제와 사회 전체가 선진국이 될 수는 없다. 이데올로기 모순을 덮어놓은 채 이머징 국가는 성장해왔다. 사회주의 체제에서 신자유주의 체제로 전환한 후 첫 번째 불황인 이번 글로벌 위기는 자본주의 역사가 긴 선진국들도 극복하기 어려워 반자본주의적 정책을 내놓고 있는 상황이다. 이머징 국가는 경제적 측면에서의 극복도 어려운데, 이데올로기 갈등 위험에 노출되어 있다. 정치의 속성상 그렇다고 민주화를 빠르게 추진할 수도 없다. 이머징 국가가 현재 상황에서 민주주의를 정착시키기에는 너무 이르다. 체력도 약하다. 오히려 민주화 과정에서 혼란이 커질 수 있다. 정의로운 정부가 없는 이머징 국가에 글로벌 위기는 디스토피아이다.

2004년부터 조화사회(調和社會)를 국정 이념으로 내걸고, 긴축 정책으로 경제성장률을 조절하려는 중국의 시도는 신자유주의적 성장의 모순을 극복하기 위해서다. 중국의 정책 변화는 이미 중국이 사회적으로 분화되고 있다는 증거로 볼 수도 있다. 경제성장률이 지나치게 높아질 경우 양극화가 심해지면서 정치 불안으로 비화될 가능성이 높기 때문이다. 민족 갈등, 노동 불안 등 다양한 사건으로 간접적으로 파악되는 중국의 사회 문제는 2005년 기준 연간 8만 5,000건에 이르는 시위에서 확인된다. 그러나 이후에는 시위 건수를 발표하지 않고 있다.

위기 수습 리더십의 부재

이머징 국가 정권은 대부분 부패했다. 박정희, 리콴유, 마하티르와 현재 이머징 국가의 정권은 다르다. 1998년 IMF가 인도네시아에 제공한 '구제 금융'의 가치와 수하르토 일가의 축재 규모는 비슷했다. 인도네시아 경제학자의 계산에 따르면 외채 800억 달러의 95%가 50명 탓이었다. 정도 차이는 있겠지만 현재 이머징 국가 정권은 이데올로기적 모순 속에서 부패 수준이 10년 전 인도네시아와 유사할 것으로 판단된다. 비밀 자금의 세탁 창구인 스위스은행 업계에 따르면 2007년 자금 세탁 의혹 보고가 사상 최고로 많았다고 한다. 중국도 2007년에 9조원의 돈 세탁을 적발했다.

최대 석유 생산국인 사우디의 경우 1980년대 초반, 미국과 1인당 GDP가 비슷했다. 그러나 지금은 오히려 소득이 줄었다. 약 5,000명에 이르는 왕족들이 석유 수출 대금을 대부분 차지한다. 성인 남성의 30%가 실업자라서 25만 명 정도로 추산되는 알카에다 조직원 중 사우디 출신이 가장 많다. 한편 중국, 파키스탄, 인도 등 이머징 국가의 하층민들은 휴대폰과 인터넷으로 무장되어 있다. 세계가 어떻게 움직이고 있는지, 자국 정권의 부패는 어떤지, 민주주의는 어떤 것인지에 대해 잘 알고 있다. 마지막 은둔 국가였던 부탄마저 민주화되었다. 몽골은 부정 선거에 항의해서 유혈시위가 발생하기도 했다. 중동 지역 다이제스트에 따르면 걸프만 지역의 여성은 2,460억 달러의 자금을 운용하는데 사우디 증권 계좌의 1/3은 여성이라고 한다. 세계화는 민주주의를 더 빠르게 확산시키고 있다. 이머징 국가의 정권은 민주주의에 대한 국민들의 갈망을 따라가지 못하는 것이 현실이다.

정권의 안정성 여부는 위기 국면에서 나타난다. 강력한 리더십으로 위기를 극복해야 한다. 그러나 부패한 이머징 국가 정권이 이해도 못하는 글로벌 위기를 어떻게 수습할 수 있을까? 인도네시아의 경우 1997년 외환위기를 겪은 후 다시 글로벌 위기를 맞고 있다. 10월 말 기준으로 국가 부도 위기에 다시 직면해 있다. 10여 년 전에 외환위기를 겪었음에도 불구하고 사회 시스템의 개선이 이루어지지 않았기 때문이다. 20세기에 외환위기를 겪었던 여러 나라 중 여전히 불안한 나라는 인도네시아와 태국뿐이다. 사람만 바뀌었을 뿐 여전히 정부는 부패하고 무능하기 때문이다.

동유럽 국가는 사회주의가 해체되면서 국영기업들이 헐값에 정권의 몇몇 특수관계인에게 매각되었거나 최대 주주가 불분명한 상태로 민영화되었다. 이런 현상을 빗대어 컬럼비아 대학의 질 에앨(Gil Eyal)은 '자본가 없는 자본주의'라고 부른다. 자본가는 경제의 리더이다. 의사결정의 주체이다. 그러나 확실히 경영권을 행사하는 경영자나 자본가가 없다면 위기를 극복할 수 없다. 지금까지 기업과 삶을 같이 한 경영자는 동유럽에 없다. 경영자의 경영 능력은 정권과의 교섭력에 의존하는 경우가 대부분이다. 위기 국면에서 열정과 능력을 갖춘 제대로 된 경영자가 없는 점 역시 이머징 국가의 위기 탈출을 어렵게 한다. 정치, 관료, 기업인, 노동자 모두 위기를 해결하기에 역부족인 상태다.

결과적으로 이번 글로벌 위기의 최대 피해 지역은 선진국이 아니라 이머징 국가이다. 낮은 경제 수준에서 고성장하던 이머징 국가는 글로벌 위기를 완충시킬 사회적 인프라가 없다. 글로벌 위기가 사회주의 부활로 이어지지는 않을 것으로 판단된다. 그러나 이머징 국가 전반의 정치사회적 불안정은 미래를 보는 또 다른 거울이다.

이머징 국가의 자화상

자원이 풍부한 투르크메니스탄의 독재자 사파르무라트 니야조
프(Saparmurat Niyazov, 2006년 사망)는 우습다 못해 엽기적입
니다. '투르크멘바시(투르크메니스탄의 국부)'로 자처했던 그는 나
르시시즘으로 악명 높은 북한의 '친애하는 지도자 동지'도 부러워
할 만한 괴이한 개인 숭배를 강요했습니다. 그는 전국 방방곡곡에
자신의 초상을 새긴 황금 기념탑을 세우게 하고, 자신의 친척들
이름을 따서 각 달의 이름을 붙이고, 자신의 저작물을 학교에서
가르칠 뿐 아니라 운전면허 시험에도 출제토록 했습니다.(에리히
폴라트, 『자원전쟁』)

글로벌 위기가 고조되던 2008년 10월 15일 러시아 정부는 자
국 언론에 혼란을 불러오는 자극적인 보도를 삼가라는 지침을 내
린 것으로 알려졌습니다. 붕괴, 위기라는 용어를 사용하지 못하도
록 했으며, 추락이라는 표현 대신 '하락'으로 순화해 사용할 것을
권고했습니다. 베트남은 증시가 폭락하자 하루 주가 변동 폭을
1%로 축소했습니다.

이머징 국가에 가장 필요한 것은 사회적 성숙입니다. 급속한 경제 성장에 가려진 이머징 국가의 실체를 잘 파악하는 것이 한국 경제의 미래입니다.

2부

새로운 세계를 향하여

세상 돌아가는 방식을 결정하는 몇몇의 거대한 트렌드가 있다는 개념은 이제 무너지고 있다. 우리 모두를 휩쓸어 몰아가는 몇 개의 메가트렌드는 이제 더 이상 없다는 의미다. 그 대신에 세계는 얽히고설킨 미로와 같은 선택들에 의해, 다시 말해서 쌓이고 쌓이는 '마이크로트렌드' 들에 의해 이끌려가고 있다.

현재 우리가 경험하고 있는 거대한 변화는 모순된 방향으로 일어나고 있다. 모든 트렌드에는 그에 대응되는 카운터트렌드(counter trend)가 존재한다.

_ 마크 펜(Mark Penn), 키니 잴리슨(Kinney Zalesne)의 「마이크로트렌드」에서

○ ○ ○

글로벌 위기는 기존의 세계 시스템을 빠르게 파괴했다. 속도가 너무 빨라서 2개월이 지난 2008년 11월 현재 체감하지 못하는 계층이 더 많아 보인다. 그러나 시간이 흐를수록 글로벌 위기는 세계 전체의 모든 인류에게 확산되고 있다.

대부분의 국가에서 자본주의 원칙을 무시한 구제안이 파상적으로 나오고 있다. 상식을 초월한 유동성 공급으로 금융시장은 점차 안정감을 찾아갈 것으로 예상된다. 그러나 세계 시스템의 파괴 속도보다 재건 과정은 훨씬 길어질 것으로 판단된다. 세계의 재구축 과정에서 국가, 정권, 계층 간의 이해가 충돌하면서 해결이 지연될 가능성이 높다. 만일 당장의 위급함 때문에 졸속으로 세계를 재구축한다면 글로벌 위기의 근본적 해결은 불가능하다. 오히려 2차, 3차 글로벌 위기가 발생할 수 있다.

글로벌 위기는 경제 문제뿐 아니라 국제 정치 질서와 국내 정치에도 큰 영향을 줄 것으로 보인다. 미국의 헤게모니 약화로 군사적으로는 러시아, 경제적으로는 중국의 도전이 예상된다. 헤게모니 국가의 약화로 세계는 정치적 불안정성이 높아지고 있다. 불과 1년 전에 비해 각국 정치 지도자들의 미국 비판은 경쟁적이고 자극적으로 언론에 보도되고 있다.

새로운 세계에 대한 구상은 경제적 차원을 넘어 정치, 사회 등 모든 분야에서 이루어져야 한다. 글로벌 위기를 유발시킨 불안정 요인을 근본적으로 해소하려는 체제 개편적 시각이 요청된다. 사회의 모든 영역이 밀도 있게 연결되었기 때문에 경제와 같은 특정 분야만을 단순 수습할 경우 전체 시스템은 더 불안해질 수 있다.

정교하게 인류 전체의 미래를 고려한 준비가 필요하다. 제대로 위기를 인식한 후 세계 전체의 기초부터 다시 구축해야 한다. 그러나 아직 글로벌 위기는 현재 진행형이다. 위기에 대한 대응책에 따라 상황이 변화할 여지는 매우 크다. 수습 과정에서의 꼭 필요한 기본 원칙과 상황을 변화시킬 수 있는 주요 변수, 그리고 글로벌 위기 이후의 세계를 예상해보자

5장

패권과 헤게모니

로마 제국이 결국 붕괴하고 만 것은 다음과 같은 요인 때문이었다. 첫째, 로마 제국이 너무 커져서 하나의 중심에서 통치하기 어려워졌고, 둘째, 제국적 오만의 시대가 지속됨에 따라 문화적 향락주의(cultural hedonism)가 만연하게 되었고, 점차적으로 정치 엘리트들의 위대함에 대한 의지가 좀먹게 되었다는 점이다. 셋째, 지속적인 인플레이션으로 인해 제국 체제를 사회적 희생 없이는 지탱할 수 없게 되었다.

_ 브레진스키(Zbigniew Kazimierz Brzezinski)의 「거대한 체스판」에서

● **역사적**으로 세계 패권의 전환기에는 전쟁과 같은 쇼크가 발생했다. 혁명적 변화와 패러다임의 전환 과정은 과거와의 단절을 기초로 하기 때문에 기본적으로 불안정하다. 로마 제국, 중국의 절대 왕조, 이슬람 세력의 약화 과정은 전쟁을 통해 나타났다. 역사는 1, 2차 세계대전을 유럽 패권이 미국으로 넘어가는 과정으로 본다. 유일하게 전쟁 없이 패권 경쟁이 마무리된 것은 냉전 종식에 불과하다.

그 동안 세계는 미국이라는 세계의 경찰에 의해 유지되어왔다. 그러나 세계 경찰이 중병에 걸렸다. '총'을 들고는 있으나 체력은 약화되고 총은 녹슬었다. 반면 새로운 총잡이들은 호시탐탐 미국 이후의 패권 쟁취를 위해 기회를 엿보고 있다. 경제적으로 역사상 최악의 위기를 맞고 있지만 패권 경쟁은 오히려 가속화되고 있다.

국제 질서에 있어 글로벌 위기 이후 미국이 계속 패권을 유지할 수 있을지는 가장 중요한 변수이다. 세계 최강 군사대국인 미국의 패권이 이번 금융 위기로 흔들릴 수 있을까? 달러는 기축통화 위치를 유지할까? 각국은 위기 해결을 위해서 국제 공조에 적극 참여할까? 이런 문제는 경제적 문제이지만 동시에 국제정치적 문제이다. 금융 위기 이후 국제 질서의 변화를 살펴보자.

01
신냉전 시대로

냉전시대 세계는 절반으로 나뉘어 각각 서로 다른 시스템으로
가동되어왔다. 두 개의 제국은 일부 지역에서 마찰을 빚기도 했
지만 상호간에 체제를 인정하면서 불안정한 균형 상태를 보였
었다. 두 제국 이외의 국가들은 특정 진영에 가입해서 가입한
진영이 제공하는 안보와 경제적 실익을 챙겼다. 진영에 참여한
국가들은 제2차 세계대전 결과에 따라 수동적으로 진영에 합류
한 경우가 대부분이었다. 일본, 한국, 필리핀 등은 미군이 진주
하면서 자유민주주의 진영에 합류했다. 동유럽이나 북한은 소
련군의 진주로 공산 진영에 편입되었다. 중국, 쿠바 등 제한된
국가만이 자체 공산 혁명을 통해 공산 진영에 편입되었다.

물론 중립지대도 있었다. 중립지대인 비동맹 진영에는 인도와 같은 대국도 있었지만, 대부분 중남미나 아프리카의 소국들이었다. 이들 국가는 진영 간의 대결에서 전략적 가치나 경제적 가치가 모두 없었다. 자신들이 중립지대에 있었던 것이 아니라 양대 진영에 의해 버려졌었다. 그러나 냉전시대는 나름대로 안정적 시대였다. 이데올로기를 기반으로 진영이 분할되어 있었기 때문에 진영 내부의 국가 간 관계는 정서적으로도 온화했다.

프랑스 혁명 이후 200년이 지난 1989년을 기점으로 사회주의가 자체 붕괴되면서 세계는 정치적으로는 자유민주주의, 경제적으로는 자본주의라는 단일 이데올로기로 통합된다. 미국의 이데올로기인 자유민주주의와 자본주의의 승리로 세계는 빠르게 미국 단일 패권으로 통합된다. 이후 미국은 세계의 경찰이 되었다. 미국이 완벽한 패권을 쟁취한 1990년대부터 국제 질서는 안정감이 높아졌다.

1991년의 1차 걸프전은 미디어를 통해 전 세계에 중계되면서 어느 국가도 미국에 대항할 수 없다는 사실을 각인시켰다. 발칸 반도의 인종 전쟁도 미국이 개입하자 바로 안정되었다. 유럽은 발칸을 정리할 힘이 없었다. 상대가 없는 군사력, 여기에 IT 기술력에서 보여주듯이 막강한 경제력 등 단일 패권국인 미국은 세계의 중심축이 되었다. 1차 걸프전 비용은 일본 등 미국의 동맹국들이 상당 부분 부담했다. 미국의 의지대로 세계는 장기 평화 국면에 진입했다.

구체화되는 신냉전 기류

그러나 미국의 패권은 불과 10년 정도밖에 지속되지 못했다. 부채 경제의 한계로 경제가 어려워졌고, 패권이 일방주의로 흐르면서 동맹국의 자발적 복종은 기회주의적으로 변화했다. 9· 11 테러는 미국이 경제적으로 약화되면서 헤게모니 사용이 미국 이기주의로 변화한 것에 대한 체계적 도전으로 볼 수 있다. 경찰이 없거나, 있지만 불공정하고 무기력해질 때 사회는 불안해진다. 부패하고 무능한 이머징 국가의 경찰이나 미국이 세계에 사용하는 경찰력은 유사하다. 그렇다면 무정부주의적 상황으로 세계는 향하고 있는가?

글로벌 위기는 내적 갈등을 증폭시킨다. 또한 모든 갈등의 해결 주체는 국가다. 국가는 글로벌 위기로 어려워진 내적 환경의 돌파 수단으로 외부 국가와의 갈등을 (정권이나 기득권 계층의 묵시적인 합의로) 유발할 수 있다. 조금씩 신냉전(新冷戰)의 기류가 지구를 덮어가고 있다.

헤게모니 국가의 약화

신자유주의 체제에서 국가의 역할은 축소된다. 치안과 규칙을 정하는 것으로 국가의 역할은 과거보다 축소되었다. 그러나 21세기 들어 신자유주의 체제의 본영인 미국에서는 국가주의가 애국주의를 통해 강화되는 비정상적 상황이 벌어지고 있다. 9·11 테러로 미국 본토를 공격받은 것에서 원인을 찾기에는 정도가 심하다. 또한 정도의 차이는 있지만 최근 3~4년간 어느 국가나 유사한 상황이 벌어지고 있다. 특히 한국이 위치한 동아시아 3국은 국가주의가 새롭게 부상하고 있다. 일본은 한국, 중국, 러시아와 영토 분쟁을 벌이고 있다. 고이즈미 정권 이후 일본은 전범의 위패가 있는 야스쿠니 신사를 참배한다. 일본의 이익에 반하는 시각을 가진 학자가 테러 당하기도 한다. 중국도 마찬가지다. 많은 주변국과 크고 작은 영토 분쟁을 벌인다. 인터넷에서는 다양한 민족주의적 주제를 대상으로 네티즌 간의 전쟁도 한창이다.

헤게모니 국가의 약화는 상대적으로 작은 국가들이 자국 이기주의로 흐르도록 유도한다. 학교나 군대에서 카리스마가 강한 '짱'이 없을 경우 끊임없는 혼란이 발생하는 것과 비슷하다. 다만 갈등과 분쟁이 국가 간에 나타나고 있을 뿐이다. 안정적 시스템이나 패권국가가 없을 경우 전쟁이 빈번한 것도 이런 이유 때문이다. 르네상스 시대 이후 제2차 세계대전까지 유럽은 항상 전쟁터였다. 국력의 격차가 작은 국가 간에 국익을 놓고 경쟁했기 때문이다. 전쟁으로 얼룩진 유럽 근대사에 대한 반성이

EU와 유로화의 출범으로 볼 수 있다. 문화와 역사적 유사성에도 불구하고 유럽 통합은 2차 대전 후 무려 50여 년이나 걸렸다. 그럼에도 아직 통합의 효과는 미진하다. 특히 이번 글로벌 위기 과정에서 EU의 결속력과 유로화의 위상은 국가 이기주의 때문에 크게 손상당했다.

세계는 유럽만큼 동질화되지 않았다. 언어, 문화, 역사, 경제력, 교육 수준에서 국가 간의 차이는 더 벌어지고 있다. 이런 상황에서 경찰국가인 미국의 약화는 자연스럽게 국가주의를 강화하도록 유도했다.

신자유주의 이념의 공격성

신자유주의는 사유재산권과 완전 경쟁을 절대적으로 지향하는 자본주의의 또 다른 이름이다. 개인의 재산을 완전히 보호한다는 것은 철저한 개인주의를 바탕에 깔고 있다. 오직 개인의 재산권에만 관심이 집중되는 '프리바토피아(Privatopia : Private + Utopia)'의 세계가 되었다. 프리바토피아란 공공 영역에 있어야 할 것까지 모두 사유화되는 현상을 비판하는 개념이다. 프리바토피아적 시각에서 보면 사적 소유의 보장을 위해서 조건의 평등보다는 완전 경쟁할 수 있는 체제가 우선되어야 한다. 자신의 재산을 지키기 위해서 모든 인류는 무한히 경쟁하고 투쟁하는 것을 바탕에 깔고 있다. 사회적으로 어떤 보완책도 없이 동일한 조건에서 경쟁함을 의미한다.

국가의 시장 개입을 제한하는 신자유주의 체제는 경쟁의 규칙만 넓은 범위로 규정하기 때문에 기본적인 사회 환경은 투쟁적이고 공격적이다. 따라서 부의 축적 과정에서 적극적인 공격으로 타인의 자산을 탈취하는 사례가 증가한다. 신자유주의는 국가 내부적으로 적극적 의미의 갈등, 즉 양극화를 유발한다. 완전 경쟁이 기업을 대리인으로 국가 간에 발생하면서 국가 간의 관계도 공격적으로 변화시킨다. 세계화가 만든 피할 수 없는 상황이다. 국가 간의 관계가 공존과 동반 성장이 아니라 제로섬 상황으로 전개되면서 산업화 초기의 원초적 자본주의 시대로 경제와 외교 정책이 후퇴하고 있다.

민족을 기반으로 한 국민국가는 타국으로부터 자국의 재산권과 영토, 국민을 지키는 것이 가장 중요한 임무다. 이데올로기 시대나 수정자본주의 시대의 국가 역할은 방어적 측면의 기능에 치중했다. 무엇보다도 세계화가 나타나지 않았고, 패권국의 조정으로 진영 내 단결이 중요했기 때문이다. 그러나 이데올로기 시대의 종결 이후 패권국인 미국의 약화가 나타나면서 국민국가 간의 관계는 배타적 관계로 변화한다. 국민국가는 국익을 위해 지구상 모든 국가를 탈취 혹은 제휴의 대상으로 인식하기 시작했다. 자국에 꼭 필요한 국가와는 제휴한다. 그러나 나머지 국가는 겉으로는 미소 짓지만 주머니에는 칼을 들고 있는 상황이 되었다. (그러나 금융, 문화 등 사회의 하부구조는 세계화가 빠르게 나타나면서 상호의존적 관계로 변화했다.)

예를 들어 한국과 일본의 관계는 민간 부문에서 역사상 어떤 시기보다 친밀해졌다. 배용준이 일본의 중년층을 울리고 이승엽의 홈런은 열도를 열광케 한다. 북해도에는 한국 관광객이 북적이고 서울 명동은 동경 신주쿠와 문화적으로 유사해졌다. 그러나 양국은 최근 사사건건 충돌하면서 국교 정상화 이후 가장 어려운 시기를 보내고 있다. 신자유주의 체제는 이와 같이 국가 간의 관계를 경쟁적, 투쟁적 관계로 변화시키면서 국가 간의 진정한 협력이 불가능하게 만들고 있다.

내적 갈등의 은폐가 필요하다

21세기 모든 국가와 정치권의 최대 난제는 신자유주의적 세계화가 만든 사회 양극화 현상이다. 재산에 따라 신분이 구별되면서 계급적 갈등 구조는 겉모습만 다를 뿐 어느 국가에서나 확산되고 있다. 정치인은 자신들의 정권 안정과 선거에 이기는 것이 유일한 목표다. 정의나 명분 등을 내세우지만 속셈은 오직 정권 안보가 가장 중요하다. 포퓰리즘, 여론 조작 등과 같이 정치인이 사용하는 기법은 현실을 오도해서 여론을 변화시킨다. 때로는 새로운 이슈로 관심을 돌리는 방법을 자주 사용한다.

가장 대표적인 것이 3S(sex, screen, sports) 정책인데 국민들의 말초적 신경을 자극하는 우민화(愚民化) 정책이다. 사회학자들은 한국 5공화국의 3S 정책을 대표적인 사례로 보고 있다. 프로야구, 올림픽, 컬러 TV 보급 등을 통해 독재정권의 비판보다는 현재의 즐거움을 탐닉하도록 국민을 유도했다. 지금은 새롭게 3S 정책을 펼 수 없다. 이미 인터넷과 휴대폰은 세계 전체를 3S 천국으로 변화시켰기 때문이다. 반면에 양극화 현상은 더욱 가속화되고 있다. 어느 국가나 중산층이 줄면서 빈부 격차는 심해지고 있다. 정치인이나 기득권 세력은 빈부 격차의 확대가 사회혁명을 유발한 역사적 진실에 대해 너무 잘 알고 있다.

반대 상황도 나타나고 있다. 내적 갈등을 극우주의로 해소하려는 시도가 나타나고 있다. 글로벌 위기로 파산 위기에 처한 헝가리는 경제가 어려워지기 시작한 2007년부터 극우파들의 공개적인 유대인 탄압이 발생하고 있다. 2007년 8월 극우 정당인 '요빅(Jobbik)'은 사회적 반대에도 불구하고 '헝가리 호위대'라는 민족주의 성향의 결사체를 만들었다. 이들은 제2차 세계대전 당시 나치의 상징 문양인 애로우 크로스(Arrow Cross)까지 사용한다. 우크라이나에서는 독재자 히틀러를 모델로 한 인형이 판매되고 있다. 선진국인 캐나다에서도 증오 관련 범죄가 흑인과 아시아인을 대상으로 급속히 증가하고 있다. 사회 갈등이 심화되면서 외국인 혐오증, 인종차별주의, 나치즘과 같은 극단주의가 싹트고 있다. 동유럽과 같은 체제 전환국의 경우 정체성 위기는 점점 광범위하게 퍼져나갈 것으로 보인다. 세계 모든 정권의 안정성은 2차 대전 이후 가장 낮은 상황이다.

뭔가 돌파구가 필요하다. 공격 본능, 질주 본능의 신자유주의는 국가 간의 관계에서 긴장을 높이는 역할을 한다. 신자유주의의 공격적 성향은 정권의 안정 욕구와 자연스럽게 결합한다. 국내적으로 정권의 안정성이 낮은 국가일수록 외부에 '적'을 만들 경우 국가 내부 결속력은 향상되고 정권도 안정된다. 국가 간 갈등의 이면에는 긴장 고조를 바라는 정권 간의 적대적 공범 관계가 일부 있음을 부인할 수 없다. 신냉전 기류는 국내뿐 아니라 국제정치의 도구가 되었다.

중동풍(中東風)

아프가니스탄 주둔 미군은 2008년 8월부터 '탈레반 소탕'을
명분삼아 파키스탄 국경을 침범하는 공격을 부쩍 늘리면서 파키
스탄과 마찰을 벌이고 있습니다. 2008년 10월 26일에는 이라크
주둔 미군이 전격적으로 시리아 영토에 대한 군사작전을 감행했
습니다. 명분은 이라크로 잠입하는 알카에다 연계 무장 세력을 겨
냥한 것이라고 밝혔습니다.

그러나 미국은 시리아를 통해 이라크로 잠입하는 무장 저항 세
력 지원자 수가 최근 크게 줄었다고 인정한 상태입니다. 특히 북
한·이란과 함께 '악의 축'이라고 부른 민감한 적국인 시리아를
이라크전이 소강상태에 접어든 상태에서 공격한 것입니다. 중요한
점은 미국 대선을 겨우 일주일 앞둔 시점에서 왜 시리아 영토로
들어가 민간인을 공격했는지 여부입니다.

정치적 계산에 따른 것이란 의심도 만만찮습니다. 시리아의 정
치 분석가인 사미 무바에드는 "테러 위협을 끄집어내고, 확대하고,

지금 당장 대처할 필요가 있는 괴물로 투사하는 것은 누구보다도 매케인에 유리하다"고 지적했습니다. (한겨레신문 10월 29일자)

한국에서 북한과의 긴장을 고조시키려는 북풍(北風)은 전통적인 선거의 주제였습니다. 북한과의 갈등을 유발시켜 안정을 추구하는 국민들의 지지를 받기 위한 선거 전략의 일종이었습니다. 유사한 상황이 미국에서는 중동풍으로 나타나고 있습니다. 글로벌 위기로 국가 간 갈등은 불가피합니다. 그러나 궁지에 몰린 정권일수록 대외 갈등을 국내 정치로 이용하려는 유혹을 거부하기 어려울 것입니다. 글로벌 위기가 국제 질서마저 공황 상태에 빠뜨릴 가능성이 높아지고 있습니다.

갈등의 국제 공조

전쟁의 정치적 의미는 '내적 모순의 외적 표현'이다. 주변국과의 관계 악화는 정권을 안정시키는 기회(?)가 될 수 있다. 특히 갈등의 본질이 양극화로 압축되는 상황에서 기득권 계층과 정권은 체제 안정을 명분으로 제휴한다. 국가주의, 애국주의라는 것은 결국 국가의 정체성을 19세기 국민국가 형태로 후퇴시켰다. 정치권, 관료, 종교인, 교육계, 법조계 등 기득권 계층은 우민화 정책과 대외 갈등에 있어 보조를 맞춘다.

미국이라는 경찰국가의 상실로 국가 간 갈등 증가는 당연하다. 신자유주의 체제 때문에 국가 간의 관계가 이해관계 중심으로 전환되었다. 이런 상황에서 글로벌 위기가 닥쳤다. 글로벌 위기의 후폭풍은 사회 기반의 약화를 초래해서 빈부 갈등을 심화시킬 것이다. 그렇다면 정권의 입장에서는 보다 큰 위기가 될 수 있다. 미국의 대선 결과에서 확인되듯이 글로벌 위기 이후에 치러질 선거에서 집권 여당이 승리할 가능성은 거의 없어 보인다. 위기의 책임을 모두 현재 정권으로 돌리기 때문이다. 내적 모순이 커진다는 의미다.

위기의 각국 정권이 취할 수 있는 조치는 국제 관계를 자의 반 타의 반으로 혼란하게 만드는 것이다. 21세기 들어 민족주의 경향이 높아진 것은 이런 각국 정권들의 이해와 무관치 않아 보인다. 민족주의는 국가주의와 애국주의를 부양하는 가장 좋은 기제이다. 여기에 배제의 대상인 '인종주의'를 첨가하면 정권 안보는 탄탄해진다. 민족주의적 이슈는 국민들의 관심을 내부에서 외부로 향하게 한다.

논리의 비약이 될 수 있지만 미국 입장에서는 김정일 정권의 존재가 필요할 수도 있다. 공격적인 신보수주의적 외교정책의 근거로 '악의 축'이 필요하다. 빠르게 북한 정권이 몰락한다면 한국과 일본에 주둔한 미군의 재배치가 필요하고 동아시아 안보에 대한 전면적인 수정이 불가피하다. 일부의 우려대로 북한 정권 붕괴 시 중국이 북한을 접수한다면 미국의 추가 부담은 상상하기 어려울 정도로 많아질 수 있다.

많은 국가들의 정체성이 쇼비니즘(chauvinism)이라 불리는 배타적 민족주의 성향으로 변화하고 있다. 자발적으로 변하기도 하지만 정권이 의도적으로 변화시키기도 한다. 21세기 들어 일본의 적극적 우경화는 대표적 사례로 볼 수 있다. 향후 유사한 위기에 처한 각국 정권은 국가 간의 보이지 않는 갈등을 통해 어쩌면 자발적인 '갈등의 국제 공조'(?)나 전략적 제휴를 추진할지도 모른다. 2009년 이후 국제 질서는 지금보다 훨씬 악화될 전망이다. 때로는 영토 분쟁도 일어날 수 있다. 코소보 전쟁, 그루지야 전쟁과 같은 복잡한 인종 문제와 자원 쟁탈 전쟁이 빈번해질 수 있다. 애증이 교차하는 동아시아는 이런 관계의 표본이 될 가능성이 높다. 향후 한국 정부는 중국, 일본과의 민족주의적 갈등이 가장 풀기 어려운 난제가 될지 모른다. 신냉전 기류는 글로벌 위기 해결이 지연될수록 강화될 전망이다.

02

헤게모니 전쟁

냉전은 소련의 자체 붕괴로 눈 녹듯이 빠르게 종결되었다. 그러나 헤게모니의 공백 상태는 역사상 존재하지 않았다. 다만 과도기만 있었다. 미국의 약화는 또 다른 헤게모니 전쟁을 암시하고 있다. 이번 글로벌 위기는 미국과 유럽 선진국의 피해가 가장 크다. 반면 러시아는 일시적으로 자산 가격만 하락했을 뿐 여타 경제 구조는 상대적으로 안정적이다. 막대한 석유 수출 대금은 글로벌 위기와 관계없이 지속적으로 유입되고 있다. 러시아가 과거 소련의 향수를 갖게 할 수 있는 상황이다. 이쯤에서 러시아의 푸틴이 잃어버린 헤게모니를 찾으려는 유혹을 갖는 것은 충분히 예상 가능하다.

지금은 에너지 전쟁 중

2008년 8월 초반 러시아의 그루지야 침공은 절묘한 시기에 발생했다. 서브프라임에서 출발한 금융 위기가 세계로 확산되기 시작하는 미묘한 시점에 러시아는 전격적으로 그루지야를 공격했다. 친미 국가인 그루지야는 러시아 입장에서는 인접한 아제르바이잔과 함께 눈에 가시 같은 존재였다. 왜냐하면 양국은 러시아의 남하를 자동적으로 제어하는 중요한 지정학적 위치에 있기 때문이다. 또한 이 지역은 카스피 해 주변의 송유관과 가스관이 서유럽, 흑해, 지중해 등으로 보내지는 세계 에너지 물류의 전략적 요충지이기 때문이다. 마치 페르시아 만의 호르무즈 해협과 유사한 위치에 있다.

유럽은 현재 사용하는 유류의 25%, 천연가스의 거의 절반을 러시아를 통해 공급받고 있다. 실질적으로 러시아에 종속된 상황이다. 예를 들어 그루지야 전쟁이 벌어지자 제일 먼저 러시아로 달려가 평화적 해결을 촉구한 사람은 독일과 프랑스의 행정 수반이었다. 에너지의 지나친 러시아 의존도 심화는 유럽뿐 아니라 미국 입장에서도 불안하기는 마찬가지다. 유럽의 동맹국들이 에너지 문제로 러시아에 끌려 다닌다면 미국의 헤게모니는 유지될 수 없다.

러시아가 통제하는 유럽의 에너지 유통 경로를 21세기 들면서 미국과 유럽이 슬며시 도전하기 시작했다. 에너지 안보 문제와 이동 거리 등에서 카스피 해의 원유가 러시아를 경유하는 것보다 터키를 경유하는 것이 전략적으로나 경제적으로 이점이 많았다. 2006년엔 가즈프롬의 천연가스 가격 인상에 친미 국가인 우크라이나가 불응하자 가스 공급을 중단한 바 있다. 이에 반발한 우크라이나가 유럽으로 향하는 가스관을 차단하면서 유럽연합 국가들은 가스 수급에 차질을 빚었다. 미국과 유럽은 유사한 사태가 독일이나 프랑스에서 발생할 수 있다는 공포 때문에 새로운 에너지 이동로가 필요했다.

에너지 유통로를 잡아라!

영국과 미국의 자본은 아제르바이잔 → 그루지야 → 터키 → 지중해로 향하는 BTC 송유관을 이미 2006년 완성한 상태다. 하루에 100만 배럴의 원유를 카스피 해에서 지중해로 공급할 수 있게 되었다. 시간이 지날수록 러시아를 통과하는 낡은 송유관 의존도가 낮아질 것은 당연하다. 천연가스의 경우 터키 → 그리스 → 불가리아를 잇는 3,300km의 나부코 프로젝트를 추진 중에 있다. 발칸 반도를 통과하는 나부코 프로젝트가 완성되면 러시아의 유럽에 대한 에너지 통제권은 크게 훼손당한다. 결과적으로 에너지를 기반으로 한 러시아의 위상은 추락할 수밖에 없다. 이런 위기를 타개하기 위해 러시아는 유럽 남부까지 이르는 가스관 건설 프로젝트를 추진하면서 미국과 보이

■ 나부코 프로젝트와 사우스 스트림 프로젝트

자료: 한국일보

지 않은 마찰을 빚고 있다. 천연가스 판매 전쟁은 글로벌 위기 이전부터 벌어지고 있었다. 러시아의 헤게모니 원천인 에너지 수송로를 서방 국가에 빼앗길 수 없기 때문이다.

국제정치에서는 아주 작은 공백도 용납 않는다. 카자흐스탄 등 중앙아시아 국가뿐 아니라 동유럽의 불가리아나 헝가리, 루마니아와 발칸 지역 국가도 자국을 통과하는 거대한 프로젝트를 반기고 있다. 그러나 기본적인 외교 노선은 미국과 러시아 간의 등거리 정책이다. 만일 미국 등 서방 진영이 러시아의 에너지 통제권을 쟁취한다면 러시아는 군사력만 비대하게 큰 낡은 제국이 된다. 현재의 정권 유지도 어려워질 수 있다.

MD로 목줄 죄기

에너지 자원을 대상으로 한 갈등과는 별개로 군사 분야에서도 미국과 러시아는 평화시대인 21세기에 치열하게 경쟁해왔다. 다만 주목을 끌지 못했을 뿐이다. MD(Misile Defence) 체제는 상대방의 핵탄두 미사일을 요격하는 시스템이다. 발사 후 30분이면 적대 국가를 초토화하는 탄도미사일을 공중에서 요격하는 기술을 상용화한 국가는 미국이 유일하다. 패트리어트 요격 미사일(PAC-3)이나 고고도 요격 미사일인 SM-3를 개발하고, 탐지 통제 비행체인 조기경보기(AWACs)나 이지스함을 모두 구비한 후 실전 배치한 국가는 미국이 유일하다. 부분적으로 패트리어트 미사일이나 SM-3를 동맹국들에게 판매하기도 하지만, 미국만이 탐지에서 2차, 3차까지 다양한 요격 체계를 갖춘 국가이다. (MD 체제의 국제정치적 의미는 미국은 어떤 국가든지 공격할 수 있지만 어떤 국가도 미국을 공격할 수 없다는 것이다. 레이건 시절부터 추진되던 MD 체제가 거의 완성 단계에 도달하면서 국제정치 질서를 흔들고 있다.)

폴란드의 역사는 독일과 러시아에 시달려온 것이 전부다. 자유민주주의 국가로 전환한 폴란드는 과거 역사를 되풀이 하지 않기 위해 친미 국가로 전향했다. 폴란드는 동유럽 국가 중 비교적 일찍 1999년 나토(NATO)에 체코, 헝가리와 함께 가입했고 2004년에는 EU에도 가입했다. NATO 가입 후 독일 주둔 미군기지를 자국으로 옮기는 등 폴란드는 유럽 대륙에서 강력한 미국의 우방이 되었다. 자신들의 목소리를 내기 시작한 독일이나 프랑스를 대체하고 있다. 2008년 미국과 폴란드는 서유럽 방어라는 명분하에 폴란드에 MD 기지 설치를 합의한다.

반면 1989년 동독을 잃은 후부터 러시아는 줄곧 동유럽에서 미국에 밀려왔다. 그나마 풍부한 에너지 자원 때문에 위상을 유지할 수 있는 정도였다. 이런 상황에서 러시아는 폴란드와 미국 간의 요격미사일 배치 협상 철회와 에너지 통제권 강화를 위해 미국의 위기를 틈타 그루지야를 침공한 것이다. 그러나 러시아의 공세적 태도는 오히려 부메랑이 되었다. 그루지야 침공 후 불과 10일 만인 2008년 8월 20일 폴란드는 체코에 이어 MD 시설을 폴란드에 건설한다는 조약을 미국과 맺었다. '무법 국가'의 공격에 대비하는 요격미사일 배치 협상 철회를 목적으로 했던 러시아의 그루지야 침공이 2년여에 걸친 협상을 순식간에 종결시킨 것이다.

수세에 몰린 러시아는 10월 11~12일 이틀 연속 장거리 탄도미사일의 시험 발사에 성공했다. 러시아 관영 리아노보스티 통신은 12일 "두 미사일의 시험 발사는 미국이 추진 중인 미사일 방어체계(MD)에 러시아가 도전할 능력이 있음을 보여준 의미"가 있다고 분석했다. 더군다나 이번에 시험한 탄도미사일은 핵

전쟁 최후의 전략무기로 일컬어지는 잠수함 발사 탄도미사일
(SLBM)이다. 러시아의 군사력도 만만치 않음을 바로 보여주고
있는 것이다. 목표가 태평양 적도 인근이라는 점도 미국은 거
슬린다. 태평양 적도 인근에는 다수의 미국 군사기지가 있다.
실질적으로 태평양은 미국의 내해(內海)가 아닌가?

냉전은 끝나지 않았다!

21세기 들어 러시아가 기력을 차리면서 보이지 않는 냉전 구도
가 형성되어 있다. 또한 이들의 헤게모니 전쟁은 글로벌 위기
에도 불구하고 지속되고 있다. 2008년 9월 리먼브러더스의 도
산으로 지구촌이 시끄러운 상황에서 러시아는 미국 본토 전역
의 폭격이 가능한 T-160 전략폭격기를 베네수엘라에 파견했다.
일부에서는 판매한 것으로 보는 견해도 있다. 쿠바에는 강력한
레이더 기지 복원을 추진하고 있다. 이란에는 지대공 미사일
판매 계약을 추진 중이다. 반미 국가만 골라서 미국이 가장 어
려운 시기에 미국을 공격할 수 있는 무기를 공급하고 있다.

미국도 마찬가지다. 미국은 2008년 9월에는 대만에 F-16 전투
기 판매를 거부했지만, 불과 1개월 후 무려 65억 달러의 무기
판매를 결정했다. 부도 위기에 처한 미국의 최후 대부자로 여
겨지는 중국의 적대국에 엄청난 무기를 판매한다는 것이 상식
적으로 가능한 일인가? 중국은 우주선 발사에서 확인되듯이 호

시탐탐 헤게모니 경쟁에 참여하고 싶어한다. 중국도 FN-3000N으로 명명된 최신 MD 체계 3기종을 개발해서 2008년 11월 초 국제사회에 공개했다.

조만간 미국뿐 아니라 러시아나 중국의 MD도 실험실을 벗어나 실전 배치될 것으로 예상된다. 적대국의 핵미사일을 방어하는 체계를 3대 군사 강국이 확보한다면 영국, 프랑스, 독일, 일본도 비자발적으로 MD 체계 구축에 자금을 투자해야 한다. 이렇게 되면 주변국들도 동참할 수밖에 없다. 한국의 입장에서는 최악의 시나리오다.

미국의 약화는 일본으로 하여금 자체 안보 역량 강화를 요구하고 있다. 인도는 핵확산금지조약(NPT)에 가입하지 않은 상태에서 미국의 지원 하에 공공연히 핵무기를 개발하고 있는 실정이다. 미국과 러시아 등 강대국들은 글로벌 위기 해결보다는 헤게모니의 유지가 더 중요하다고 판단하는 것은 아닐까? 이들이 국제 공조를 전제로 글로벌 위기를 극복할 수 있을지 의문이다.

외줄 위에서 중심 잡기

IMF에 구제금융을 신청한 아이슬란드는 10월 8일 러시아에 40억 유로를 지원해달라는 SOS를 보냈다. 아이슬란드가 러시아에 구제금융을 요청한 사실은 경제계보다 국제정치학계에 충격으로 받아들여졌다. 러시아에 대한 지원 요청에 앞서 아이슬란드는 유럽에 긴급 자금 지원을 요청했다. 그러나 영국과 예금 보호 문제로 갈등을 빚고 있었고, 유럽의 다른 국가들도 여유가 없었다. 미국 상황은 더 안 좋은 상태였다. 과정과 현상을 떠나 유럽 금융 허브의 한 축을 이루던 아이슬란드의 변신이 의미하는 것은 위기 상황에서 미국과 유럽은 우방이 아니었다는 점이다. 결국 영국의 지원으로 마무리되었지만 지정학적으로 대서양 북단의 중심에 있는 아이슬란드가 러시아의 지원을 받았다면 향후 유사한 상황에 처한 이머징 국가들은 등거리 외교로 전환할 가능성이 높아 보인다.

아프가니스탄 전쟁을 통해 중동에서 미국의 중요한 우방으로 등장한 파키스탄은 글로벌 위기가 확산되면서 IMF의 구제금융을 받았다. 2008년 10월 중반 파키스탄의 외환보유고는 80억 달러 수준이나 외채는 450억 달러나 되었다. 원자재, 유가의 상승으로 07/08 회계연도 경상수지 적자는 무려 140억 달러에 이르렀다. 당연히 파키스탄은 국가 부도 상태에 직면했다. 미국은 비군사적 지원을 위해 150억 달러의 자금을 지원키로 했고, 우방국인 사우디는 석유 수입 대금의 지급을 유예할 것이라고 발표했다. 그럼에도 불구하고 파키스탄의 아시프 알리 신임 대통령은 중국을 방문해서 자금을 포함한 다양한 지원 계획을 얻어냈다. 친미파인 무샤라프 대통령의 퇴임 이후 친미 국가인 파키스탄도 등거리 외교로 전환하고 있다.

군비 증강의 아이러니

반면 파키스탄과 달리 지정학적 중요성이 낮은 국가들은 자국의 정체성을 노출하기 시작했다. 헝가리는 이미 러시아 쪽으로 기울었다. 일시적인 러시아의 금융 불안이 해소되었을 때 최악의 경제 상황에 있는 리투아니아 등 발트 해 3국이나 동유럽 국가들은 친미형인 폴란드나 친러시아형인 헝가리 모델 중 하나를 자발적으로 선택할 가능성을 배제할 수 없다. 물론 과거의 양극체제로 갈 수는 없다. 소련보다 러시아는 너무 허약하기 때문이다. 그러나 미국의 헤게모니 약화와 러시아의 조심스런 부상은 글로벌 위기 이후 국제 질서를 더욱 불안정하게 만들 것이다.

유사한 상황이 아시아에서는 중국과 미국 간에 벌어질 가능성이 높다. 미중 양국의 중간자적 입장을 선호하는 한국이 어떻게 균형을 잡을 수 있을지 한국의 대외 정책은 또 다른 리스크 요인이 될 전망이다. 여기에 북한이라는 변수도 있다. 신냉전과 헤게모니 전쟁의 분위기 속에서 각국은 군사력을 강화하고 공공연히 국가주의를 고양하고 있다. 올해 10월 1일 한국은 국군의 날 행사를 성대하게 치렀다. 글로벌 위기가 고조되던 10

월 7일에는 국제관함식이 열리면서 한국의 모든 군함을 대외적으로 선보였다. 언론들은 각종 첨단 무기의 선전장이 되었다. 일본은 헌법 9조 평화 조항 폐기를 추진하면서 자위대를 군대로 만들기 위해 노력 중이다. 이라크 전쟁에서 일본은 전투 병력에 버금가는 실질적인 군사 지원을 수행했다. 지정학적 리스크에 노출된 많은 국가들은 자체 군사력 강화에 열중하고 있다. 글로벌 위기를 해결할 자금도 부족한데 군사력 증강이 필요해지고 있다.

세계화는 지구 전체를 촘촘하게 연결시켜놓았다. 따라서 안보 문제 역시 세계는 연결되어 있다. 한 지역에서 분쟁이 발생하면 지구 전체로 확산될 가능성이 높다. 글로벌 위기에 따른 미국의 약화로 잠재된 헤게모니 전쟁이 재연될 가능성이 높아지고 있다. 헤게모니가 불확실하기 때문에 모든 국가는 군사력을 강화할 수밖에 없다. 한국도 마찬가지다.

1929년 대공황의 해결은 제2차 세계대전이었다. 1차 대전 이후 확실한 헤게모니 국가가 없는 상황에서 대공황이라는 미증유의 위기를 맞았다. 경제 위기는 국가 간의 관계를 최근과 유사하게 적대적 관계로 변화시켰다. 장기 호황 이후의 잉여생산력은 경기 침체 시 과잉 설비로 남는다. 결국 제2차 세계대전은 '파괴'를 통한—유럽과 일본의 과잉 생산력을 제거하기 위한—

경기 부양책으로 볼 수 있다. 신냉전 기류는 이런 측면에서 위험하다. 글로벌 위기 이후 경기 침체가 심해지고 이것이 공급 과잉의 디플레이션으로 연결된다면 '파괴'의 유혹을 거부하기 어려울 수도 있다. 이번 글로벌 위기 해결이 어려운 이유 중 하나로 신냉전 분위기를 추가해야 한다.

미국인가 중국인가?

03

10월 13일자 한국경제신문은 흥미로운 설문조사 결과를 발표했다. '향후 경제 발전에 도움이 되거나 파트너가 될 국가는 어디인가?'가 질문 내용이다. 결과는 미국이 37.8%, 중국이 30.8%, 러시아 7.5%, 유럽 6.1% 그리고 일본이 4.9%였다. 계층별로 보면 30~40대는 중국이 43.5%인데 반해, 미국은 38.6%였다. 더욱 특이한 점은 월 소득 400~500만원 계층과 500만원 이상의 고소득층은 38.5%와 45.4%로 중국을 동반자로 꼽았다(성인 남녀 1천명을 대상).

이번 조사 결과는 기존의 일반적 인식과 다소 차이가 난다. 2~3년 전만 하더라도 압도적으로 중국을 선택한 비중이 높았을 것이다. 미국 시대 종말에 대한 세계 석학들의 경고는 하루가 멀다 하고 새 책으로 쏟아져나왔다. 반면 중국은 떠오르는 거인으로 신세기의 리더로 추앙 받았다. 한국전쟁을 경험한 고령층의 미국 선호는 이미 과거부터 지속되었다. 그러나 중년층의 미국 선호가 글로벌 위기 과정에서 강화된 점에 주목해야 한다. 미국은 부활했는가?

언론은 미국 시대의 종말을 얘기한다. 친미 성향의 언론도 자극적 용어로 미국이나 신자유주의를 비판하고 있다. 반면 원화 약세와 글로벌 위기가 동시에 나타나면서 미국에 대한 시각은 오히려 우호적으로 개선되고 있다. 향후 패권의 향방은 한국의 미래를 결정할 정도로 중요한 사안이다. 정말 미국의 시대는 끝났는가? 글로벌 위기로 중국의 시대는 이미 시작된 것인가? 이 문제는 21세기 세계사적 문제인 동시에 한국의 문제다.

미국은 몰락하는가?

미국과 중국에 대한 선호가 팽팽하다. 글로벌 위기 이후 세계의 헤게모니는 누가 가질 것인가? 군사력을 제외한 경제적 관점에서 러시아는 여전히 취약하다. 인구도 1억 명을 간신히 넘는 국가다. 반면 중국은 세계의 성장동력, 엔진 등으로 평가 받으며 외환보유고는 2008년 말쯤 되면 2조 달러를 넘길 전망이다. 현재 양국은 긴밀한 무역관계에도 불구하고 사사건건 충돌하고 있다. 표면적으로 경제 문제 등 세세한 사안에 대한 충돌로 보이지만 이면에서는 패권 전쟁이 시작된 모습이다.

미국 슈퍼 파워의 본질

미국의 암울한 미래를 정리하려면 반대로 미국 헤게모니의 본질을 파악하면 된다. 그동안 미국은 세계를 미국이 만든 그물망에 가둬놓았었다. 미국의 힘을 정리하면 크게 세 가지로 요약할 수 있다. 먼저 정치적 측면에서 미국은 강력한 리더십을 확보하고 있다. 세계를 대상으로 감시할 수 있고 분쟁을 해결할 수 있는 막강한 군사력이 있다. 여기에 민주주의를 확산시켜온 대의명분을 갖추고 있다. 미국인들은 이런 미국에 대한 자긍심으로 연방정부의 정책에 지지를 보낸다. 때로는 정경 유착도 마다하지 않을 정도다.

두 번째로는 미국의 경제력이다. 많은 모순에 쌓인 경제이지만 미국의 경제력은 여전히 강력하다. 과학기술력은 모든 분야에서 가장 앞서 있다. 글로벌 위기로 상처를 받았지만 미국의 금융기관들은 세계 경제의 혈맥을 쥐고 있다. 전 세계 대부분의 원자재는 미국이 지배하고 있다. 또한 세계화와 신자유주의 체제를 세계에 정착시키면서 세계를 미국의 의지대로 이끌고 있다.

세 번째 미국의 힘은 소프트 파워(soft-power)이다. 미국 문화는 인류 전체의 의식 속에 잠재하면서 무의식적으로 미국에 의해 조종받도록 하고 있다. 개발도상국의 엘리트는 대부분 미국에서 교육 받았다. 교육뿐 아니라 음악·미술·건축 등 예술 분야, 스포츠 등에서 미국과 견줄 국가는 없다. 이런 미국의 힘은 지금까지 미국 헤게모니에 정당성을 부여했다.

약화되는 미국

미국의 헤게모니를 필자는 독점 시스템으로 규정한다. 누구도 가질 수 없고 오직 미국만 가질 수 있는 독점적 슈퍼 파워를 시스템으로 엮어놓았다는 의미다. 그러나 미국 파워는 글로벌 위기 이전부터 이미 쇠락의 길로 향하고 있었다. 영국, 일본과의 3각 동맹을 통해 세계를 유지해야 할 정도로 21세기 들어 미국의 헤게모니 유지 능력은 약화되었다. 베네수엘라, 이란, 북한 등의 국가는 공공연히 미국을 비난한다. 이라크 전쟁은 끝이 보이지 않으면서 유럽 동맹국들로부터 지지도가 떨어지고 있다.

부채 경제 구조 때문에 글로벌 위기 탈출도 어렵다. 누적된 경상수지 적자뿐 아니라 연방정부 적자는 1973년부터 누적 적자가 무려 4조 5,000억 달러에 이른다. 특히 1973년부터 재정수지가 흑자였던 경우는 1998~2001년까지 단 4년에 불과하다. 2008 회계연도(2007년 10월~2008년 9월)의 재정 적자는 4,550

억 달러로 집계되었다. 문제는 글로벌 위기로 금융기관에 엄청난 자금을 지원하면서 2009 회계연도에는 적자 규모가 무려 1조 달러에 달할 수 있다는 점이다. 가늠하기 어려운 재정을 시장에 쏟아 붓고 있는 상황이 향후 3~4년 지속될 가능성을 감안하면 미국의 재정 적자는 예측조차 어렵다.

이라크와 아프가니스탄 전쟁에 매달 160억 달러를 쓰자 노벨상 수상자인 스티글리츠 교수는 보수적으로 평가해도 이라크 전쟁은 3조 달러짜리 전쟁이라고 하며 전쟁 비용이 제2차 세계대전 비용을 추월할 수 있다고 밝혔다. 또한 미국 의회 상하 양원 합동보고서에 따르면 2008년까지 이라크와 아프간 전쟁의 경제적 비용이 1조 6,000억 달러에 달하는 것으로 추산하면서 2003년부터 2017년까지 경제적 부담은 3조 5,000억 달러로 예상했다. 노벨 평화상을 공동 수상했던 단체인 '사회적 책임을 위한 의사들의 모임(Physicians for Social Responsibility)'이 이라크 참전 미군들의 의료비용을 추산한 보고서에 따르면 미국은 이라크 전비와는 별도로 의료비용으로만 6,500억 달러를 지출해야 할 것으로 추산됐다.

지방정부도 부실하기는 마찬가지다. 지방정부의 부채 증가로 2008년 10월 말 현재 지방정부 채권은 국채 대비 1.23%나 높은 금리를 주고 채권을 발행하고 있다. 구제금융 법안의 하원

통과를 앞두고 아널드 슈워제네거 캘리포니아 주지사는 거의 터미네이터 식으로 구제금융 법안 통과를 호소하기도 했다. 아 이러니한 점은 미국의 재정 적자를 잠재적 경쟁자인 중국이 미 국 채권을 사들여 균형을 맞춰주고 있다는 점이다.

미국의 재정 적자 문제에 대해서는 이미 자체 해결 능력이 사 라지고 있다. 글로벌 위기 과정에서 "안심하라"는 부시 대통령 의 특별 연설이 나올 때마다 오히려 투자 심리는 악화되었다. 미국인 스스로 미국에 대한 신뢰를 철회하는 모습이다.

■ 미국의 재정 적자 추이

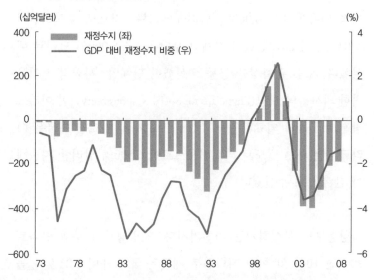

자료 : Thomson Reuters Datastream

228

미국의 약화는 자연스럽게 동맹국들의 이반을 가져온다. 제2차 세계대전 중 미국을 공격했던 일본은 이제 미국을 지키는 방패막이로 역할이 변경되었다. 경제적으로는 중국과 함께 미국 국채의 최대 고객이다. 군사적으로도 많은 방위비 분담으로 미국을 도와주고 있다. 2008년 7월을 기점으로 2차 대전 이후 처음으로 일본의 대 중국 수출 금액이 미국을 추월했다. 향후 일본이 독자 생존하는 강대국으로 성장할 경우 미국과 중국 사이에서 균형자 역할을 하게 된다면 미국의 입지는 급속히 약화될 수 있다. 미국 지도부에서는 일본이 미국을 배신(?)한 후 중국과 제휴하는 상황을 최악의 시나리오로 판단하고 있다. 과거 소련과는 달리 중국은 일본과 지리적으로 아주 가깝다. 미국의 헤게모니가 중국으로 전환될 경우 구체적 신호는 일본의 태도에 달려 있다.

동맹의 배신 가능성

전통적인 동맹국인 영국은 경제적으로 미국을 지원할 수 없는 처지이다. 이라크 전쟁에서도 자금 지원보다는 유전 확보를 위해 실질적으로 이익이 큰 전투병력을 직접 파견했다. 독일, 프랑스 등 유럽의 동맹국들은 이라크 전쟁의 노골적인 반대에서 보여주듯이 더 이상 약화된 미국에 끌려다니지 않는다. 실질적으로 미국이 통제 가능한 동맹은 이제 일본뿐이다. 호주는 너무 작다.

강대국 중 미국이 일방주의를 행사할 수 있는 국가는 일본이 유일하지만 글로벌 위기로 미국의 힘이 더욱 약화된다면 일본의 행보는 어떻게 변할까? 친미주의자인 일본의 우익 정권들은 신보수주의마저 미국에서 배워왔지만 국내 정치적 기반은 점점 축소되고 있다. 21세기 들어 전부 친미파이면서 귀족 출신인 일본 수상이 너무 자주 바뀐다!

미국은 정치적 동맹을 유지하면서 동시에 경제적 동맹도 강화해야 한다. 홍콩, 중동 등은 달러화와 교환비율이 고정된(PEG) 국가들이다. 대표적인 친미 국가인 사우디는 2008년 상반기에 물가가 10.6%나 올랐다. 원자재 가격 상승률이 높았기 때문이다. 그러나 보다 중요한 이유는 자국 화폐를 미국 달러에 고정시켰기 때문이다. 미국의 달러 가치가 하락하면서 사우디의 화폐 가치도 자동적으로 하락했다. 화폐 가치가 하락하니 수입물가가 오른다. 정도의 차이는 있지만 홍콩도 마찬가지다. 금융기관이 파산하고 물가 상승 압력이 선진국 중 가장 높은 편에 속한다. 이들 국가가 글로벌 위기와 물가 상승 압력으로 달러 페그제를 포기할 가능성이 높아지고 있다. 2007년 하반기에 일부 투기자본은 홍콩의 달러 페그제 폐지를 겨냥해서 홍콩으로 대규모 자금(Hot money)을 이동시키기도 했었다. 비극적 희극이다.

『강대국의 흥망』이란 책으로 유명한 예일대의 폴 케네디(Paul M. Kennedy) 교수는 2008년 10월 12일 달러화의 가치 하락은 장차 미국의 몰락을 예고한다고 지적하면서 "세계 외환 보유고 중에서 달러 비중이 줄어들고 다른 통화에 점점 관심을 기울이게 되면 미국이라는 대제국은 몰락으로 이어지는 더 큰 균열이 생길 것"이라고 예견했다. 미국 국채를 대규모로 보유한 중국, 일본, 러시아, 대만, 브라질, 사우디 등 중동의 몇몇 나라가 미국 국채를 일부 처분할 경우 달러와 미국 경제가 크게 흔들릴 수 있다.

미국은 21세기 들어 분명히 약화되고 있다. 정치나 경제뿐 아니라 소프트 파워와 같은 문화적 측면에서도 약화되고 있다. 이매뉴얼 월러스틴과 같은 사회학자는 2025년까지 미국의 약화로 세계는 이행의 시대에 진입한다는 이론을 내놓고 있다. 놈 촘스키(Noam Chomsky), 하워드 진(Howard Zinn) 등 미국의 지성들은 입체적으로 미국을 공격하고 있다. 심지어 미국 이후 시대의 역사가 없다고 단언했던 프랜시스 후쿠야마와 같은 신보수주의자도 전향(?)했다. 조지 소로스 같은 미국식 금융 시스템의 수혜자도 미국의 몰락을 예고하고 있다. 여기에 글로벌 위기라는 미증유의 충격은 미국이 진원지이다. 그렇다면 이제는 중국인가?

중국, 제2의 미국인가 제2의 아르헨티나인가?

21세기 들어 세계사는 중국에 대한 격찬으로 가득하다. '세계의 창조적 엔진' '세계의 성장 동력'과 같이 중국은 진취적이고 발전 가능성이 무한한 용(龍)의 이미지로 세계에 각인되었다. 아프리카 등 몇몇 국가를 제외할 경우 단 하루도 중국 제품을 사용하지 않는 국가가 없다. 지난 30년간 중국은 세계 역사상 가장 놀랄 만한 성장을 보여왔다. 19세기 말~20세기 중반의 미국보다 훨씬 빠르다.

중국 성장의 후견인은 미국

중국의 고성장은 사실 미국이 깔아놓은 신자유주의적 세계화가 바탕이 되었다. 물론 1990년대에도 중국 경제는 성장률이 높았다. 그렇지만 중국은 2002년부터 본격적으로 세계사의 주역으로 혜성처럼 등장했다. 이는 9·11 테러 이후 미국 등 선진국의 저금리 정책, 세계화, 신자유주의 체제로의 전환에 따른 자유무역을 중국이 절묘하게 이용한 결과다. 막대한 무역 흑자와 해외에서 물밀듯이 들어오는 낮은 금리의 자금은 중국을 개조하는 동시에 세계에 값싼 물건을 수출해서 세계 경제 성장에 기여했다.

■ 중국의 투자증가율

(%)	1998	1999	2000	2001	2002	2003	2004	2005	2006	2007
경제 성장률	7.8	7.6	8.4	8.3	9.1	10.0	10.1	10.4	11.6	11.9
투자 증가율	13.9	5.1	10.3	13.1	16.9	27.7	26.8	26.0	23.9	24.8

자료: CEIC

미국은 글로벌 금융기관을 통해 중국에 자금을 공급해주는 대신에 중국은 저가의 공산품을 미국에 수출한다. 이 결과 미국은 물가 안정으로 낮은 금리와 고성장을 지속할 수 있었다. 또한 중국은 막대한 외환보유고로 미국 채권을 사주면서 보이지 않는 전략적 동반자 관계를 유지해왔다. 미국의 입장에서도 미국인들의 과소비 욕구를 충족시키면서 쌍둥이 적자 문제를 중국을 통해 해결할 수 있었기 때문에 중국과의 제휴는 불가피했다. 미국과 중국은 상호의존적 관계가 된 것이다. 미국이 없었다면 중국 경제는 아직도 후진성을 면치 못하고 있었을 것이다.

중국의 개방, 세계화의 확산, 신자유주의 체제의 정착이라는 세계사적 현상과 미국의 취약성이 동시에 결합한 것이다. 그리고 그 성과가 중국으로 집중된 것이 중국의 성장 스토리이다. 그러나 중국은 내부 정비 없이 투자와 성장에만 주력했다. 사회의 기본 골격이 취약하다. 현재의 선진국과 달리 중국이 받아들인 자본주의는 참혹한 원초적 자본주의, 신자유주의였다.

다만 경쟁과 투쟁의 대상이 해외시장이라는 점에서 19세기 자본주의와의 차이점이었다. 글로벌 위기로 성장과 팽창의 시대가 저물면서 중국은 새로운 위기에 직면하고 있다.

구조적 재편기에 진입한 중국

앞뒤 가리지 않고 오직 성장만으로 빈곤층을 줄이려는 시도는 전형적인 이머징 국가의 성장 전략이다. 국내 자원을 집약해서 해외로 수출하고 여기서 유입된 자본으로 다시 공장과 사회 인프라를 확충하는 성장 모델은 일본, 한국 등 신흥공업국 대부분이 시행한 정책이다. 다만 중국은 홍콩, 대만뿐 아니라 화교 자본의 도움까지 받았다는 점에서 여타 국가보다 성장 속도를 높일 수 있었다. 브릭스(BRICs)란 용어를 창조했던 골드만삭스의 로버트 호마츠(Robert Hormats)는 "역사상 어느 나라도 이렇게 짧은 기간에 이렇게 많은 사람들의 식생활과 수명, 교육과 건강을 향상시키지 못했다. 이것은 우리 시대의 빛나는 사회적, 경제적 성공 신화이다"라고 극찬했다.

그러나 중국의 산업화는 이제 중대한 고비를 맞고 있다. 가장 큰 문제점은 중국의 성장 동력인 '투자'에 있어 지역별로 중복 과잉 투자가 나타나고 있다는 점이다. 그동안 물건만 만들면 수출할 수 있었지만, 빠른 성장 속도 때문에 중복 과잉 투자를 제어할 수 없었다. 선진국 진입은 경제 성장만으로는 불가능하다. 사회의 모든 분야가 균형 성장해야만 가능하다. 농업, 공업, 금융서비스업이 고르게 성장해야 한다. 산업의 발전 수준이 어느 정도 유사해서 상호 발전을 공유할 때 성장을 지속할 수 있다. 그러나 중국은 오직 수출의 대상인 제조업에만 전념했다. 자금은 국책은행을 통해 기업의 건전성 여부와 관계없이 무한정 지원되었다. 어차피 제조업체도 국영기업이니까. 2007년 현재 중국의 국영기업은 매출액 기준으로 전체 GDP의 약 65%를 생산하고 있다.

제조업뿐 아니라 국영기업인 금융기관도 무차별적인 자금 대출로 부실의 늪에 빠져 있다. 홍콩의 영자신문인 「사우스차이나 모닝포스트」지는 2008년 8월 초 중국의 담보대출 부실은 미국보다 심하며, 대출 심사도 생략한 채 주택담보대출이 성행 중이라고 경고했다. 중국 전문가인 버클리 대학의 오닐 쉘(Ornille Schell)은 2003년 "중국의 금융시장은 내부인이 조작하는 사기 복권과 다름없다"고 비판했다. 2006년 이후 개선되는 추세지만 중국 금융기관의 부실 채권은 2008년 9월 말 현재 1조 2,654억 위안이다. 그러나 숫자의 신뢰성이 낮음에 유의해야 한다.

차이나 리스크의 경로
원자재 수입 비중이 높은 중국은 국내 투자 과열로 글로벌 위기 이전부터 물가상승률이 높았다. 복잡하고 비효율적인 물류 인프라 때문에 중국의 유통구조는 취약하다. 수출물가도 상승세를 지속하고 있다. 2005년까지 중국의 미국에 대한 수출물가는 거의 변화가 없었다. 낮은 인건비와 위안화 절상 때문에 버틸 만했다. 그러나 2008년 3분기 현재 전년 동기 대비 10%대로 중국의 수출 물가는 크게 상승하고 있다. 세계의 공장, 디플레이션 수출국이었던 중국이 인플레이션 수출국으로 역할이 변경되었다. 당분간 위안화는 평가절상보다는 현 수준에서의 안정이 예상됨에 따라 물가 상승 부담은 여전하다. 권위주의 정부가 가장 두려워하는 것은 물가 상승이다. 물가 상승은 정권과 국민 간의 관계를 적대적으로 변화시키면서 하층민을 결집시킨다. 또한 최근 멜라민 파동에서 보여주듯이 국내외 상거래의 신뢰는 거의 제로(0)에 가깝다.

현재 중국은 소비 증가율, 물가상승률, 그리고 임금 상승률이 동반 상승 중이다. 기본적으로 인플레이션 구조다. 아직까지는 물가상승률보다 소득 증가율이 높다. 판매가격보다 인건비가 빠르게 상승하면 기업의 이익은 줄어든다. 기업 이익이 감소하면 결국 임금 상승률이 낮아지고 소비도 감소한다. 글로벌 위기로 향후 중국 기업은 매출과 이익 감소가 불가피하다. 2008년 3분기 중국 상장기업 1,600개의 이익은 전년 동기 대비 9.6% 감소했고, 상반기 대비로는 무려 19.5%나 줄어들었다.

물가상승률이 높은 상태에서 인건비가 지속적으로 상승하기는 어렵다. 물가는 오르는데 소득 증가가 물가상승률을 따라가지 못하는 상황이 기다리고 있다. 만일 이런 상황이 장기화되면 가계 저축과 소비를 줄일 수밖에 없다. 양극화 심화로 중산층 증가 속도가 둔화되고 있는 상황에서 소비와 소득이 동시에 줄어든다면 중국 경제의 침체는 불가피하다.

물가가 상승해도 노동생산성이 더 빠르게 향상되면 기업 이익과 가계소득은 유지될 수 있다. 중국의 노동생산성 증가율은 여전히 견조하다. 여타 선진국과 유사하게 인력 대신에 기계장치 사용을 늘리고 있는 것으로 추정된다. 이제 중국은 베트남과 같이 단순 인건비로 무장한 국가와 저임금으로만 경쟁할 수 없다. 최근 중국 정부는 신발, 의류, 장난감 등과 같은 단순 가공품의 수출을 억제하면서 고부가가치 상품 수출을 늘리려고 노력 중이다. 1차 산업화 종료 후 산업구조의 전환기에 불행하게도 글로벌 위기를 맞고 있다.

시름이 깊어지는 농촌

중국의 농촌 개혁은 30년 전부터 시작되었지만 소득 증가율과 곡물 생산량 증가는 미미한 수준이다. 중국에서 모든 토지는 정부 소유다. 농민들은 30년간의 장기 임대(lease)를 할 수 있을 뿐이다. 임대나 비공식적인 소유권 이전이 종종 행해지고 있지만 기본적으로 정부의 승인 없이 토지 매매는 금지되어 있다.

고질적으로 중국의 농촌 경제는 성장이 정체되어 있다. 중국 정부는 2020년까지 농민 1인당 소득을 두 배로 늘리는 방책으로 농민들의 토지 매매를 사실상 허용하는 조치를 마련하고 있다. 농가 규모를 대형화해서 생산성을 높이려는 시도이다. 중국 농민은 평균 0.6헥터의 농지를 경작한다. 반면 헝가리와 폴란드는 6헥터, 미국은 173헥터를 경작한다. 중국 농촌의 저성장이 구조화되면서 이제는 농촌 문제가 아니라 사회 불안 요인으로 전이되고 있는 단계에 도달하고 있다.

■ 심각해지고 있는 중국의 도시와 농촌의 소득 격차

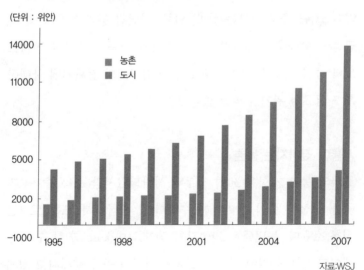

자료:WSJ

중국 공산당은 3.3배에 이르는 도시·농촌 간 소득 격차를 줄이기 위해 농민들의 집단농장(集濃) 소유권과 하청권은 그대로 유지하되, 농민의 토지 경영권(경작권)을 다른 농민 등에게 양도하는 것을 허용할 예정이다. 이렇게 되면 농민은 정부의 영농 보조금을 받으면서 경작권 임대 수입도 올리고, 도시에서 노동을 할 수 있어 소득이 크게 늘게 된다. 그러나 이런 혜택은 농민 중 일부에만 해당될 것으로 예상된다. 이른바 '지주 없는 자본주의'에서 '지주 있는 자본주의'로 변화하고 있다.

실업자가 몰려 있는 농촌에서 대규모 농지에 기계화 영농을 추진할 경우 단기적으로 농촌의 소득은 증가한다. 그러나 장기적으로는 중국의 사회구조를 뒤흔드는 요인이 될 수 있다. 현재 중국은 인류 역사상 가장 큰 규모로 지방에서 도시로 인구가 이동하고 있다. 특별한 직업이나 기술 없이 대도시로 이주하는 농민이 증가하면서 베이징이나 상하이는 전체 인구의 30~40%가 속칭 '유동인구'이다. 이런 상황에서 실질적인 농지 매매 허용으로 기계화 영농이 시작된다면 도시 이주민은 더욱 늘어날 수 있다. 중국의 도시는 유동 인구 증가로 폭발(?)할지 모른다.

자본주의적 시장경제
농촌에 대한 구조적인 변화와 함께 지방정부는 글로벌 위기에 따른 부동산 가격 하락으로 고민이 커지고 있다. 중국 부동산에 투자하던 해외 자금이 미국으로 환류하면서 매물이 크게 늘었다. 가격이 급등한 후 공급 과잉이 나타나는 시점에서 외국인 투자자의 매물이 증가하고 있다. 당연히 중국의 부동산 가격은 폭락을 면치 못하고 있다. 상하이 지역의 경우 불과 한 달 사이에 20%나 하락했다. 부동산 경기 부양을 위해 항저우 시는 투자 목적의 부동산 매매 제한 철폐, 주택 매수 시 호구(Hukou) 등록 허용, 세금 지원 및 한시적인 세금 환입 허용 및 대출 한도 확대를 추진하고 있다.

부동산 경기 부양을 위해 농민의 도시 이주를 막는 마지막 방패인 호구제도마저 폐지했다. 상하이 지방정부도 주택 매매 활성화를 위해 모기지 가계 대출 한도 상한선을 20% 증액했다 (가구당 50만 위안에서 60만 위안, 한화 9천만원 정도). 급기야 청두시는 중국에서 첫 번째로 토지경작권 거래소가 문을 열었다. 이런 식의 조치가 전국적으로 확대될 경우 중국은 통제 불능의 상황에 직면할지 모른다. 농촌 내부에서 빈부 격차가 확대되면서 일자리를 찾아 농촌 실업자의 대도시 이주가 더 크게 증가할 전망이다. 농민의 대도시 유입이 급증하면서 도시의 실업률은 상승하고 사회 갈등이 급속히 증가할 수 있다.

글로벌 위기 이후 중국이 추진하고 있는 농촌 경제 부양책은 신자유주의적 고성장기에 적합한 정책이다. 도시와 농촌 경제가 동시에 어려워지고 있는 상황에서 빈부 격차를 확대시키고, 실업자의 양산을 예고하는 정책들은 경기 부양보다는 오히려 사회 갈등과 경기 침체를 유발할 것으로 판단된다. 사회주의적 시장경제라는 중국의 발전 전략 중 '사회주의적'인 것이 이제 '자본주의적'인 것으로 변화하고 있다.

자본주의적 시장 경제가 바로 신자유주의다. 그러나 신자유주의적인 중국으로의 전환 속도가 너무 빠르다. 더군다나 글로벌 위기라는 외부 충격에 의해 촉진되고 있다는 점은 중국 사회 전반의 체제 안정성을 약화시키고 있다. 글로벌 위기는 세계 전체에 근본적인 사회 시스템의 변화를 요구하고 있다. 그러나 중국의 수습책은 단기 처방에 그치면서 아직도 중국이 무한정 성장할 수 있다는 가정에서 진행되고 있다. 이런 중국의 대응은 글로벌 위기가 심해질수록 착각으로 변화할 전망이다.

실업률 상승의 딜레마

중국의 실업률에 대해서 중국 전문가인 백승욱은 『세계화의 경계에 선 중국』에서 "농촌 출신 노동자들의 파도 현상(民工潮)이 발생해서 적게는 4,000만 명에서 많게는 1억 4,000만 명 이상으로 추계되는 유동 인구군은 호구를 변경할 수 없기 때문에 도시 지역의 2등 시민인 '불법취업자'로서 거대한 노동력 저수지를 형성하여 저임금 노동력 공급처가 되어 있다"고 주장한다. 중국 농촌 경제의 문제는 좁은 경작지와 이에 비해 농민 비중이 너무 높다는 점이다. 농민이 무려 9억 명이나 된다.

2002년의 최저 생활 대상자를 보면, 면직자 13%, 실업자 15%, 졸업 후 미취업자 23%로, 광범위한 의미의 실업자가 51%를 차지하면서 중국 정부의 고뇌는 커지고 있다. 따라서 중국에게 가장 필요한 것은 도시로 이주해오는 농민들을 위한 일자리 마련이다. 그러나 농민들이 이주해서 직업을 얻어야 할 동부 연해 지역은 이미 포화 상태다. 연간 10% 이상 성장하는 중국에서조차 일자리 창출은 제한적이다. 이들이 직업을 찾아 이주해온 동부 지역은 글로벌 위기와 자체 경쟁 격화로 일자리가 줄어드는 시점에 도달했다. 2004년부터 중국 지도부는 이 문제에 대해 고민해왔지만 아직 해법을 못 찾고 있다. 역사는 냉정하다.

본격화될 노동운동

지금까지 중국의 노동운동은 후진적 상황에 머물러 있었다. 반 외자 정서가 강해지고 있는 상황에서 총공회(노동조합연맹)는 외자기업을 타깃으로 노조 설립을 빠르게 추진해왔다. 이미 2007년 말 현재 80% 정도의 외자기업이 노동조합을 설립한 것으로 추정되고 있다. 21세기 들어 중국 노동쟁의의 특징 중 하나는 국유기업의 구조조정 과정에서 노동쟁의가 대폭 증가하고 있는 점이다. 중재기구에 접수된 노동쟁의 안건은 1997년 7만 1,524건에서 2005년에는 31만 3,773건으로 대폭 증가했다. 파견 근로자 수가 2,500만 명에 이르며 노동쟁의가 급증하고 있지만 중국은 좌파적 노동법을 시행하기 시작했다.

■ 중국 노동조합 조직 추이

연도	노동조합 기층조직 수(만개)	노조원 수(만명)
1998	50.4	8,913
1999	50.9	8,689
2000	85.9	10,361
2001	153.8	12,152
2002	171.3	13,397
2003	90.6*	12,340
2004	102	13,694
2005	117.4	15,029

*2003년부터 노동조합 기층조직 수 통계 집계 방식이 조정되었음.
자료 『中國統計年鑑』

2008년부터 시행되는 중국의 노동법은 장기적으로 노동운동 문제가 심각해질 것을 암시하고 있다. 주요 내용은 노동 계약을 체결하고, 해고 시 노조에 통보해야 하며, 퇴직금 제도를 신설했다. 기업 부담이 큰 5대 보험(양로, 실업, 의료, 공상, 출산) 의무화와 최저임금 준수 등이 주요 내용이다. 글로벌 위기로 중국 기업의 마진이 줄고 있는 상황에서 중국의 노사 문제는 현실과 정반대로 가고 있다.

이데올로기의 부재와 사회의 불안정성

중국 내 사회 불평등은 크게 세 축에 따라 발생하고 있다. 첫째, 도시와 농촌 간의 격차 확대, 둘째, 지역 간 불균형의 확대, 셋째, 도시 부유층·기업관리자 층과 일반 노동자 간의 격차 확대인데, 세 가지 불균형은 중국 사회 불안의 본질이다. 아직까지 중국의 구조적 문제를 크게 우려하지 않아도 된다고 주장하는 측이 주류다. 중국의 불평등 수준은 다른 국가와 비교할 때 감내해낼 만한 상황으로 이들은 판단한다. 태자당(太子黨)과 이들의 자식인 손자당(孫子黨) 같은 기득권 계층은 조직화되지 않았다. 특권층인 이들은 러시아의 올리가흐르와 실로비키가 결합된 체제로 볼 수 있는데 정권에 대한 충성도가 매우 높다. 신자유주의적 발전모델로 볼 때도 빈부 격차 확대는 파이를 키우는 과정에서 불가피하다. 특히 중국인들의 성장 욕구와 경쟁 국가가 없다는 점, 중국 지도부가 여전히 강력하다는 것도 중국 사회 안정의 근거로 내세운다.

중국은 다민족 국가다. 국가 자체가 하나의 세계를 이룰 만큼 거대하다. 규모의 거대함 때문에 상대적으로 지방정부의 권한이 강하다. 따라서 중국은 선진국 진입이라는 목표와 정권 안보를 위해서 지방의 안정이 절대적으로 필요하다. 유일한 방법은 투자를 늘리는 것이다. 끊임없이 투자해서 일자리를 만들어야만 사회가 안정된다. 인구가 13억 명이나 되는 중국의 투자 증가율이 2002년부터 2007년까지 연평균 24.4%나 증가하고 있는 것은 성장 욕구와 사회구조의 불안정을 가리려는 불가피한 선택이었다.

글로벌 위기로 중국의 투자는 어려움에 처해 있다. 그 동안의 투자로 과잉 생산 우려가 있는 상태에서 또다시 투자를 늘려 정권과 사회 안정을 꾀하고 수출을 늘리려고 시도하고 있다. 그러나 글로벌 위기로 투자할 재원이 부족하다. 높은 물가 수준 때문에 투자를 늘리기가 여의치 않다. 주요 수출시장은 전부 경기 침체에 돌입했다. 지방정부들은 자기 지역만의 이기주의로 투자를 지속하려고 시도한다. 그런데도 중국 정부는 2년간 GDP의 14%나 되는 엄청난 자금을 풀어 글로벌 위기에서 탈출하고자 한다.

중국 왕조 교체는 생활고에 시달린 농민 반란과 같이 하층민의 기득권 세력에 대한 저항이 원인이 되었다. 가까이는 1차 오일 쇼크 기간과 문화혁명도 시기적으로 일치한다. 중국 지도부는 정치철학적 소양이 매우 깊다. 성장보다 물가 안정으로 민심을 수습하는 것이 더욱 중요하다고 판단하고 있을 것이다. 그러나 가속 페달을 밟은 중국은 제어가 어려워지고 있다. 기본적으로 자본주의는 정부가 통제하기 어려운 체제이다. 휴대폰과 인터넷에 익숙해진 세대들의 민주화 욕구를 어떻게 하나? 다양한 사회 문제와 지방을 제대로 통제할 수 있는가? 만일 통제하지 못한다면 글로벌 위기 과정에서 중국은 20세기 중반의 아르헨티나와 그리 다르지 않아 보인다.

군사문제 전문가인 그윈 다이어(Gwynne Dyer)는 중국에서 이념은 완전히 사망했지만 권력구조는 바뀌지 않았다면서 '사람들이 믿고 따르는 기초 이데올로기가 없는 상태에서 사회주의적이며 자본주의적인 사회'로 규정한다. 민주적이며 때로는 권위주의적이고 민족주의적이다. 빠른 산업화 과정에서 사회주의 이념 공백을 메울 시간이 없었다. 정치, 경제, 사회, 문화 등 사회의 모든 분야에서 단편적이고 이기적 주체들의 짧은 의사결정이 누적되면서 모순을 축적하고 있다고 주장한다. 신자유주의의 이론가로 변절한 기 소르망(Guy Sorman)조차 중국의 미래를 암울하게 보고 있다. 글로벌 위기는 중국의 아노미(anomie)적 상황을 악화시키는 역할을 할 것으로 예상된다.

04

혼돈 속의 현상 유지

내적 모순이 심화된 미국이나 중국 모두 당분간 세계적 차원에서 헤게모니를 완벽하게 확보하지는 못할 전망이다. 그렇지만 다극화(多極化) 시대는 학자들의 책상에서나 존재할 것으로 보인다. 글로벌 위기는 미국이나 중국보다 기타 국가들을 더 어렵게 만들었지만 신냉전 분위기는 고조되고 있다. 글로벌 위기로 1990년대 이후의 미국과 같은 압도적인 헤게모니 국가의 출현은 상당 기간 기대하기 어려워 보인다. 냉전적 분위기는 고조되지만 압도적인 헤게모니 국가의 부재로 국제질서의 미래는 그 어느 때보다 예측하기 어렵게 되었다. 다만 미국의 패권은 과거와 비교해 그 파워가 낮아지겠지만 그렇다고 패권을 완전히 상실할 정도는 아닐 것으로 예상된다.

문제는 경제력에 있다. 일반적으로 미국과 중국의 경제력 역전은 2030년 이후로 예상하고 있었다. 골드만삭스는 중국이 경제 패권을 얻는 시점을 기존의 2040년에서 최근에는 2027년으로 수정했다(경상 GDP 기준). 그러나 물가를 감안한 구매력 기준으로 보면 2015년이면 중국과 미국은 대등한 경제력을 갖출 것으로 예상된다. 글로벌 위기로 일시적인 휴전 상태인 양국은 중국의 경제력이 미국에 육박하는 2015년에 임박할수록 새로운 차원에서 헤게모니 경쟁에 돌입할 수 있다. 등소평이 말한 도광양회(미국에 대항하지 말고 단지 기다리라)의 시기를 벗어날 때가 예상보다 빨리 도래할 수 있다.

■ 미국과 중국의 세계 경제 비중

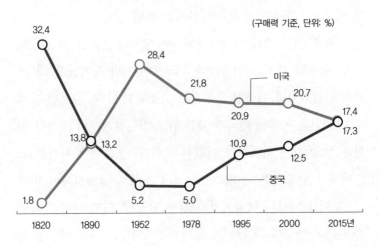

(구매력 기준, 단위: %)

자료: 앵거스 매디슨, 『세계경제 천년사』

248

패권 전환의 과도기

역사학자인 닐 퍼거슨(Ferguson, Niall)은 중국과 미국의 전략적 동반자 관계를 상징하는 '차이메리카(Chimerica=China+America)' 시대가 끝나고 '팍스 시니카(Pax Sinica, 중국 지배로 세계 평화가 유지되는 상황)' 시대가 도래할 것이라고 주장했다. 글로벌 위기로 미국이 소비를 담당하고 중국이 저축을 담당하던 세계 경제의 기본축이 붕괴된 것을 주된 이유로 제시한다.

그러나 글로벌 위기 과정에서의 헤게모니 쟁탈전은 어수선한 무정부 상태가 유지될 것이라고 가정하는 것이 합리적이라고 판단된다. 국가 간의 갈등을 국제기구나 헤게모니 국가가 적극적으로 중재하지 못하는 상황이 유지될 수 있다. 글로벌 위기로 안보나 패권에 신경 쓸 상황이 아니기 때문이다. 그러나 글로벌 위기가 수습 국면에 진입하는 순간 패권국인 미국이나 중국, 러시아, 유럽이 자신들의 헤게모니 약화를 스스로 인지하는 상황이 도래할 것이다. 바로 이 상황에서 헤게모니를 둘러싼 암중모색이 나타날 수 있다.

새로 정권을 잡은 미국의 민주당 정부가 전통적인 고립주의 정책을 쓸 경우 헤게모니 쟁탈전은 가속될 수 있다. 각국이 글로벌 위기 탈출에 치중하면서 실물경제 침체를 방어하기 위해 보호무역주의를 강화할 가능성이 높다. 그렇다고 전쟁을 치를 명분이나 지금도 없다. 미국의 눈치를 보겠지만 국제 질서의 중심이 희미해질 수 있다. 이런 상황은 글로벌 위기가 완전히 해소될 때까지 지속될 전망이다. 왜냐하면 글로벌 위기 대응 과정에서 각국은 통화 교환 등과 같이 국제 공조 체제로 위기를 극복할 수밖에 없기 때문이다. 특히 선진국 간의 공조 체제 와해는 세계 전체를 파멸로 몰고 가는 핵폭탄과 효과가 비슷하기 때문에 당분간 공조체제는 유지되어야 한다. 현상 유지(status quo) 정책에 대한 각국의 묵시적인 제휴를 예상해볼 수 있다. 따라서 향후 1~2년 정도 세계 질서는 질서 정립 이전의 혼돈기가 될 전망이다.

혼돈기 이후 나타날 상황은 무질서에 대한 반발로 몇몇 국가끼리 동맹을 추구할 가능성이 높아 보인다. 지역 내 동맹을 강화하면서 중국, 러시아, 인도 등 지역 맹주들이 적극적 의미의 세계적 패권보다는 일정 부분 자신들의 권리를 주장하면서 주변 국가를 유사 동맹 형태로 묶어둘 가능성이 높다. 준패권국의 유사 동맹 추진 강도는 미국과 중국이 글로벌 위기로 입은 내상에 따라 결정될 것으로 보인다.

인디펜던스 데이
영화를 통해 현재의 상황을 이해해보자! 영화 「인디펜던스 데이」는 외계인의 침략을 지구 전체가 합동으로 물리치면서 국제 공조로 외계인으로부터의 독립을 선언하는 것이 주 내용이다. 압도적인 과학 기술력을 가진 떠돌이 외계인들의 공격에 핵무기를 포함한 어떠한 방어 수단도 효과가 없었다. 여기서 주인공은 외계인 메인 서버에 바이러스를 심어 컴퓨터 시스템 전체를 무력화시킨다. 이 결과 재래식 무기만으로도 외계인을 물리칠 수 있었다. 미국의 부채 바이러스는 이미 전 세계에 퍼져 있다. 바이러스 백신은 세계화와 신자유주의로 없애버렸다. 글로벌 위기는 이 바이러스가 활동을 시작한 것과 유사한 결과를 가져왔다. 부채 바이러스는 모든 컴퓨터를 다운시켰다. 가장 시급한 문제는 중앙처리장치(CPU) 복원이다. CPU가 복원되어야 연결된 다른 컴퓨터(국가)를 복원시킬 수 있다. 미국은 유사 바이러스 감염 경험이 많다. 대공황, 1·2차 오일쇼크, 주택대부조합(S&L) 사건, IT 버블 등 다양한 바이러스 퇴치 경험이 있다. 그러나 중국 등 다른 나라는 처음 겪는 일이다. 컴퓨터가 다운되면서 아무것도 할 수 없다. A/S를 부탁할 곳이 없다.

21세기 들어 미국 경제의 약화는 명약관화해 보였다. 미국 헤게모니의 본질이 약화되면서 미국의 침몰은 누구나 예상할 수 있었다. 필자도 미국과 중국의 패권 전환 시기가 가까워지고 있는 것으로 예상했었다. 왜냐하면 2015년경이 되면 물가를 고려한 GDP(구매력평가 기준)에서 중국과 미국이 유사해진다. 미국의 사회보장 시스템의 적립금이 최고 수준에 도달한 후 감

소세로 전환되는 시점이며, 누적 경상수지 적자는 미국의 GDP
와 비슷할 것으로 판단했기 때문이다.

그러나 글로벌 위기는 모든 것을 한순간에 되돌려놓았다. 부채
바이러스 때문에 유럽과 유로화는 미국과 유사한 타격을 받았
다. 중국은 사회적 불안과 경기 침체가 동시에 나타날 전망이
다. 헤게모니에 대한 도전 자체가 어려운 상황이다. 현 시점에
서 필자는 헤게모니의 전환 시점을 과거 예측보다 연기하고자
한다. 글로벌 위기의 처리 상황을 보면서 향후 수정할 예정이
다. 그러나 미국이 얻은 시간은 그리 길지 않을 수 있다. 중국
과 같이 경제 수준이 낮은 국가일수록 위기에서의 회복 속도가
빠르기 때문이다.

1차 산업화를 끝내는 시점에서 마주친 글로벌 위기 해결을 위
해서 중국은 경제 문제뿐 아니라 사회적 불안정 해소에도 더
많은 노력을 기울여야 한다. 경제 문제는 세계적 문제이기 때
문에 중국도 유사한 해결 수순을 밟을 가능성이 높다. 글로벌
위기로 헤게모니 전환 문제는 미국의 약화 속도에서 중국 사회
구조의 안정성 확보로 본질이 변화되고 있다.

헤게모니 전환의 3대 변수
글로벌 위기는 모든 상황을 가변적으로 변화시켰다. 국가별 대

응이나 손실 정도에 따라 대외 위상의 변화가 발생할 수 있다. 그러나 기본 골격은 현재와 유사할 것이다. 다만 글로벌 위기가 변화시킨 상황에 대한 인식과 대응은 다양하게 나타날 수 있다. 헤게모니 전환 문제를 예상함에 있어 경제 문제 이외에 다음과 같은 세 가지 요인이 중요한 동인(動因)이 될 것으로 판단된다.

① 중국 + 러시아 = 소련?

헤게모니 대결의 가장 중요한 포인트는 중국과 러시아의 결탁 여부다. 양국이 실질적인 동맹으로 맺어진다면 과거의 소련보다 훨씬 강력한 위협 요인이 된다. 중국은 러시아와 중앙아시아의 풍부한 자원이 필요하다. 상하이협력기구(SCO)는 중국 · 러시아 · 우즈베키스탄 · 카자흐스탄 · 키르기스스탄 · 타지키스탄 등 6개국이 2001년 설립한 정부 간 기구다. 상하이협력기구는 러시아와 중국의 화해와 협력의 상징이지만 장차 러시아, 중앙아시아, 중국을 잇는 반미동맹으로 전환될 가능성을 염두에 둬야 한다. 만일 SCO가 제한적인 정치적 동맹에서 에너지와 경제를 매개체로 한 결속력 높은 동맹으로 발전한다면 미국에는 엄청난 위협이 될 수 있다.

글로벌 위기 과정에서 양국은 관계를 강화하고 있다. 냉전시대 양국이 갈등을 빚게 된 직접적 원인이었던 우수리 강변 헤이샤즈다오 섬의 절반을 최근 중국에 반환했다. 양국은 정기적으로 총리회담을 시작했고, 중국이 가장 원하는 송유관 건설 등 에너지 관련 협력을 높이고 있다.

　현실적으로 SCO가 NATO 수준으로 발전하기에는 너무 빠른 시점이다. 중국과 러시아는 여전히 중앙아시아 등 세계 여러 지역에서 보이지 않는 신경전을 벌이고 있다. 미국 역시 중앙아시아에는 많은 공을 들이고 있다. 그러나 중국과 러시아의 결탁 여부는 가능성을 항상 열어놓고 있어야 한다. 양국이 적정한 선에서 타협하면서 중앙아시아를 분할하고 중동에 영향력을 행사할 경우 또 다른 차원의 냉전적 상황으로 전개될 수 있다.

② 일본에 대한 의심
　일본은 미국에 있어 아시아의 영국이었다. 일본은 '비밀번호 없는 현금인출기'라는 조롱을 마다하지 않고 미국을 도왔다. 특히 고이즈미 정권 이후 미일 양국의 결속력은 더욱 강화되었다. 일본의 우경화는 미국의 신보수주의와 신자유주의를 일본화시키는 과정에서 강화되었다. 장기간 집권 중인 일본의 우파는 미국 다음 서열을 차지하는 것을 목표로 하고 있다. 미국지하 만국지상(美國之下 萬國之上)이 일본의 목표다. 동아시아 전문가인 개번 매코맥(Gavan McCormack)은 『종속국가 일본』에서, "유럽에서 영국이 독자적으로 전략 핵무기를 운용하듯이 일본은 핵무기를 보유하고 싶어한다. 핵무기를 보유하는 순간 일본은 아시아를 극복할 수 있다. 1930년의 대동아공영권에 대한 미련이 일본 신우파의 염원이다"라고 일본의 핵무기 보유 열망에 대해 우려를 표시했다. 미국의 핵우산을 떨치고 스스로 우산을 장만하려 한다.

미국이 약화되면 일본은 자기 주장을 할 수 있다. 물론 미국도 일본이 군사대국으로 향하는 것을 간절히 바란다. 미국 홀로 태평양을 방어할 수 없기 때문이다. 또한 다양한 지역 분쟁에 일본의 군사력과 자금 지원이 필요하기 때문이다. 글로벌 위기 해결 과정에서 일본의 정체성 변화 여부는 향후 헤게모니의 방향성에 매우 중요한 역할을 할 것으로 보인다. 필자의 판단으로는 일본이 국제정치적 입지를 강화해서 미국의 약화된 헤게모니를 보강하는 체제가 미국 입장에서는 가장 현실적인 헤게모니 유지 방법일 가능성이 높다. 만일 그렇다면 한국은 다각도로 일본의 변화와 글로벌 위기의 진행 과정을 살펴야 한다.

③ 중동의 선택

글로벌 위기는 중동에도 영향을 준다. 부패한 중동 왕조는 미국 군사력의 보호막 속에서 안주해왔다. 최근에는 유가 상승으로 국가 재정과 생활수준이 크게 향상되었다. 그러나 글로벌 위기로 유가 하락이 예상됨에 따라 중동의 정치 기상도는 예측이 어려워질 수 있다. 러시아도 유가가 하락하면 정권의 안정성이 낮아진다. 여기에 고착화된 빈부 격차 문제를 이제는 인터넷, 휴대폰, 알 자지라 방송을 통해 하층민들이 인지하고 있다.

중동의 왕조 입장에서는 정권이 불안정해지면 정권 보호를 명분으로 러시아와 제휴하여 의도적으로 유가를 올릴 수 있다. 유가가 급락하면서 논의되는 OPEC의 감산 주장은 러시아의 이해와 일치한다. 중동 국가는 한창 기세를 올리고 있는 개발 열기를 글로벌 위기에 따른 유가 하락으로 멈출 수 없다. 이런 상황에서 만일 달러 가치가 하락한다면 약화된 미국을 버리고 달러화 페그제를 포기할 수도 있다. 그리고 새로운 보호자로 러시아를 선택한다면…….

글로벌 위기는 세계의 헤게모니를 전환시킬 동력을 함축하고 있다. 신냉전 분위기가 상시화되면서 국가 간 갈등이 크게 늘어날 수 있다. 그러나 글로벌 위기에도 불구하고 이런 불안정성을 극복하기는 어려울 것으로 보인다. 유럽이 EU라는 정치·경제 공동체를 만든 것은 수백 년에 걸친 유럽 대륙 내 전쟁에 대한 반성 때문이다. 유럽은 상대국을 존중하고 인정하는 방법을 체득했다. 그러나 헤게모니를 꿈꾸는 현재의 국가들은 역사를 공유하지 못했다. 여전히 국제관계를 쟁취의 대상으로 보고 있다. 글로벌 위기를 통해 국제 질서를 다시 세워야 한다고 판단하지는 못할 것 같다. 따라서 글로벌 위기는 자본주의의 위기이며 동시에 세계질서의 위기다.

일본의 헤게모니 욕구

글로벌 위기 과정에서도 헤게모니 전쟁은 지속되고 있습니다. 북핵 폐기 대가로 6자회담 당사국들이 북한에 제공키로 했던 중유 100만 톤 상당의 에너지 가운데 일본이 납치 문제 미해결을 이유로 보류하고 있는 20만 톤 상당의 에너지(약 170억엔)를 호주 등이 대신하기로 하는 방안이 전해졌습니다(2008년 10월 22일). 일각에서는 호주 이외에 유럽연합(EU) 카드도 거론되었습니다.

일본 정부는 그동안 에너지 지원 문제를 납치 문제 해결을 위한 압박 카드로 삼아왔습니다. 그러나 미국을 비롯한 6자회담 참여국들이 일본을 배제하려 하면서 입장이 난처해졌습니다. 취약한 일본 집권당의 민족주의적 무리수가 일본의 국제정치적 위상 약화를 가져온 것입니다.

일본은 글로벌 위기를 계기로 국제경제 무대에서 역할을 강화하는 방안을 적극 모색 중입니다. 일본은 1조 달러에 달하는 보유 외환 등 모두 2조 달러 가량의 '실탄'을 통해 금융 위기 국가들을 지원하려 하지만 미국이 일본의 적극적 대응에 오히려 거부감을 보이고 있습니다. 일본에 미국의 헤게모니를 일정 부분 양도할 생각이 전혀 없기 때문입니다.

10여 년 전부터 미국은 아시아통화동맹(AMF)에 부정적 입장을 보여왔습니다. 유로화를 용납한 것이 이라크 전쟁을 유발했다고 판단하는 미국이 AMF를 허용할지 여부가 관심거리입니다. 만일 AMF가 용인된다면 이는 달러로 유지되던 세계 경제 헤게모니 변화의 신호탄으로 그 의미가 격상되어야 할 것입니다. 여타 지역에서도 동일한 시도가 나타날 수 있습니다. 향후 금융 위기가 발생하고 미국이 배제된 상황에서 그 위기가 해결된다면 어떤 결과가 나타날까요?

6장

생존의 6가지 조건

어떤 경우든 경기는 자동으로 회복됐다. 회복은 자동적으로 이뤄져야만 건실할 수 있었다. 인위적 자극으로 회복될 경우, 불경기의 과제 일부가 해결되지 않는 채 남게 되므로 완벽하게 이해되지 않은 불균형의 찌꺼기에 또 다른 불균형을 안겨주는 것과 같다.

불경기는 산업과 기업 간 모순 속에 내재한 것으로 체제의 일면이라 할 수 있다. 즉, 불경기는 정상적인 비즈니스 과정에서 일어나는 것이다.

_ 슘페터(Joseph A. Schumpeter)

● **역사상** 최초로 발생한 인류 공동의 글로벌 위기는 근본적인 사회 시스템의 변화를 요구한다. 다양한 구제책으로 글로벌 위기를 극복한다 해도 근본적 문제에 대한 수정과 보완이 없다면 문제를 일시적으로 지연시키는 정도에 그칠 수 있다. 앞으로 위기의 진행 방향을 예상하기는 매우 어렵다. 잠재된 불안 요인이 산재한 상태에서 각국 정부는 가장 강력한 대응책으로 위기에 정면 대응 중이나 구제안이 근본적인 해결 방안인지 꼼꼼히 살펴야 한다.

글로벌 위기의 해결 과정에서 꼭 지켜야 할 원칙이 있다. 세계 체제 재편을 촉진하고 글로벌 위기를 극복하기 위해서는 한방적 처방과 양방적 처방을 병행해야 한다. 2부 6장의 생존의 6가지 조건은 장기적으로 세계를 변화시키기 위해서, 그리고 글로벌 위기를 해결하는 과정에서 세계 각국이 가져야 할 자세와 장기 비전에 대한 한방적 처방과 관련된 부분이다. 글로벌 위기에 대한 인식과 해결 과정에서의 꼭 갖춰야 할 자세와 태도 등이다.

일견 필자가 제시하는 생존의 조건은 한가해 보일지 모른다. 그러나 세계 재편 과정에서 가장 중요한 점은 미래의 변화를 예상한 후 정당한 근거와 합리적 원칙으로 해결 수순을 밟아나가야 한다는 점이다. 당장의 위기 때문에 해결의 원칙을 무시한다면 글로벌 위기는 글로벌 대공황으로 확산될 수 있다.

위기에 대한 명확한 인식

글로벌 위기에 대한 인식이 중요하다. 아직까지 세계 전반적으로 위기감은 미약한 편이다. 각국 정부의 다양한 구제책으로 그저 시간이 지나면 해결되지 않을까 하는 막연한 기대가 형성되어 있다. 특히 어느 국가에서나 사회의 엘리트 그룹은 여전히 주기적인 금융 위기 정도로 판단하는 모습이다. 오히려 이번 위기로 큰돈을 벌어볼까 생각하는 일부 사람들도 있다. 따라서 문제 해결의 첫 번째 수순은 글로벌 위기에 대한 정확한 인식이다.

신용파생상품이 전 지구를 흔든 지금의 글로벌 위기는 불과 10년 전의 닷컴 버블이나 17세기 네덜란드의 튤립 투기와 같이 역사상 존재했던 수많은 거품의 붕괴와는 근본적으로 다르다. 지난 40년간 지속된 주글러 주기(Jugler Cycle)라는 10년 주기 경기 사이클의 반복으로 보는 경우도 있다. 그러나 이번 글로벌 위기는 과거 버블 붕괴와 크게 다르다. 주기적으로 찾아오는 불황도 아니다.

대상은 인류 전체, 범위로는 지구 전체, 영향을 주는 분야는 인류의 삶 모든 분야라고 표현하면 과장이 심할까? 그러나 실제로 그렇다. 진보를 거듭하던 인류가 또 한 번의 불연속적인 퇴보를 거친 후 새로운 발전으로 나아가는 전환기로 필자는 파악한다. 세계은행 총재인 로버트 졸릭(Robert B. Zoellick)은 대선전이 한창인 맥케인과 오바마 후보에게 대통령 혼자서 이 문제를 해결할 수 없으니 두 대선 후보가 위기 해결을 위해 강력하게 협조할 것을 주장했다. 또한 국제통화기금(IMF)과 세계은행(IBRD)의 개혁도 필요하다고 역설했다. 자신의 실패를 인정하고 자신이 속한 조직까지 개혁할 것을 주장하는 지도자가 나타날 정도로 글로벌 위기는 심각하다.

디스토피아의 진입 경로

현재 발생하는 퇴보는 극단적인 경기 침체와 세계의 시스템 붕괴를 수반할 것으로 예상된다. 지구 전체가 수술대 위에 오르는 셈이다. 글로벌 위기가 만든 경기 침체의 구체적 증거는 공포에 따른 극단적인 현금 선호 심리로 자금시장에 나타난 동맥경화 현상이다. 금융권의 동맥경화로 자금시장과 소비가 동시에 얼어붙었다. 이런 상황은 경제 시스템 전체의 신뢰를 낮춘다. 경제의 기본은 신용이다. 그러나 믿지 못하면 상거래는 이루어질 수 없다. 이런 현상은 국가 간의 거래와 관계에서도 나타나고 있다.

자금시장의 동맥경화와 동시에 나타나고 있는 것은 자산 가격 하락에 따른 역 자산효과다. 부동산, 주식, 채권 등 모든 자산 가격이 급락했다. 주식의 경우, 세계 전체의 시가총액은 2007년 11월 이후 1년 만에 30.3조 달러가 줄어들었다. 여기에 부동산, 원자재 가격 하락까지 감안한다면 실제 자산 감소 규모는 추정조차 어렵다. 세계 전체의 GDP는 55조 달러 정도다. 아마 그 이상 자산가치가 하락했을 가능성이 높다. 이런 상황에서 누가 돈을 쓸까? 기업들도 이익보다는 생존 자체만이 중요하다. 투자를 늘릴 수도 없다.

자금시장의 동맥경화와 자산 디플레이션을 전제로 최악을 가정해서 미래를 상상해보자! 우선 금융시장의 신뢰가 낮아진 상태에서 자산 가격 하락으로 소비가 줄게 되면 경제는 악순환 고리의 첫 번째 단계에 진입한다. 카드채, 자동차 할부 등 신용거래가 위축되면서 부채가 빠르게 증가한다. 기업과 개인의 부채가 급증하면서 상업은행의 안정성마저 의심받게 될 수도 있다. 이쯤 되면 기업은 적자에 시달리게 된다. 적자에 시달리는 기업은 신자유주의적 불황 타개책인 인력 구조조정, 즉 종업원 해고를 늘릴 수밖에 없다. 실업자 증가로 인해 추가적으로 소비가 감소할 때 불황의 악순환은 상시화 된다. 해결의 주체인 정부는 과도한 공적자금의 투입으로 재정 적자가 크게 늘어나면서 국채 발행을 남발한다.

절규하는 '멋진 신세계'

사회 시스템도 붕괴될 수 있다. 금융기관뿐 아니라 정부, 중앙은행, 기업들은 글로벌 위기로 2007년까지와는 전혀 다른 상황에 노출되어 있다. 어떻게 새로운 시스템을 구축할지 아무도 모른다. 국제 질서도 마찬가지다. UN은 글로벌 위기 속에서 왜소하기만 하다. 각국이 우선은 금융시장 복구를 위해 국제 공조에 참여하고 있지만, 금융시장이 어느 정도 안정될 경우, 다시 민족주의적 국민국가로 회귀할 가능성이 높다. 보다 큰 문제는 글로벌 위기 이후 디플레이션이 나타날 가능성이 높아지고 있다는 사실이다. 이머징 국가가 유발한 공급 과잉 상태에서 극단적인 수요 침체와 높은 실업률이 대기하고 있다.

언론에서는 연일 빈곤이 유발한 폭력, 착취, 그리고 불평등이 유발한 혼란이 보도될 것이다. 사회의 전반적 모습은 폭력과 기만이 판치는 헉슬리의 『멋진 신세계』나 오웰의 『1984년』, 화가 뭉크의 「절규」와 같은 사회 분위기, 즉 디스토피아(dystopia)가 현실화 될 수 있다.

글로벌 위기를 제대로 해결하기 위해서는 정치, 경제, 사회, 문화 등 모든 분야로 위기의 범위를 확대해서 판단해야 한다. 따라서 사회 구조의 새로운 전환이 필요하다는 점에 대해 세계 전체가 공감해야 한다. 국가와 세계의 지도자 모두 글로벌 위기에 내재된 위험성에 동의해야 한다. 개인들도 자신이 글로벌 위기에 완전히 노출되었다고 인식해야 한다. 한마디로 글로벌 위기에서 예외는 없다는 인식만이 본격적 해결을 위한 기초가 된다.

금융 위기는 속성상 빨리 치유할수록 피해가 적어진다. 과감한 조치로 조기에 해결해야 한다. 그러나 시간뿐만 아니라 범위도 중요하다. 개혁이 필요한 분야는 세계 전체의 모든 구조다. 글로벌 위기에 대한 정확한 인식을 바탕으로 새로운 발전으로 나아가는 패러다임 시프트(paradigm shift)를 추구해야 한다. 물론 패러다임 전환의 대상은 이데올로기, 세계 경제 구조, 국제 질서를 포함한 모든 분야다.

02

신뢰의 복원

프랑스의 정치경제학자인 알베르 브레상(Albert Bressand)은 유로화의 존재 이유를 화폐적 척도에서만 찾으면 안 된다면서 "유로는 우리가 서로를 신뢰하기 때문에 존재하는 것이다"라고 주장한다. 역사시대 이후 모든 위기는 인류가 만든 것이다. 따라서 위기의 해결도 인류만이 할 수 있다. 글로벌 위기가 유발한 첫 번째 위험은 가장 확실한 자산만을 선호하는 현상이다. 금융시장을 포함해서 모든 것을 믿지 못하는 상황, 즉 신뢰의 기반이 상실되었다.

금융시장의 신뢰의 위기는 실물경제로도 빠르게 전이된다. 글로벌 위기는 개인 간, 개인과 기업 간, 그리고 기업 간의 계약

이행에 대한 신뢰를 약화시킨다. 불확실성이 커지면서 불신 풍조는 자체 증폭하게 된다. 정상적인 상거래가 축소되면서 경기는 더욱 침체될 수밖에 없다. 따라서 위기에 대한 정확한 인식 이후 해결을 위한 전제 조건은 신뢰 복원이다. 신뢰의 복원은 국가 간의 신뢰 회복을 바탕으로 한 국제 공조 체제의 확립, 두 번째로는 위기 해결 과정에서의 리더십에 대한 신뢰, 금융 시스템에 대한 신뢰, 그리고 대리인(Agency)에 대한 신뢰로 구분해서 판단해야 한다.

신뢰의 기반은 국제 공조

국가 간의 신뢰는 본질적으로 유지하기 어렵다. 그러나 세계화된 환경에서 위기에 동시 노출될 경우 국가 간의 신뢰는 적극적 해결 수단이며 세계 질서의 기반이 된다. 글로벌 위기 때문에 우선 급한 불을 끄기 위해 어느 정도 공조 체제가 유지되고 있다. 신뢰를 기반으로 글로벌 위기 이후를 준비해야 한다. 그러나 글로벌 위기가 어느 정도 안정된다면 국가 간의 신뢰는 다시 약해질 수 있다.

세계화와 국제 공조

글로벌 위기 과정에서 국제 공조보다는 불협화음이 먼저 나타났다. 세계화된 사회에서 특정 국가가 자국의 이해 때문에 일방적인 정책을 취하면 영향은 주변국을 넘어 세계 전체에 확산된다. 2008년 9월 말 아일랜드가 다른 유럽 국가들의 비난에도 불구하고 자국의 은행 예금에 한해 무제한의 지급 보증을 발표하자 유럽의 일부 예금이 아일랜드로 이동하기 시작했다. 이 결과 독일을 포함한 유럽 대부분 국가는 앞 다투어 자국 금융기관 예금을 국가가 보장하기 시작했다. 자신들의 금융시장만을 살리겠다는 아일랜드의 이기주의는 국제 금융시장의 신뢰를 급속히 낮췄다. 이후 시간의 차이만 있을 뿐 국가의 예금 지급 보장은 전 세계로 확산되었다.

만일 국제 공조가 가동되어 동시에 모든 유럽 국가가 예금 보장 조치를 실시했다면 유동성 선호 현상은 최악으로 가지 않았을 수도 있다. 그러나 현실은 자국 금융기관에 대한 무한정의 재정 지원을 경쟁적으로 실시하면서 세계 금융시장과 자국 금융시장을 분리시키고 있다. 세계화의 후퇴 현상이 나타나고 있는 것이다. 향후 안전한 국가로 예금이 쏠리는 현상이 나타난다면 예금 인출을 방어하기 위해 막대한 지원이 필요할 수도 있다. GDP 대비 3%로 제한된 EU의 재정 적자 한도를 초과하는 예금 지급 보장이 각국에서 나타난다면 제2차 세계대전 이후 유럽의 역사를 새로 쓴 유럽 통합도 결정적으로 퇴보하는 계기가 될 수 있다.

세계화된 환경에서 공통의 위기가 발생했을 경우 국제 공조가 가동되지 못한다면 EU의 사례와 같이 세계화 시대 이전보다 오히려 피해가 더 커질 수 있다. 한국도 예외는 아니다 글로벌 위기 수습 과정에서 상시 국제 공조를 염두에 둔 대안 마련이 필요하다. 경제 정책 라인이 해법의 주체가 되겠지만 외교 안보 라인도 동시에 참여해서 글로벌 시각을 감안한 대책이 필요하다. 그러나 글로벌 위기 과정에서 경제 라인만 보인다.

2008년 10월 초반 로버트 졸릭 세계은행 총재는 글로벌 위기는 미국, 캐나다, 영국, 독일, 프랑스, 이탈리아와 일본이 포함된 G7 체제로는 해결이 불가능하기 때문에 중국, 러시아, 인도, 브라질, 사우디아라비아, 남아프리카공화국 등을 포함하는 '14개국(G14) 회의체'로의 확대를 주장했다. 졸릭 총재는 "국제 금융 위기는 더 많은 국가들 간의 폭넓은 협력이 필요하다는 것을 일깨워주는 사건"이라면서 "우리 시대에 맞는 새로운 다원주의는 고정되거나 단일한 체제가 아니라 유연한 네트워크일 필요가 있다"고 주장했다. 미국의 이해를 대변했던 세계은행 총재가 어떻게 이런 말을 할 수 있을까?

그의 언급은 바로 약효를 냈다. G14를 넘어 G20 재무장관 회담도 그 다음 주에 미국에서 열렸다. 유럽은 수시로 정상회담을 열고, 드디어 10월 10일에는 전 세계 대부분의 국가들이 금리를 동반 인하했다. 인류 역사상 최초의 국제 공조일 것으로 판단된다. 글로벌 위기가 잘 해결된다면 2008년 10월 10일은 세계적인 기념일로 지정해야 하지 않을까?

국부펀드의 협력 사례

당장의 글로벌 위기 해결에는 금융시장 안정이 선결조건이다. 금융시장이 안정된 후 국가 독점 금융자본주의로 변화한 세계의 치료 방법이 궁금하다. 국가 간의 분쟁을 야기할 수 있는 국부펀드에 대한 일반 규칙을 글로벌 위기 과정에서 마련한 것은 국제 공조의 확산과 관련해서 반가운 신호다. 사실 국부펀드는 특정 국가의 외환보유고로 타국의 재산에 투자하기 때문에 경제적 침략 행위나 주권 침해로 볼 수 있다.

예를 들어 중국의 국부펀드가 미국, 특히 필수적인 전략 물자 생산기업에 투자한 후 경영권을 행사하거나 중요한 기술을 유출할 때 미국의 대응은 난감하다. 중국뿐 아니라 동아시아, 중동, 러시아 자금이 미국의 핵심 기업을 매수할 경우 군사기술이나 핵심 과학기술의 유출을 막을 방법이 없다. 쌍둥이 적자를 메우기 위해 미국은 세계 각국으로부터 투자를 유치할 필요가 있다. 그러나 각국의 국부펀드가 채권이나 단순 투자 목적의 주식 매입이 아닌 경영 참여 목적으로 미국 기업을 매수한다면 국부펀드는 미국에 핵공격을 가하는 것과 다름없다.

한국의 경우에도 중국의 국부펀드인 CIC가 삼성전자나 현대중공업 주식을 대량으로 사들인다면 큰 문제다. 미국의 에너지 관련 기업이나 방위산업체, 중요한 특허가 많은 기업을 중국이나 러시아의 국부펀드가 매수한다면 국가 간의 갈등은 보다 심화될 수 있다. 그러나 글로벌 위기로 미국은 자금의 성격 구분 없이 해외 투자자의 미국 유치가 필요한 입장이어서 상당히 난감한 상황에 처해 있다.

따라서 국부펀드에 대한 일반 규칙을 글로벌 위기 과정에서 마련하지 못했다면 글로벌 위기 이후 세계 질서는 더욱 무질서해질 수 있다. 국부펀드는 향후 투자 목적을 명확히 하면서 정치적 성향을 배제하기 위한 일반 규칙을 마련해가고 있다. 국부펀드에 대한 일반 규칙 제정 사례가 다방면에 확산 적용된다면 글로벌 위기 해결은 첫걸음을 내딛는 것이다.

유동성 회수에도 국제 공조가 필요하다

글로벌 위기로 세계 전체에 너무 많은 돈이 풀렸다. 돈이 많이 풀리면 장기적으로 부작용이 크다. 사실 이번 글로벌 위기도 지나치게 자금을 많이 공급한 것이 위기의 출발점이었다. 이런 위험을 잘 인지하고 있는 각국 정부는 빨리 자금을 회수하고 싶어한다. 그러나 과거의 유사 사례와 달리 이번 경우에는 동시에, 모든 국가에서, 대부분의 금융기관에 자금을 무제한으로 공급했다는 특성이 있다.

각국 정부의 자금 회수는 과거 위기 때보다 크게 지연될 것이다. 정부가 출자한 금융기관이 자금을 상환하는 방법은 오직 이익을 많이 내는 것이다. 그러나 금융기관들은 현재 돈을 벌기보다는 생존 자체를 의심받고 있는 상황이다. 단기에 고수익을 내기 위해 레버리지를 이용해서 투자할 환경도 아니다. 오히려 심각한 경기 침체로 추가 부실이 우려되고 있다. 이런 상황에서 특정 국가가 섣불리 자금을 회수할 경우 취약한 국제 금융 시스템은 다시 혼란에 빠질 수 있다. 따라서 자금 회수에도 국제 공조가 필요하다.

문제는 헤게모니 국가들이다. 미국은 과거보다 협의해야 할 국가가 많아졌다. 중국도 피해가 적지 않기 때문에 국제 공조의 필요성을 인정해야 한다. 글로벌 위기 기간 중에는 상시 협의체가 필요하다. 과거의 헤게모니에 집착해서 특정 국가가 자국의 의지만을 고집할 경우 글로벌 위기는 더욱 심화될 수 있다. 세계를 네트워크로 보고 국제 공조의 리더십을 발휘할 때 헤게모니가 강화된다는 진리를 강대국만 모르고 있다. 글로벌 위기 해결 과정에서 국제 공조는 구체적 해결로 진입하는 경로가 된다. 또한 글로벌 위기 과정에서 형성된 국제 공조는 위기 이후의 세계를 온화하게 만드는 기반이 되는 부수 효과도 있다.

리더십에 대한 신뢰

글로벌 위기 해결 과정에서 국제공조의 중심인 UN은 보이지 않았다. 국제통화기금(IMF)나 세계은행(IBRD)도 목소리를 내지 못했다. 글로벌 위기에서 국제기구의 역할이 미미했던 것은 그동안의 세계화 과정이 국가 간의 관계에서는 초보 단계에 불과했기 때문이다. 특히 UN은 성격상 글로벌 위기의 해결사가 되지 못한다. 글로벌 위기는 군사력, 외교력, 경제력을 모두 갖춘 국가의 리더십으로만 해결할 수 있다. 그러나 국민국가의 속성상 위기 국면에서 자국의 이해에 집중할 수밖에 없다. 리더십을 발휘할 만한 국가들도 자국 문제 해결이 버거운 상태다. 특히 미국은 정권 교체기에 글로벌 위기를 맞았다. 신정부가 업무를 파악해서 제대로 리더십을 발휘하려면 국내적으로는 2009년 1분기, 국제적으로는 더 많은 시간이 필요해 보인다.

글로벌 리더십의 부재

IMF의 경우 1997년 아시아 외환위기 과정에서 가혹한 지원 조건에 대한 비판 때문에 적극성이 떨어지고 있다. 지원할 자금도 없다. 현재 2천억 달러로는 개발도상국 몇몇 국가만 지원 가능하다. 최근 1조 달러 기금 마련이 검토되는 것도 자금 부족 때문이다. 그러나 IMF에 자금을 출자할 국가는 일본을 제외하고 거의 없다. 자국의 통화 방어도 어려운 국면인데 타국을 도와줄 입장이 되지 못한다.

모든 국가가 국제 공조를 외치지만 글로벌 리더십은 공백 상태다. 국제 공조를 이끌 만한 국가가 등장하더라도 국가 간의 이해 상충으로 리더십이 발휘될지 여부도 불투명하다. 세계의 석학들은 해결의 방향성을 자신의 학문적 테두리에서만 제시할 뿐이다. 그렇다면 관건은 모든 국가가 글로벌 위기를 재인식해서 조금씩 양보하는 것이다. 양보의 전제 조건은 신뢰이다. 신뢰의 형성은 위기에 대한 정확한 판단이다. 그러나 각국 정부의 위기의식과 상황 판단은 아직도 초보적 수준으로 보인다. 진정한 변화는 완전한 파괴 이후에나 가능한 것인가?

현실적으로 글로벌 리더십은 미국만이 행사할 수 있다. 미국은 경제 규모, 기축통화, 군사력 등에서 타국과 비교의 대상이 되지 않는다. 이번에 당선된 오바마 대통령은 최초의 흑인 대통령이라는 측면에서 미국 내에서나 글로벌 리더십 확보 과정에 일부 기득권 계층의 반발이 있을 수 있다. 글로벌 위기의 진원지인 미국을 살리고 글로벌 리더십을 확보하기 위해서 그는 정말 슈퍼 대통령이 되어야 한다.

미국의 저명한 싱크탱크인 브루킹스연구소는 신임 대통령이 슈퍼 대통령이 되어야 한다면서 10가지 과제를 제시했다. 필자의 판단으로는 어느 것 하나 제대로 처리하기 어려워 보인다. 그러나 그에게 주어진 숙제는 모두 해결해야만 하는 과제다.

오바마의 숙제를 도와줄 국가는 없다. 다만 하나씩 차근차근 신뢰를 쌓아가면서 해결해야 한다.

■ 미국 차기 대통령이 떠맡을 숙제

1. 발등의 금융 위기	규제 강화, 대외 부채 줄이기
2. 녹색 어젠다	저탄소 환경, 개도국 온실가스 감소 유도
3. 스마트파워 높여라	세계 빈곤층 교육, 건강 지원, 호감도 제고
4. 세계무역 체제 강화	평생교육 등으로 자국민 경제능력 제고
5. 쑥쑥 크는 중국 어찌할꼬	양자 · 지역 · 다자적 포용, 협력체계 구축
6. 러시아가 부활한다	민족주의, 자원 무기 – 국제규범 내로 유도
7. 떠오르는 인도와 사귀기	빈곤, 전 세계 농업시장 해결에 중요
8. 중남미와 화해하기	전통 이웃, 활발한 경제관계 복원 중요
9. 아프리카를 키워라	자원 · 지역 안보 등에서 중요 파트너
10. 중동에서 긍정적 어젠다 추구	이슬람 극단주의 넘어 상호 존중, 협력

자료 : 브루킹스 연구소

그러나 신임 대통령은 출발부터 신뢰의 위기를 맞을 가능성이 높다. 오바마는 국민 95%에 대한 감세와 수백만 개의 일자리 창출을 공약으로 내걸었지만 국민 95%에게 감세 혜택을 주는 재원을 어떻게 마련할지 밝히지 않고 있다. 비당파 연구단체인 세금정책센터(Tax Policy Center)는 오바마의 감세 공약에 4년 동안 1조 달러가 소요될 것이라고 추정했다. 오바마는 100억 달러 전비 감축 주장을 했다. 치열한 선거 과정에서의 과대 포장된 대선 공약은 정권의 신뢰를 낮추고 리더십을 약화시킨다.

또한 국제 질서에 있어 진보적으로 다자주의를 표명하면서 국내 경제 문제는 보호주의를 주장하고 있다. 미국의 헤게모니가 약화되는 상황에서 다극 체제를 섣불리 추진할 경우 오히려 새로운 무질서를 양산할 수 있다. 오바마가 이런 난관과 숙제를 해결하고 글로벌 리더십을 확보할지 여부는 미국의 과제이자 세계의 문제이다.

한국도 마찬가지다. 정부의 리더십이 중요해지고 있다. 금융시장의 복원을 위해 자본주의의 골격을 흔드는 정책을 내놓고 있는 상황에서 심각한 경기 침체마저 불가피한 상황이다. 따라서 일사불란한 리더십이 절대적으로 필요하다. 금융기관의 외화 차입 시 정부 보증안을 여야 합의로 빠르게 처리한 점은 향후 위기 수습 과정의 리더십 문제를 푸는 좋은 사례가 될 것으로 보인다. 에디 와이너(Edie Weiner)의 최근작 『퓨처싱크(Futurethink)』에서 주장하는 '최소공분모의 원칙'이라는 것은 일종의 사회적 공감대를 의미한다. 위기에 대한 공감대는 정책의 신뢰성을 높이고 해결 기간을 단축시킨다. 국제사회에서도 최소공분모의 원칙만이 국제 공조를 이끌어낼 것으로 보인다.

금융기관에 대한 신뢰

국내적으로 가장 시급하게 신뢰의 복구가 필요한 분야는 금융

시장이다. 거래 쌍방 간의 신용에 기초한 금융시장은 신뢰가 상실되면 복구가 매우 어렵다. 2008년 10월 중반 극단적인 현금과 달러화 선호 현상의 원인은 금융시장에 대한 신뢰가 낮아졌기 때문이다. 한국뿐 아니라 대부분의 국가가 무리하게 통화를 공급하고 금융시장 안정책을 내놓은 것은 금융시장에서 신뢰가 무너졌기 때문이다. 예금한 은행이 도산 위기에 처해 있다면 누구나 예금을 출금한다. 일거에 모든 예금자가 돈을 찾게 되면 은행의 부도는 불가피하다. 1997년 외환위기 당시 한국 금융기관 중 상당수는 이런 불신 때문에 무너졌다. 반대로 금융시장의 신뢰가 부활되면 경제 전체는 선순환에 진입하는 계기가 된다.

상업은행의 안정성이 신뢰의 첫 출발

미국의 구제금융은 상업은행에 집중되어 있다. 기업, 개인과 바로 연결되기 때문이다. 미국 정부가 많은 공적 자금을 투여하고도 상업은행이 살아남지 못한다면 글로벌 위기 해결은 요원하다. 현재 상업은행은 안전하다. 그러나 경기 침체가 본격화되면 실직자가 늘고, 기업의 파산도 증가한다. 따라서 향후 본격적인 경기 침체를 가정할 때 상업은행이 정상화되기까지는 상당한 시간이 필요할 것으로 판단된다. 2008년 2분기 말 현재 상업은행의 대손충당금은 2005년에 비해 거의 절반 수준에 불과하다. 또한 연체 금액이 대손충당금 적립 금액보다 더 빠르게 증가하고 있다.

■ 미국 상업은행의 충당금 적립비율 축소(2008년 2분기 현재)

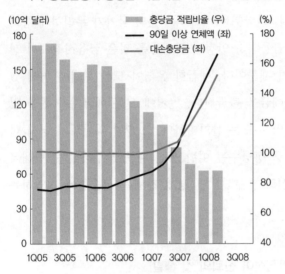

자료 : Thomson Reuters Datastream

물론 정부 출자로 4분기에 자금이 수혈된다면 미국 상업은행의 안정성은 크게 개선될 것으로 예상된다. 그러나 경기 침체가 향후 3년 정도 지속될 것으로 예상되기 때문에 상업은행의 안정성 문제는 경기 침체가 지속되는 동안 언제든지 재연될 가능성이 높아 보인다. 따라서 미국을 비롯한 상업은행의 안정성은 향후 경기 침체 정도에 달려 있다.

신뢰는 하루아침에 형성되지 않는다. 그동안 미국의 상업은행들은 파생상품 거래 손실을 숨겨왔다. 미국의 구제금융 법안에서는 금융기관 투자자산에 대해 시가평가를 일시적으로 유보했다. 금융기관의 재무제표에서 주식 등 자산 가격의 급격한 변동을 반영시키지 않아서 외형상 안정성을 높이려는 조치다. 한국도 유사하다. 2008년 4분기 결산 때부터 주식, 채권 등 시장가격으로 평가해야 하는 단기매매 증권의 가격 변동을 순이익에 포함하는 것을 유보시키려는 시도가 있다.

이런 조치는 투자자에게 장부에 나타난 것 이외에 추가적으로 부채가 있을지 모른다는 우려를 높인다. 왜냐하면 문제가 된 미국 금융기관들은 장부에 나타나지 않는 페이퍼 컴퍼니를 통해서 위험한 신용파생상품에 투자한 전과가 있기 때문이다. 만약 단 한 건이라도 장부 외 부채가 나타난다면 해당 상업은행은 피해 규모를 떠나 신뢰의 위기를 맞을 수 있다.

대리인에 대한 신뢰

존 갤브레이스(John Kenneth Galbraith)는 『풍요한 사회(The Affluent Society)』에서 20세기에 정부의 파워가 커졌지만 전반적으로 파워는 분산된 것으로 본다. 그는 "개인의 부가 차지하는 힘도 줄어들었다. 가장 중요한 점은 전문 경영인이 부를 소유한 사람으로부터 회사의 경영권을 빼앗았다는 사실이다. 후손들이 여전히 그 부를 소유하고 있는 현재, 회사의 경영권은 대부분 전문 경영인의 손에 넘어갔다."면서 대리인(전문 경영인)의 중요성을 강조했다. 이번 글로벌 위기는 자본가를 대신한 대리인의 도덕성 결핍도 중요한 원인이었다.

국가 간, 그리고 금융기관에 대한 신뢰보다 금융시장의 직접 참여자의 입장에서는 대리인(agency)에 대한 신뢰가 보다 직접적으로 영향을 준다. 특히 구제금융으로 정책자금이 투여됐기 때문에 대리인의 도덕성은 중요한 문제가 된다. 글로벌 위기의 구체적 원인 중 하나는 대리인의 도덕적 해이였다. 우선적으로 대리인에 대한 적절한 통제 규칙을 만들어야 한다.

아직까지 대리인의 도덕적 해이 문제에 대한 사회적 인식은 낮은 상태다. 미국의 경우 모기지 브로커나 파생상품 운용자, 그리고 경영자에 대한 사법 처리가 임박한 상태다. 한국의 경우에도 일부 주식형 펀드의 불완전 판매 문제가 커지고 있다. 대리인의 모럴 해저드를 방지하고 신뢰성을 높이기 위해 법률체계 정비를 서둘러야 한다. 기업, 특히 금융기관들은 투자자와 대리인의 관계를 재정립하는 내적 혁명이 필요하다. 제도 보완도 중요하지만 시장 참여자들의 책임감과 준법성 등 문화가 더 중요하다. 선진국일수록 제도와 시장에 대한 건전한 문화가 동반 성장해왔다.

03

체제 전환 의지

세상을 바꾸는 본질적인 변화는 위기에서 출발한다. 토마스 쿤 (T. S. Kuhn)은 그 유명한 『과학혁명의 구조』란 책에서 "과학은 고정 불변의 것이 아니라 혁명에 의해 단절되고 교체된다"고 주장한다. 그는 이 혁명을 패러다임 시프트라고 명명했다. 그러나 그의 이론은 자연과학보다는 사회과학에서 더 많이 사용된다. 그의 이론을 사회과학으로 부연 설명하면 작은 진보가 진행되는 국면에서 사회는 크게 발전되지 않지만, 진보가 누적되어 특별한 계기를 맞아 자체 폭발할 경우 사회는 혁명적 변화를 보인다고 재해석할 수 있다. 인류의 진화가 불연속적으로 나타났듯이 사회 변화도 불연속적으로 나타난다. 바로 글로벌 위기는 패러다임 시프트를 가져오는 사건이다.

이데올로기 공백기의 위험

당분간 신자유주의 시스템에 대한 공방이 치열해질 전망이다. 글로벌 위기 과정에서의 이데올로기 논쟁은 오히려 글로벌 위기 해결에 방해가 된다. 왜냐하면 이번 글로벌 위기는 정상적인 정책을 통해 해결할 수 없기 때문에 사회 전체의 이데올로기 수정에 대한 합의가 있어야 한다. (사회적 합의를 바탕으로 이데올로기를 초월한 정책만이 효과를 발휘할 정도로 글로벌 위기는 정상적으로 해결할 수 없다.)

이매뉴얼 월러스틴이 주장하듯이 2025년까지 세계 체제를 모두 바꿔야 하는 시기에 도달한지도 모른다. 세계의 시스템을 모두 바꿔야 할 만큼 세계가 중병에 걸려 있는지도 모른다. 세계은행(IBRD), 국제통화기금(IMF)을 어떻게 변화시킬지 진지하게 고민해야 한다. UN을 통해 국가 간의 분쟁을 어떻게 처리할지, 국가 간 상거래의 표준을 다시 만들고 WTO와 FTA도 상당 부분 수정해야 한다. 특히 학자들은 신뢰를 바탕으로 세계를 어떻게 재구축할지 대안을 서둘러 준비해야 한다.

글로벌 위기는 신뢰의 상실이 가져온 세계 전체 시스템의 위기다. 이번에 현재 시스템에 대한 전면적 수정을 가하지 않는다면 인류의 미래는 위기의 연속일 것으로 예상된다. 「이코노미스트」지는 2008년 10월 20일자에서 자본주의는 언제나 위기를 낳았고 앞으로도 그럴 것이라면서 "자본주의 체제의 문제라기보다는 운영의 문제"로 글로벌 위기를 분석했다. 필자의 주장도 체제 개편이 자본주의의 대체라기보다는 신자유주의의 수정과 보완에 있다.

21세기 중심 이데올로기인 신자유주의는 지구 전체에 깊게 착근되어 있다. 특히 국가를 막론하고 기득권 계층이 강력하게 선호하고 있다. 체제 논쟁의 본질이 자본주의가 아니라 신자유주의에 있다고 한정해야만 이념 갈등으로 번지는 것을 막을 수 있다. 그러나 세계의 변화 속도는 개선하려는 노력보다 훨씬 빠르다. 또한 어느 시대든지 기득권 계층은 항상 변화를 거부한다. 그래서 아직은 큰 기대를 못 한다.

인간의 얼굴을 한 체제로

중심 이데올로기의 정체성이 약화되거나 공백 상태가 길어지면 사회는 오히려 혼란에 빠진다. 「가디언」지의 칼럼니스트인 조지 몬비오(George Monbiot)는 『도둑맞은 세계화』에서 "시장 근본주의가 무너질 때 무정부 상태가 나타난다"고 주장하면서 마치 유목민 사회와 유사한 상태로 묘사한다. 강자의 탈취와 약자가 노예화 되는 사회로 그는 예측한다. 그는 또 "체제 없는 세계는 잘못된 체제를 가진 세계보다 훨씬 더 잔인하다"고 주장했다. 그러나 신자유주의 세계의 재편을 주장했던 많은 학자들은 새로운 체제에 대해 입을 다물고 있다.

오히려 조지 소로스, 루비니, 제프리 삭스 교수와 같이 금융과 실물경제에 밝은 금융계 인사들이 세계의 재편을 주장하고 있다. 문제는 글로벌 위기는 금융의 문제로 시작되었지만, 세계 전체를 바꿔야만 해결될 수 있다는 점에서 철학자나 사회, 정치학자들의 적극적 의견 개진이 필요하다. 금융으로 한정되어 체제를 개편하면 이번 글로벌 위기는 1차 글로벌 위기가 된다. 중심 체제에 대한 정확한 문제의식만이 해결을 앞당길 수 있다. 비판적 성향이 강한 스티글리츠 교수도 '인간의 얼굴을 한 세계화'가 필요하다고 역설하고 있지만, 구체적 대안은 여전히 미진하다.

영국 브라운 총리의 체제 개편론

체제 전환의 핵심은 자본주의와 신자유주의 체제의 수정과 보완이다. 국가가 넘지 않아야 할 선을 대부분의 국가들이 넘었다. 이 과정에서 신뢰를 깨는 모럴 해저드가 난무하고 있다. 새로운 체제를 만들 아이디어가 없다면 반세계화 논자들이나 반신자유주의자들의 시각을 재검토해야 한다. 국가와 국민, 국가와 기업 특히 금융기관 간의 관계는 어떻게 다시 정의해야 할까? 이머징 국가의 근본적인 발전을 위한 대책이 필요하다.

영국의 브라운 총리는 IMF나 세계은행은 구시대적 기관으로 전락했다면서 새로운 금융기구와 질서를 촉구했다. 그는 또한 "우리가 개혁을 이뤄낸다면 2008년은 금융 위기의 한 해로만 기억되는 게 아니라 새로운 세계를 건설한 원년으로 기록될 것"이라고 주장한다. 브라운 총리의 견해대로 새로운 세계로의 체제 전환 계기가 될지, 아니면 달러 중심의 구체제의 땜방식 처방이 될지 궁금하다. 짧게 보면 금융 위기가 진정될 경우 체제 개편론은 다시 사회과학자들의 논쟁으로만 존재할 가능성이 높다. 특히 체제 전환의 가장 큰 피해자인 미국이 현 시점에서 체제 개편에 동의할까?

미국을 배제한 체제 개편론

다만 금융시장에 상당한 규제가 필요하다는 점에 대해서는 의견의 일치를 보고 있다. 스트로스 칸 IMF 총재는 금융시장이 무정부 위기에 처해 있다고 경고하면서 전 세계적 차원에서 금융시장 감독 기구의 필요성을 역설했다. 또한 프랑스의 피용 총리는 조세 피난처의 정리를 촉구하면서 전 세계 금융 시스템을 총괄하는 단일 금융 시스템 설립을 주장했다. 사르코지 대통령도 새로운 자본주의 체제 구축을 주장한다.

그러나 이들은 미국과 사사건건 부딪치는 프랑스인이다. 미국이 앞장서야 하는데 미국이 금융 패권에 집착하는 한 공정하고 단일화된 금융시스템이나 신자본주의 출현은 어렵다.

G7 등 선진국 정상들이 수시로 만나고 있다. 국제 공조로 글로벌 위기에서 탈출하기 위해서이다. 그러나 미국의 헤게모니 약화를 겨냥해서 G7 체제를 철폐하고 G20으로 확대해야 한다는 견해가 강하게 나오고 있다. 특히 다자주의를 선호하는 오바마의 당선으로 당분간 세계는 다자주의적 시각의 많은 논의들이 오갈 것으로 예상된다.

그러나 이들이 모여 새로운 체제를 만들려면 엄청난 시간이 필요해 보인다. 정치인은 임기가 있다. 중요한 역사적 결정을 자신의 임기 내에 자국에 유리한 체제를 만들려는 시도는 시간을 지체시킨다. 역설적으로 위기 국면에서는 오히려 강력한 리더십이 탈출 속도를 빠르게 한다. 과연 국민국가라는 견고한 틀내에서 신자유주의를 통해 권력과 재력을 획득한 이들이 모여 새로운 체제를 만들 수 있을까?

모럴 해저드의 제거

모든 금융 위기는 사회화된다. 잘못은 금융기관이 저질렀지만, 책임은 사회 전체가 부담한다. 글로벌 위기라는 전대미문의 사건은 유일하게 정부만이 해결 주체가 된다. 반면 문제의 원인은 금융기관과 기업이고 피해자는 국민 전체이다. 정부가 금융기관과 기업에 무제한적으로 자금을 공급하는 것은 역사상 유례가 없다. 따라서 사회적으로 금융기관 지원은 명분이 약하다. 피해자인 국민들을 설득할 방법이 별로 없다. 세금으로 부실기업을 살리다니…….

위기를 기회로 삼는 도덕적 해이

반면 글로벌 위기는 시간이 지날수록 자체 하중으로 악화될 수 있다. 강한 리더십으로 빠른 대응을 할 때 추가 악화를 막을 수 있다. 공적자금을 투입할 명분을 세우고 리더십을 강화하기 위해서는 부실 책임자의 처리와 향후 발생할 모럴 해저드를 방지하기 위한 강력한 대책이 필요하다. 향후 공적자금을 투입할 때에도 모럴 해저드가 발생할 수 있다. 검은 거래로 싼 값에 정부 자금을 사용하려는 시도는 어느 국가에서나 발생한다.

금융권에 대한 정부 지원으로 자금 수혈을 받는 기업들도 간접적으로 정부 지배를 받게 되는 효과가 있다. 당분간 세계는 자원 배분이 시장이 아니라 정부에 의해 이루어지게 될 전망이다. 왜곡된 자원 배분은 모럴 해저드를 유발한다. 자금을 수혈받은 기업들은 구조조정을 해야 하는데 정치권의 압력으로 현실에 안주할 경우 글로벌 위기에서 탈출하기란 불가능하다.

미국의 경우 재무장관과 구제금융 담당자가 골드만삭스 출신이다. 미국 의회 청문회에서도 골드만삭스가 AIG에 대규모 자금이 묶여 있기 때문에 리먼브러더스는 부도내고, AIG는 살렸다는 의혹이 거론되기도 했다. 구제금융의 처리 과정에서의 투명성 확보와 모럴 해저드 방지는 가장 중요한 전제 조건이다. 신뢰 복원이 절실한 금융시장에서 모럴 해저드 문제가 재연된다면 정부의 리더십 상실로 이어지면서 더 많은 시간과 자금이 필요해진다.

정의의 원칙이 첫 번째 수순

국내 기업들은 해외로부터의 M&A 위험을 방어하기 위해 황금주 제도(차등의결권)나 포이즌 필(Poison Pill) 도입을 주장해왔다. 황금주 제도는 주식을 단 1주만 보유하더라도 주주총회에서 발언권을 가질 수 있으며 주요 의사결정에서 거부권을 행사할 수 있게 하는 제도다. 포이즌 필은 적대적 M&A로 임기 전에 기존 경영진이 물러날 경우 거액의 퇴직금을 지급하기로 한다는 조항을 회사 정관에 삽입해 방어하는 방법이다. 독약을 삼킨다는 의미에서 포이즌 필이라고도 부른다.

한국과 같이 2세 경영권 승계 문제가 사회 문제화 된 국가에서 글로벌 위기를 빌미 삼아 이런 M&A 방어 장치를 도입할 가능성을 경계해야 한다. 만일 이런 제도가 도입된다면 한국에 투자한 많은 외국인 투자자들의 이탈을 촉진할 수 있다. 위기를 기회 삼아 지하 경제를 현실화하는 방안도 감시해야 한다. 물론 기업가 정신으로 훌륭하게 키운 기업의 경영진은 사회가 나서서 보호해야 한다. 그러나 특정 계층만을 위해 경쟁과 다수결 원칙이라는 자본주의의 기본 규칙을 깨는 도덕적 해이를 경계해야 한다.

지방 미분양 아파트 처리도 중요하다. 건설사에 대한 지원은 민간 기업의 경영 실패를 정부가 해결해주는 것이다. 따라서 해당 기업에 대해서는 가혹한 구조조정이 필요하다. 경영진의 문책과 대주주의 출자 전환도 필요하다. 미국의 구제 법안에 공적자금이 들어간 금융기관 경영진의 급여 한도를 명기했다는 것은 도덕적 해이가 얼마나 중요한지 알려주는 상징이다. 글로벌 위기 해소를 위한 과감한 조치의 선결과제는 도덕적 해이를 막는 데 있다. 위기가 사회화되면서 도덕적 해이마저 나타난다면 위기 해결은 거의 불가능해진다.

05
미국의 자구 노력

미국은 여타 선진국과 다르게 성장한 국가다. 역사상 최초의 신생 독립 국가였으며 신흥 개발도상국이 패권을 쟁취한 신화적 국가이다. 미국 정치학회 의장을 역임한 세이무어 마틴 립셋(Seymour Matin Lipset)은 『미국 예외주의』란 책에서 미국이 여타 국가와 다르다는 표현으로 미국주의(Americanism)를 하나의 이데올로기로 간주했다. 그는 미국의 가치관을 소득의 평등보다 방해받지 않고 살 수 있는 자유, 즉 개인주의로 간주한다. 미국에서 사회주의가 발붙이지 못하는 이유도 평등보다는 자유가 더 우월한 가치로 받아들여지고 있기 때문이다.

미국은 다른 국가와 확실히 다르다. 미국은 민주주의를 구체적으로 실현하고 미국 이외 국가에 강요한 최초의 국가다. 영국은 식민지를 수탈만 했지 민주주의와 인권에 대해서는 눈을 감았었다. 개인의 도덕적 책무에 대한 보이지 않는 사회적 압력을 기반으로 20세기 번영을 이끌었다는 점에서 미국은 존경 받을 만하다. 미국의 자긍심과 우월감은 스스로 미국을 세계와 다른 예외적 국가로 간주했다. 세계는 미국과 미국 이외 지역이 있을 뿐이라고 판단해왔다.

그러나 미국주의는 복합적이고 양면적이다. 사회적 평등을 상대적으로 덜 중요한 가치로 취급하면서 개인과 사회와의 연결고리를 이중적으로 변화시켰다. 사회는 개인의 자유와 재산권을 반드시 보장해야 하지만, 사회가 나 이외의 또 다른 개인의 자유와 재산권을 꼭 지켜야 한다는 의미로 이해하지는 않는다. 따라서 사회는 개인으로서의 '나'만에 주목해야 한다. 이런 이기적이고 개인주의적 사고는 미국 내부를 분열시켰고 결국은 글로벌 위기를 몰고 온 원인(遠因)이 되었다. 미국이 변해야만 글로벌 위기는 근본적으로 해소된다. 미국이 향후 빈곤과 과소비라는 양 극단에서 어떤 식으로 변화해야 하는지 살펴보자!

빈곤대국 미국

이라크 전쟁을 '민영화된 전쟁'이라고 혹평하기도 한다. '안보' '교육' '복지' 등 국민 생활의 전부가 민영화되고 있다. 그

294

렇다면 미국이라는 국가와 미국 정부의 존재가치는 무엇인가? 사회 전반에 걸쳐 국가의 역할이 최소화되면서 미국은 세계에서 가장 살기 어려운 국가가 되었다. 일본의 저널리스트인 츠츠미 미카는 최근작 『빈곤대국 아메리카』에서 신자유주의체제가 만든 미국을 강하게 비판하고 있다. 그녀에 따르면 미국은 최근 저소득층의 의료보험 예산을 크게 삭감했다. 이 결과 뇌졸중은 7일, 심근경색 수술은 4일, 유방암 수술은 2일만 입원할 수 있게 되었다. 출산의 경우에도 당일치기만 보장된다고 한다. 그나마 의료보험이 있는 계층에만 해당되는 얘기다. 현재 미국은 4,700만 명의 의료보험 미가입자가 있다.

미미한 지원에도 불구하고 너무 비싼 의료비와 보험회사의 압력으로 고령자를 위한 공적 보험인 메디케어와 빈곤층을 위한 메디케이드에 대한 연방정부 부담금이 급증하고 있다. 2005년 기준 4,230만 명이 수급하고 있는 메디케어에 연방정부는 3천억 달러 가까이 지원했다. 메디케이드는 5,340만 명의 수급자가 있는데 연방정부는 1,980억 달러를 지원했다. 2000년 이후 5년간 메디케어에 대해서는 6.6%, 메디케이드에 대해서는 50.4%나 연방정부의 지출이 늘었다.

문제는 고령화 현상으로 메디케어 수급자는 앞으로 빠르게 늘어날 수 있다는 점이다. 사회 양극화로 빈민층의 증가 속도도 가속화될 것이다. 그런데 이라크 전쟁으로 이미 7천억 달러를 써버렸다. 글로벌 위기로 1조 달러 지원 계획을 발표했다. 재정 적자는 늘고 복지예산은 줄 수밖에 없다. 이라크 전쟁의 피해자는 이라크 국민이 아니라 더 많은 미국의 빈민층이다. 결과적으로 신자유주의적 사회 구조와 패권에 대한 집착으로 미국 사회는 빠르게 분화되고 있다.

미국에만 유일하게 존재하지 않았던 사회주의가 태동할 가능성도 있다. 점차 사회적 신분이 고착화되면서 기회의 평등이 약화되고 계급사회에 가까워지고 있다. 미국 스스로 신자유주의적 사회구조를 보완하려는 노력을 소홀히 할 경우 미국의 미래는 암울하다. 오바마가 대통령에 당선된 사회적 의미는 신자유주의 체제의 수정과 보완에 대한 미국 하층민과 이민자의 기대라고 볼 수 있다.

미국의 미래가 어둡다는 것은 결국 글로벌 위기 해결이 그만큼 어렵다는 의미이기도 하다. 2005년 미국의 신용평가기관인 S&P는 2025년이면 미국의 신용등급이 투기등급에 이를 것으로 전망했다. S&P는 시간의 차이일 뿐 프랑스, 미국, 독일, 영국의 순서로 국가의 종말을 예고하기도 했다.

■ 선진 각국의 신용등급 전망

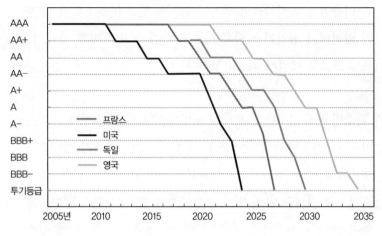

자료 : S&P

미국 사회 재구축이 전제돼야

경제적으로 미국 예외주의는 소비에서도 나타난다. 저축률 '0'
인 상태에서 1시간에 거의 1억 달러를 외국에서 차입해서 소비
한다. 소비의 주체는 개인과 국가이다. 미국의 개인들은 미래
를 준비하기보다 현재의 소비를 추구한다. 미국 문제의 본질은
개인의 과소비에 있다. 정부의 미국 패권주의도 이런 현상을
가속화시킨다. 결국 미국의 개인과 정부의 과소비가 어우러진
것이 글로벌 위기의 본질이다.

미국인의 하루 평균 이동거리는 세계에서 가장 길다. 대중교통

수단은 전혀 발달하지 못했다. 영화 「나홀로 집에」에 나오는 멋진 이층집을 유지하려면 엄청난 전기와 연료가 필요하다. 원자력 발전이나 천연가스 사용 비중도 다른 국가에 비해 낮다. 모든 스포츠도 에너지 과소비형이다.

 과소비를 줄이려는 총체적인 노력이 필요하다. 정부와 기업은 미국 내 제조업 부활을 시도해야 한다. 달러 가치의 하락으로 제조업의 가격 경쟁력이 높아지는 점을 활용해야 한다. 또한 경제구조 전체를 균형 있게 성장시켜야 한다. 서비스산업이 고용의 90%를 차지하는 것은 기형적인 경제 구조다. 미국 정부도 군사력에 기초한 글로벌 리더십보다는 협력과 대화로 국제 문제를 해결하도록 노력해야 한다. 물론 국제 공조는 필수다.

미국 전체의 재구축 움직임이 나타난다면 글로벌 위기 해결의 청신호가 될 것이다. 그러나 필자의 판단으로는 가장 어려운 글로벌 위기의 해결 조건으로 보인다. 사회 시스템을 모두 수정하고 재구축하기에 예외성을 강조하는 '미국주의'가 너무 깊게 착근되어 있다. 미국이 발전시킨 신자유주의 시스템이 미국을 공격하고 있지만 미국만 이런 상황을 이해하지 못하고 있다. 미국이 정말로 자신만은 '예외'라는 인식을 버릴 수 있을까?

NEO-신비로운 길

미국의 경상수지 적자를 동아시아가 메워주는 체제를 '신비로운 길'이라고 합니다(35쪽 참조). 혹자는 미국의 채권을 대상으로 한 신비로운 길을 부동산 중심으로 바꾸면 미국의 회생은 아주 빨라질 것이라고 합니다.

미국 주택 가격은 2006년 고점 대비 2008년 상반기까지 20% 정도 하락했습니다. 그러나 이는 통계치에 불과합니다. 실거래 가격은 거의 50% 정도 하락했다는 것이 정설입니다. 수영장이 딸린 호화 저택들이 원화로 5억~8억원 정도 한다고 합니다.

그렇다면 미국이 투자 이민을 빠르게 추진하면 어떤 결과가 나올까요? 미국에서 주택을 구입하는 이민자에 한해 즉시 시민권을 부여하면 어떻게 될까요? 집값이 크게 하락한 상태에서 모기지론을 50% 정도 대출해주고 이민 절차를 간소화한다면 투자이민이 급증하지 않을까요?

미국은 매년 90만 명 정도의 이민자가 유입됩니다. 이들은 일을 찾아 미국으로 이주하는 히스패닉 계열이거나 아시아계가 대부분입니다. 그러나 미국으로의 이주가 손쉬워진다면 동아시아 등 세계의 상류계층은 모국을 버리고 이주할 가능성이 높습니다. 특히 아시아 집값보다 미국의 집값이 훨씬 싸고 교육환경도 좋고 환율 변동을 걱정하지 않아도 된다면 미국은 엘도라도로 비춰질 가능성도 있습니다.

미래학자들은 21세기 최대 난제의 하나로 이민 문제를 꼽고 있습니다. 미래학자들은 일자리를 찾아 이동하는 하층민과 기존 국내 노동자와의 마찰을 걱정합니다.

글로벌 위기로 각국 부자들이 대규모로 미국에 투자이민을 온다면 어떤 결과가 나타날까요? 불가능한 상상이지만 만약 미국이 내적인 개혁 없이 이런 식의 미봉책만을 쓴다면 세계의 미래는 더 암담해질 것입니다.

미래를 향한 인류 공동의 투자

글로벌 위기는 금융과 실물경제 양쪽에서 발생하고 있다. 현재는 금융시장의 신뢰 상실에 따른 금융 위기가 핵심이다. 그러나 각국의 다양한 금융 위기 해결책이 효과를 발휘하게 될 경우 관심은 실물경제 침체로 이동할 것이다. 신용경색(credit crunch)이라는 경로를 통해 기업들의 도산이 늘어나지만 붕괴된 금융시장이 신뢰를 회복하기까지는 상당한 시간과 유동성 보강이 필요하다.

따라서 금융 위기 상황에서는 금융기관이나 기업을 대신해서 정부가 해결의 구원투수가 된다. 정부만이 유일하게 투자 여력이 있기 때문이다. 통상 정부는 실물경제 회복을 위해 1930년대 뉴딜 정책과 유사한 방식으로 먼저 투자에 나선다. 정부의 선투자로 시장에 자금과 고용을 제공하면 그 자금이 선순환되면서 경제가 회복된다. 바로 케인스 경제학적 방식이다. 글로벌 위기를 타개하기 위해 각국은 적극적인 정부 투자 계획을 발표하고 있다. 아마 2009년은 지구 전체가 공사판이 될 가능성이 높다. 정부의 직접 투자는 미국의 뉴딜정책과 같이 사회간접자본 투자에 집중된다. 사회 인프라 투자는 건설 경기를 활성화시켜 일자리를 창출하고 관련 산업에 활기를 불어넣는다.

그러나 경제 구조의 변화를 고려해야 한다. 일본의 경우 디플레이션이 엄습한 1990년대 이후 정부의 대규모 투자로 경기 부양을 시도했다. 다리, 도로, 터널 등에 엄청난 투자가 있었다. 그러나 정부의 투자 이면에는 개번 매코맥이 『종속국가 일본』에서 지적하였듯이 정치권과 관료, 건설업계, 금융기관이라는 황금의 삼각동맹(golden triangle)의 이익 증대가 자리 잡고 있었다. 이 결과 야심차게 추진한 일본의 개혁 조치는 삼각동맹의 배만 불리고 경기 회복에는 거의 기여하지 못했다. 오히려 지금은 과잉 투자로 경제에 짐이 되고 있다.

노무라연구소의 충고
일본 노무라연구소가 2005년에 발간한 『2010 일본』에서는 정부 투자에 대한 사고의 전환이 필요함을 주장한다. 노무라연구소는 사회간접자본을 둘러싼 세 가지 미스매치가 존재한다면서 현재 사회간접자본 투자는 기본적으로 인구 증가를 전제로 하고 있다고 주장한다. 또한 고도 경제 성장기 이후, 산업 활동에 도움이 되는 사회자본, 광역 활동에 도움이 되는 사회자본, 국익으로 이어지는 사회자본이 우선적으로 정비되면서 '대공공우월의 원칙(大公共優越 原則)'이 형성되었다고 본다. 거대한 사회적 시설에만 투자했기 때문에 공사가 완공되면 경제적 효과가 없었다는 의미다.

또한 노무라연구소는 지역 불균형을 지적했다. 사회간접자본이 커지면 당연히 미래에는 엄청난 금액의 유지관리비가 필요하게 된다. 이미 1,000조엔이라는 공적 채무가 있는 상황에서 정부 재정으로 도로, 항만, 철도 등을 관리할 비용이 추가적으로 필요하다. 비극적인 것은 지나친 사회간접자본 투자로 2027년 이후에는 신규 투자는 물론 현존하는 사회 인프라의 갱신이나 유지관리 비용조차 충당할 수 없을 것이라고 주장했다.

또한 사회간접자본 투자에 재정이 집중된 결과 공적 기업(전기, 가스, 수도 등)에 대한 투자가 부족해지고, 유지관리도 힘들어질 것으로 보고 있다. 로마제국의 멸망은 국력의 쇠퇴와 수도, 도로 등의 기반구조가 황폐화 되면서 도시를 유지할 수 없게 된 것이 하나의 원인이라고 보는 견해가 있다. 1980년대 이후 미국에서는 사회 인프라 유지에 필요한 재정 부족으로 관련 사고가 계속해서 발생했다는 점도 참고해야 한다.

경기 부양책의 감시

중국 정부는 내수 확대를 위해 철도 등 공공 인프라 투자를 확대할 계획이다. 고정자산 투자 확대를 위해 국무원의 승인을 받은 투자 규모가 2010년까지 4조 위안에 이른다. 이 가운데 1조 2,000억 위안 규모는 이미 투자가 진행 중이며 상황에 따라 투자금액이 더 늘어날 수 있음을 시사하고 있다. 연간 투자 규모인 2조 위안은 중국 GDP의 7%에 이르는 금액이다. 일본도 27조엔 규모의 경기 부양책을 준비 중이라고 밝혔는데 상황이 나빠지면 증액할 수 있다는 여지를 밝혔다.

정도의 차이는 있지만 미국이나 유럽 등도 경기 부양책을 대대적으로 펼 것이라는 신호를 시장에 계속 보내고 있다. 한국에서도 정부의 다양한 투자 계획이 빈번히 발표되고 있다. 경기 부양에 있어서도 세계 각국이 국제 공조를 가동하는 모습이다.

경기 부양책 중 가장 빠른 것이 건설 경기 부양이다. 1929년 대공황 당시의 뉴딜정책도 대규모 토목공사로 수요를 창출하기 위해 시작되었다. 그러나 문제는 당장 급하다고 공사판을 크게 벌이는 것이다. 투자 자금이 부족한 정부는 소위 '민자 유치' 라는 명목으로 민간에게 일정 기간 사용한 후 국가에 체납하는 방식으로 인프라 투자에 나선다. 그러나 이들이 제시한 수요가 계획 당시의 예측에 부합된 경우는 어느 국가에서도 찾을 수 없다. 현재 일본의 경우 일본의 지방도로공사가 운영하는 유료 도로의 60% 가량이 통행료 수입으로 건설비조차 상환하지 못하는 적자 상태에 빠져 있다. 지방자치단체가 보조금이나 부담금 등의 형식으로 대신 변제한 금액이 500억엔을 넘는다.

한국은 빠르게 고령화 시대에 진입하고 있다. 10년 내 인구가 줄기 시작할 것이다. 현재의 감각이 아니라 고령화 사회를 대비해서 투자에 나서야 한다. 무분별한 사회 인프라 투자의 폐단을 일본에서 배워야 한다. 변화할 미래를 고려해서 언론, 학계, 시민단체는 경기 부양책을 꼼꼼히 살펴야 한다.

미래형 사회투자가 핵심이다!

노무라연구소의 지적은 적확하다. 미래 사회의 변화를 예상해서 투자의 우선순위를 재조정해야 한다. 물론 가시적이며 거대한 토목공사를 벌이는 것을 정치권은 선호할 수 있다. 그러나 세계의 미래, 특히 선진국의 미래는 양적 팽창기를 지나 질적 성장이 필요한 시기로 진입하고 있다. 예를 들어 주택의 재생공사 비율은 덴마크가 60%, 이탈리아, 프랑스, 네덜란드, 영국, 독일이 50%인 데 반해, 일본은 15~20% 정도로 아직 낮다. 한국은 정확한 비율조차 없다. 새로 지어서 공급 과잉을 유발하는 것보다 기존 주택을 리모델링할 경우 비용도 적게 들면서 사회적으로 자원을 절약할 수 있다. 리모델링 과정에서 일자리와 자금 배분도 이루어질 수 있다.

기업의 설비투자는 정부가 나서기 어렵다. 설비투자에 대한 판단은 전적으로 기업의 몫이다. 그렇다면 정부는 SOC 투자 이외에 별반 할 것이 없다는 결론이 나온다. 그러나 글로벌 위기의 해법이 신자유주의 체제의 수정과 보완이라고 본다면 신자유주의 체제의 패배자들을 돌보는 투자야말로 명분과 실익이 있다. 빈곤층을 적극적으로 지원한다든지, 공교육을 강화하는 투자에 정부가 나서야 한다.

사회복지에 대한 투자는 단기적으로 보면 효과가 미미해 보인다. 시간이 지나야 효과가 서서히 나타난다. 그러니 건설 투자의 유혹을 떨치기는 상당히 어려울 것이다. 선거로 당선된 정치권의 입장에서는 임기 내 가시적 성과가 필요하기 때문이다. 아이러니하게도 2009년 이후 각국 정부의 투자 방향은 장기적인 세계의 미래와 관련성이 높을 것으로 판단된다. 단순한 토목공사 중심의 투자가 세계적 차원에서 이루어질 경우 새로운 차원의 글로벌 위기의 단초를 제공할 수 있다.

롱테일 정부 투자

와이어드 편집장 출신의 과학 저널리스트 크리스 앤더슨(Chris Anderson)은 롱테일 경제학을 주장했다. 큰돈이 되는 부문에만 경영 역량을 집중하기보다 수입이 적은 다양한 분야에 투자해서 전체 수익을 크게 하자는 주장으로 인터넷의 발달로 소규모 상거래가 가능해진 상황을 기반에 둔 이론이다. 대량생산 대량소비에 기초한 80대 20의 법칙, 즉 파레토(Pareto) 법칙을 뒤집는 이론이다. 사회의 구석구석을 활성화시킬 경우 제한된 몇몇 투자와 달리 효과가 사회 전체에 미칠 수 있음을 시사한다.

롱테일 경제학을 경기 부양책에 적용하면 훌륭한 결과가 예상된다. 당장 가시적 효과가 나타나는 투자보다 사회의 부족한 여러 분야에 조금씩 나눠 투자를 해보자! 꾸준히 롱테일 시각으로 투자가 지속되면 경기 회복과 사회구조의 안정이 동시에 가능해질 수 있다고 판단된다. 소위 작은 시장의 잠재적 집적(集積) 크기는 기존 시장의 크기보다도 거대하다는 이론을 각국 정부는 무시해서는 안 된다.

롱테일 경제학에 기초한 사회적 투자는 구체적 실행에 있어 과거 위기 국면에서의 재정 투자와 구별해야 한다. 가장 큰 차이점은 시민단체의 협조와 감시가 필요하다는 점이다. 사회적 투자는 어느 국가에서든지 도덕적 해이 문제를 불러온다. 투자의 효과에 대한 검증이 어렵고, 투자 과정이 세분화되어 있기 때문에 자금을 집행하는 정부가 전체를 감시하고, 경직된 규정으로 실시한다면 효과는 반감된다. 자발적인 시민사회의 협조와 감시, 언론의 비판과 대안 제시가 중요하다.

구조적으로 미래의 과제는 더 잘살기 위한 방안(양적 성장)과 소외된 계층을 정상화(질적 성장)시키는 방안을 어떻게 절충하느냐가 중요하다. 통상 경기 부양책은 경제 위기에서 조기 탈출을 위해 양적 성장에 치중했다. 그러나 인구 구조, 소득 수준, 포화 상태의 사회 인프라 투자 등을 고려할 때 글로벌 위기의 경기 부양책은 질적 성장의 비중을 확대하는 것이 효과가 클 수 있다. 특히 양적 성장에 한계를 보이고 있는 선진국일수록 질적 성장을 위한 투자가 필요하다. 질적 성장은 저소득 계층의 소비를 촉진시켜 글로벌 위기로 큰 타격을 받은 이머징 국가의 경기 회복에도 도움을 준다.

하향식(top down) 투자보다 상향식(bottom up) 투자가 전 세계적으로 활성화된다면 글로벌 경기 부양 효과는 예상보다 클 수 있고, 후손들에게 중복 과잉 투자의 유산을 남기지 않는 방법이다.

세계의 소비심리를 자극할 무엇이 필요하다!

1997년 외환위기 탈출 모멘텀은 IT 경기의 활황이었다. 전 국민이 휴대폰을 구입하고 인터넷에 접속하면서 IT 경기는 대활황에 진입했다. 여기서 주목해야 할 것은 당시 IT 경기가 한국만의 현상이 아니었다는 점이다. 세계 전체가 IT 혁명에 진입하는 과정에서 한국이 특별히 더 혜택을 본 것이다. 10년 전의 IT 경기와 같은 세계적 차원의 성장 동력이 생긴다면 글로벌 위기 탈출은 보다 수월해진다.

금융 시스템의 복원에는 정부, 중앙은행 그리고 금융기관 등만이 참여한다. 그러나 실물경제 회복책은 국가 간 서로 다른 환경 때문에 차별화된 대응이 필요하다. 따라서 10년 전 IT 산업과 같이 세계 전체의 소비 심리를 움직일 만한 세계의 성장 동력이 필요하다. 또한 글로벌 위기가 해결된 이후에도 상당 기간 디플레이션적 상황이 불가피해 보이기 때문에 장기적인 수요 진작 산업이 필요하다.

Green is green : 녹색 성장이 모멘텀?

오바마 신임 대통령 당선자는 당선 직후 밝힌 국정의 최우선 4대 어젠다 중 최우선 과제로 중산층 구제를 제시했다. 그리고 금융 위기와 관련된 사안이 두 가지, 마지막으로 장기 성장 동력 확보 방안으로 롱테일 경제학적 측면의 대안을 제시했다.

그는 청정에너지, 보건의료, 교육, 중산층 세금 감면 등 네 가지를 예시했다. 미국의 구제금융 법안에도 신재생에너지 지원 등 녹색 성장 지원 정책이 포함되었다. 한국도 녹색 성장을 현 정부의 강력한 정책으로 이미 제시했다. 생태학자들은 생태계 서비스의 가치를 평균 36조 달러로 평가하고 있는데, 세계 GDP의 합계가 약 55조 달러인 점을 감안하면 녹색 성장으로 세계 경제의 성장 물고를 돌리는 것이 미래의 성장 동력을 확보하는 계기가 될 수 있다.

신자유주의는 생태계의 파괴를 전제로 한 시스템이다. 세계를 경쟁과 투쟁의 장으로 판단하는 신자유주의 체제 입장에서 생태계 복원과 친환경적인 성장은 이론에 머문 한가한 이야기다. 그러나 자연 파괴에 따른 경제적 손실이 편의성 증가분을 상회할 가능성이 점점 높아지고 있기 때문에 신재생에너지 등 녹색 성장은 지구의 생존과 미래를 위해 시급한 과제다.

단기적으로 각국 정부의 녹색 성장은 정치적 구호에 그칠 가능성이 높다. 오히려 후퇴할 가능성도 배제할 수 없다. 글로벌 위기로 기업과 사회 모두가 어렵기 때문에 녹색 성장보다는 당장의 자금난에서 벗어나기 위해 계획된 환경 관련 투자를 줄일 수 있는 호기로 판단할 가능성이 높아 보인다. 녹색 성장이 자신의 임기 내에 성과를 과시하려는 선출직 공무원의 단발성 정치 공약이 돼서는 안 된다.

녹색 성장은 시장이 무궁무진하다. 기존 성장의 보완재가 아니라 녹색 성장으로 경제 전체의 성장이 가능하도록 경제 체질을 변화시키려는 노력이 필요하다. 성장 방식에 대한 전면적 재검토가 필요하다. 세계 모든 국가가 녹색 성장을 위해 투자를 늘린다면 글로벌 위기는 위기가 아니라 인류의 미래를 준비하는 기회가 될 수 있다. 그래서 Green(환경에 대한 투자) is green(달러의 색깔인 녹색)이다.

프랑스병 치유책

인터넷 유목민(Nomad)으로 유명한 프랑스의 자크 아탈리 (Jacques Attali)는 2008년 1월 사르코지 대통령의 특명으로 설립된 '성장촉진위원회'를 통해 프랑스의 개혁 보고서를 제출했습니다. 314개의 개혁안을 담은 아탈리 보고서는 '폐지' '완화' '자유화'란 단어로 가득 차 있습니다. 먼저 경제 분야 개혁안의 골자는 65세 정년 폐지, 허가제 업종 전면 자유화, 바이오·환경·항만·금융 인프라 육성, 생태 신도시(에코폴리스) 10개 건설 등을 담고 있습니다. 행정 분야는 방대한 공공조직 축소와 경쟁체제를 도입하고, 교육에도 초등학교 영어교육 확대, 교사 능력 평가제 등을 도입해서 신자유주의적 정책을 대규모 채택했습니다.

사회민주주의 국가인 프랑스에서 사르코지 대통령 취임 이후 뒤늦게 신자유주의 제도를 광범위하게 도입하기 시작했습니다. 그러나 주목할 점은 개혁 내용에 생태 신도시 부분이 포함되었으며 가장 중요한 대책 중 하나라는 점입니다. 또한 우파적 정책을 만드는 수장으로 좌파 지식인인 아탈리를 기용한 점입니다. 한국이 녹색 성장을 이루기 위해서는 우파, 좌파 구별이 없어야 성공할 수 있습니다. 녹색 성장은 이데올로기기가 배제되어야 성공합니다. 이런 인식이 바로 실용주의입니다.

극복 과정의 변수들

지금 우리는 정보의 홍수에 빠져 죽거나, 빠져 죽지 않을, 양자택일의 상태에 있다. 우리가 정보의 과포화 상태에 심리적으로 압도당하고, 제대로 맞서지 못하며, 그래서 결국 그것에 희생되리라는 것이다.

_ 대니얼 데닛(Daniel C. Dennett)의 『위험한 생각들』에서

● 2008년 11월 시점에서 위기 극복 과정을 예상하기는 너무 어렵다. 집필을 시작할 당시에 '예상된다'란 표현이 불과 한 달 만에 '나타났다'로 바뀌고 있다. 따라서 이 책은 집필 시점의 한계로 극복 과정에 대한 내용은 신뢰성이 떨어짐을 미리 밝혀두고자 한다. 금융시장의 붕괴와 이에 대응한 각국 정부의 구제책, 그리고 국제 공조로 글로벌 위기는 현재 진행형이다. 그럼에도 불구하고 글로벌 위기 이후를 예상하는 이유는 다양한 사실(fact)에 대한 상호 인과관계를 이해하고 가능하다면 방향성만이라도 제시하고자 하는 의도이다. 사실 예상보다는 변수라는 표현이 적절하다.

6장의 생존의 6가지 조건에 대해 어느 정도 합의가 되었다 하더라도 구체적인 해결과정에 일관성이 나타나기 어려울 전망이다. 현대 경제학으로 해결할 수 없는 문제이기 때문에 다양한 정책적 실험과 이에 대한 찬반 대립도 예상된다. 극단적인 공포감과 일시적인 안도감이 교차하면서 대책에 대한 사회적 합의도 쉽지 않아 보인다. 해결 과정의 초반부는 금융시장, 부동산시장, 실물경제에 대한 대책에 주력할 것으로 보인다. 세 가지 경제 문제가 어느 정도 가닥이 잡힌다면 신자유주의와 세계 체제에 대한 수정, 그리고 새로운 규칙을 만드는 시도들이 나타날 것으로 판단된다. 동시에 변화하는 세계에 대한 반동(反動)적 움직임과 순응 과정 속에서 헤게모니 각축전이 예상된다.

그러나 세계는 네트워크로 복잡하게 연결되어 있다. 모든 정보는 인터넷을 통해 인류 모두에게 실시간으로 전달되고 있다. 과거의 역사적 사건들은 비교적 느린 속도로 순차적으로 발생했다. 그만큼 예상도 쉬웠다. 그러나 이번 글로벌 위기는 동시적으로 빠르고 강도 있게 나타날 것이다. 위기의 발생과 해결이 시간과 공간을 초월해서 입체적으로 나타나기 때문에—이런 식의 변화를 역사에서 찾을 수 없기 때문에— 과거의 인식으로 해결 과정을 예측하기는 어렵다. 또한 새로운 세계의 출현 시점이나 모습을 형상화할 수도 없다. 글로벌 위기는 세계 전체가 원인 제공자이며 해결의 주체이기 때문이다.

글로벌 위기는 세계의 존재 기반이 되는 거의 모든 전제 조건과 시스템을 파괴했다. 따라서 해결 과정에서도 크고 작은 변화가 중첩될 수 있다. 이러한 변화들을 세세히 분석하고 전망하기는 현실적으로 어렵다. 다만 극복 과정에서 주요 변수로 등장할 수 있는 경제적 핵심 변수 몇 가지를 제시하고자 한다.

01

달러는 안정될 것인가

글로벌 위기의 순간에 다소 의아한(?) 상황이 발생했다. 바로 미국의 달러 가치가 강세를 보인 점이다. 과거의 모든 위기에서—정치적 위기이건, 경제적 위기이건—달러는 안전자산이었다. 그러나 21세기 들어 달러는 안전자산이 아니라 장기적으로 약세를 보이는 세계 경제의 골칫거리였다. 그러나 미국의 금융 위기가 정점을 향해가는 2008년 7월 이후 달러 가치가 강세를 보이고 있다. 위기가 커지면서 달러는 다시 안정성을 확보한 것인가?

스톡홀름 증후군

『세계 경제의 그림자, 미국』에서 필자는 미국에 해외 자본이 몰려오는 상황을 미국이 '스스로 인질이 된 상황'이라고 비유했다. 미국의 누적된 경상수지를 메우기 위해 세계가 미국 채권을 사주지 않는다면 미국이 자살 테러범처럼 세계 전체를 폭파(?)시킬 수 있다는 의미이다. 세계는 미국의 자폭을 막기 위해 미국 채권을 무한히 사줘야 한다. 세계가 정말 두려워해야 할 것은 미국의 붕괴다. 그래서 등소평은 향후 50년간 미국에 맞서지 말라고 했다. 일반의 인식처럼 미국이 두려워서가 아니라 중국의 도전으로 미국이 붕괴된다면 오히려 중국이 치명상을 입을수 있다는 뜻이다. 등소평의 생각대로 미국이 급속히 약화된다면 새로운 기축통화가 형성되기 이전 세계 경제는 엄청난 충격을 받을 수 있다. 미국뿐 아니라 중국 등 지구상 모든 국가는 달러의 급속한 몰락 이후의 세계에 적응할 수 없다.

인질이 인질범에게 동화되는 현상을 스톡홀름 증후군(stockholm syndrome)이라고 한다. 미국 붕괴 위험을 너무나 세계가 잘 알고 있기 때문에 자발적으로(?) 미국을 이해하고 도우려는 현상이 나타난다. 21세기에 달러 가치가 유지되는 공포의 균형은 이런 상황에 기초하고 있다. 글로벌 위기 초반부인 2008년 10월에 글로벌 위기의 진원지인 미국과 달러화가 상대적으로 안정을 보인 것은 세계가 모두 공멸하는 것보다 일단 미국을 연착륙시켜서 현재 위기를 극복하려는 묵시적 합의에 바탕을 두고 있다.

물론 장기적으로 중국이 미국을 대체할 가능성이 높은 것은 사실이다. 그러나 급속한 달러 가치의 약세는 세계를 공멸의 위험에 빠트릴 수 있다. 일반화되었던 미국과 달러의 헤게모니 약화까지의 시간은 예상보다 지연될 가능성이 높아졌다. 인질극이 장기화되면서, 즉 달러의 위기가 장기화되면서 세계는 미국이 만들어 놓은 '스톡홀름 증후군'에 점점 빠져가고 있다.

부채의 덫

스톡홀름 증후군이 심리적 기반이라면, 현실적으로도 금융 위기의 정점에서 달러화가 선호될 수 있는 단기적이고 실질적인 이유가 있다. 구체적으로 달러가 갑자기 부족해진 이유는 크게 네 가지로 볼 수 있다.

첫째, 글로벌 위기로 전 세계 금융시장의 리스크는 크게 높아졌다. 전통적으로 금융시장의 리스크가 높아지면 달러화를 선호해왔다. 21세기 들어 금융 위기는 없었고 자금은 고성장을 구가하고 있는 이머징 국가에 몰리고 있었다. 안전자산으로서 달러의 위치가 절하된 것은 사실이다. 오히려 달러보다는 금(金)이나 석유 등 원자재를 안전자산으로 여겼다. 그러나 글로벌 위기는 안전자산으로 달러를 재인식하도록 했다. 금은 시장 규모가 너무 작다. 가격이 올라가면 공급 물량이 늘어난다. 원자재는 경기 침체에 취약하다. 극단적인 경기 침체가 예상되는 시점에서 석유 등 원자재는 달러의 대체물로 부족하다. 더군다나 대체 통화로 거론되는 유로화는 심각한 경기 침체와 가입국 간의 불협화음으로 안전성이 낮아지고 있다. 또한 정도의 차이만 있을 뿐 높은 부채 구조는 미국과 유사하다.

둘째, 미국이 투자했던 해외 자산이 빠르게 미국으로 회수되고 있다. 미국은 세계 최대 채무국이자 동시에 채권국이다. 21세기 부채 경제는 절대 규모로 미국이 가장 크다. 미국은 빚으로 존재하지만, 자신들의 자금 중 상당 부분을 전 세계를 대상으로 투자한다. 공격적인 투자 경향으로 위험 자산에도 가장 많이 투자하고 있다. 2007년 말 현재 미국은 해외 주식에 5.2조 달러, 채권에 2조 달러 등 7조 2,000억 달러의 해외 투자자산이 있다.

개인의 자산 중 주식투자 비율이 60%나 되는 국가는 미국이 유일하다. 또한 기업들도 해외 아웃소싱을 통해 다양한 국가에 투자(FDI)했다. 그러나 글로벌 위기로 가계, 금융기관, 제조업체 모두 도산 위기에 처하자 빚을 갚기 위해 우선적으로 해외 자산을 처분했다. 미국으로 투자 자금이 환류하면서 달러가 강세를 보이고 있다. 그림에서 보여주듯이 미국에서 유출되었던 자본이 미국으로 회귀하는 동시에 미국에 대한 외국인의 투자도 줄고 있다. 달러 가뭄이 나타나고 있는 모습이다.

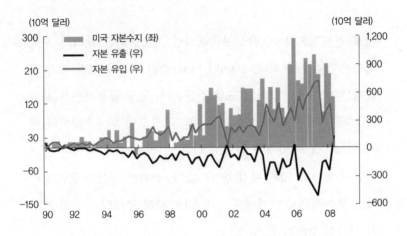

■ 보수화된 자금 이동

| (10억 달러) | (10억 달러) |

미국 자본수지 (좌)
자본 유출 (우)
자본 유입 (우)

자료: Thomson Reuters Datastream

세 번째 요인은 세계 전체 자금의 절대 규모가 줄고 자금 흐름
이 경색되고 있기 때문이다. 미국의 해외 투자는 원금만큼 투
자한 것이 아니다. 헤지펀드나 복잡한 금융상품을 이용하면서
레버리지를 기반으로 고수익을 추구하는 투자 비중이 높다. 문
제는 미국뿐 아니라 여타 국가들도 미국과 유사하게 레버리지
를 이용해서 투자했다는 사실이다. 선진국들의 엄청난 레버리
지 투자 결과 글로벌 위기가 발생하자 반대 현상이 나타난다.
실제 투자 규모보다 훨씬 많은 양의 자금이 줄어든 것이다. 평
균 레버리지 비율을 감안하면 적어도 3~4배 이상 자금이 미국
과 자금을 빌려줬던 일본으로 환류하고 있다. 이 과정에서 원금

투자자인 달러와 자금을 빌려줬던 엔화 강세 현상이 발생한다.

세계 전체적으로 자금이 부족해지면 기축통화인 달러가 부족해지는 것은 당연하다. 2008년 11월 중반 기준 글로벌 위기 손실액은 대략 3조 달러 정도로 추산된다. 통상 금융기관은 자본의 10배 이상을 대출하거나 운용한다. 글로벌 투자은행이나 헤지펀드의 경우 30배를 넘기도 한다. 따라서 기초 자금이 줄게 되면 유동성은 10배 이상 줄 수 있다. 정확한 계산은 불가능하지만 보수적으로 판단해도 무려 30조 달러 정도의 자금이 갑자기 사라진 것으로 볼 수 있다.

한국의 외화 유동성이 부족한 이유도 상당 부분 미국 등 선진국 투자자들이 한국 주식을 팔아서 미국으로 회귀하고 있기 때문이다. 당분간 세계적 차원에서 부채를 축소하는 현상(delever-age)은 불가피하다. 향후 달러 가치는 글로벌 위기 해소 기간이 길어지거나 추가적인 충격이 발생할 경우 강세가 유지될 전망이다. 2006~2007년 중 레버리지 투자는 호황의 불쏘시게인 동시에 달러 약세의 원인이기도 했다. 그러나 글로벌 위기 이후 세계 유동성 축소와 달러 강세라는 정반대 역할을 하고 있다.

마지막으로 달러 약세에 대한 믿음이 너무 강했던 측면도 무시할 수 없다. 한국에서도 달러 강세로 KIKO 파문이 사회적 문제로 비화되고 있다. 21세기 들어 전 세계 대부분의 경제 주체들은 달러 약세를 가정해서 자산을 운용해왔다. 외환보유고가 1.9조 달러나 되는 중국도 국내에서 달러 대출을 크게 늘려왔다. 글로벌 위기가 발생한 2008년 9월에는 2년 전에 비해 은행 간 달러 조달 금리가 무려 5.5%p(550bp)나 상승했다. 은행들의 단기 외채 축소와 과도한 통화채 발행으로 달러 과잉 공급 축소를 2년간이나 지속한 결과다.

■ 주요 이머징 마켓 기업 외환 거래 손실

업체	손실 규모(억 달러)
중신타이푸(중국)	18.9
커머셜멕시카나(멕시코)	14.0
그루포 보토란팀(브라질)	10.4
아라크루즈(브라질)	9.2
시멕스(멕시코)	7.1
그루마(멕시코)	6.8
사디아(브라질)	3.6
중국중톄(중국)	2.8
비트로(멕시코)	2.3

자료:WSJ

거의 대부분의 국가에서 중국과 같이 달러를 대출해주거나 달러 약세에 베팅해왔다. 국가뿐 아니라 기업들도 달러 약세를 감안한 리스크 관리에 주력했다. 그러나 글로벌 위기는 상황을 반대 국면으로 몰아가고 있다. 달러 가치가 강세를 보이면서 달러 약세에 투자했던 자금들이 다시 달러를 되사야 하는 상황으로 역전되었다. 장기적으로 통화가 강세를 보였던 브라질의 경우 200여 개 기업들이 환차손을 입었는데 그 규모가 무려 3백억 달러에 이르는 것으로 추정되고 있다.

달러 안정이 해결의 필요조건

미국의 부채가 글로벌 위기의 원인이 되었지만, 유럽 선진국에서 확인되듯이 미국식 부채 경제가 전염된 여타 국가들의 피해가 더 크다. 이 결과 달러 강세 현상은 당분간 이어질 수 있다. 기축통화 역할도 글로벌 위기가 완전히 해소될 때까지는 오히려 강화될 것으로 판단된다. 미국의 위기가 달러화를 강화시키니 논리적으로 아이러니하다. 미국의 누적된 경상수지 적자는 세계 경제의 골칫덩어리였다. 그러나 미국의 부채 바이러스가 전 세계 모든 국가에 전염되면서 오히려 미국의 헤게모니가 강화되는 현상이 발생했다. 이 문제는 미국의 시대 종말을 논한 많은 사회학자나 경제학자들이 간과한 점이다. 물론 필자도 여기에 포함된다. 다만 이전 저술에서 세계가 미국의 붕괴를 막기 위해 달러 가치를 무리하게 공동 방어하는 기간으로 2009년~2013년 사이를 지적했던 것은 원인에서 다소 차이가 있지만 결과는 비슷하다.

글로벌 위기 해결을 위해서는 기축통화의 안정과 강력한 글로벌 리더십이 필요하다. 만일 현재 상황에서 기축통화인 달러 가치가 약세를 보인다면 해결은 더욱 어려워진다. 글로벌 금융시장이 안정될 때까지 달러 강세는 필요조건이다. 그러나 자국 금융기관보다 미국 채권이 안전할 수 있다는 상대적 달러 강세는 금융시장이 안정을 찾아가는 시점에서 재차 달러 약세를 유발할 수 있다. 금융시장 안정 이후에도 실물경제 등 다양한 분야의 위기 해결까지는 상당한 시간이 필요하다. 그리고 이 기간 중 달러 가치 안정은 필수적이다. 만일 달러가 다시 약세 전환된다면 글로벌 위기 해결이 더욱 어려워지거나 반대로 해결의 실마리가 보일 때라는 양극단적인 상황으로 인식해야 한다.

미국 장기금리에 주목해야

지난 1987년 블랙먼데이를 예고, '닥터 둠(Dr. Doom)'이란 별명을 얻은 마크 파버(Marc Faber)는 2008년 10월 말 "국민들로부터 거둬들인 세금은 부채에 대한 이자를 내는 데에 다 쓰이게 될 것"이라며 "그런 날이 오면 미국은 돈을 찍어내는 수밖에 없게 되고, 결국 하이퍼인플레이션이 도래해 달러 가치는 쓸모없게 될 것"이라고 경고했다. 그는 또 "달러는 향후 3~6개월 동안 강세를 나타낸 후 장기적인 가치 하락을 겪게 될 것"이라고 전망하면서 "비록 향후 3년 내에는 아닐지라도 미국은 결국 파산하게 될 것으로 확신한다"며 "달러는 휴지조각이 될 것"이라고 예측하고 있다.

그의 예언이 현실화된다면 글로벌 위기는 2차 국면으로 진행될 수 있다. 글로벌 위기 수습 과정에서 미국은 달러를 무제한 인쇄해서 부실을 메우고 있다. 여기에 미국뿐 아니라 세계 각국의 부실도 달러를 복사(?)해서 지원해주고 있다. 한국과의 통화 스왑도 복사한 달러가 기반이다. 장기적으로 필자는 마크 파버 견해에 동의한다.

미국이 위기 해결을 위해 금리를 1%까지 내리면서 다른 선진국과의 금리차가 평균 3~4%p에 이르고 있다. 추가적으로 구제금융 지원도 필요하다. 오바마가 공약한 감세 정책을 시행하려면 2009년 미국의 국채 발행은 엄청난 규모에 이를 것이다. 부채가 만들어낸 위기를 부채로 해결하고 있다. 이 결과 미국의 장기 금리는 정책금리 인하에도 하락하지 않고 있다. 달러의 급속한 공급 증가는 또 다른 위협으로 다가오고 있다.

02

부동산 시장은 어디로

부동산 시장은 글로벌 위기의 출발점이다. 미국 등 선진국 부채 경제의 근원은 비정상적인 부동산 경기 과열에 있다. 부동산 대출을 담보로 신용파생상품들이 급증하면서 자멸한 것이다. 세계의 부동산 경기는 미국 주택대부조합 사건의 후폭풍과 경기 침체에서 벗어나기 시작한 1993년부터 상승을 시작했다. 이후 2006년까지 무려 14년간이나 상승 추세가 이어졌다. 1990년대 부동산 경기는 미국 등 선진국이 주도했다. 그러나 2002년 이후 저금리 구조가 정착된 이후에는 이머징 국가를 포함해서 전 세계로 확산되었다.

글로벌 위기는 세계 전체의 시스템을 파괴시켰지만 부동산 경기가 살아난다면 글로벌 위기 해소는 빨라진다. 왜냐하면 문제가 된 부실자산 중 주택 관련 담보 비중이 가장 높기 때문이다. 주택 가격이 상승 반전한다든지 아니면 주택 매입자의 재정 상태가 좋아진다면 해당 주택을 담보로 잡고 있는 금융기관이나 채권의 안정성이 보강된다. 여기에 정부가 금융기관의 지급 보증을 선 상태이기 때문에 주택시장과 금융시장은 동시에 회복될 수도 있다.

주택 가격이 추가로 하락한다면?

최근 통계로 2008년 6월말 현재 미국의 주택 가격 하락률은 18% 정도이다. 이후 하락까지 감안하면 2006년 고점 대비 평균 20% 정도 하락한 것으로 추정된다. 일부에서는 추가로 20% 정도 하락을 예상하기도 한다. 그러나 주택 가격이 추가로 하락할 경우 주택담보대출비율(LTV)이 상승하게 된다. 이미 20%의 주택 가격 하락 과정에서 LTV 비율을 유지하기 위해 주택 구입자는 이자를 연체하고 있거나 주식 등 금융자산을 팔아서 담보유지비율를 맞췄을 것이다. 이런 상황에서 주택 가격이 추가 하락한다면 자금을 대출해준 금융기관은 추가 담보를 요구해야 한다. 이 결과로 연체율이 상승하고, 자산 가격이 하락한다면 돌이킬 수 없는 악순환 고리에 빠지게 된다.

그렇다면 현재의 주택 가격 수준은 어떠한가? 미국 주택 가격의 중앙값은 약 20만 달러이다. 20만 달러는 중류 가정의 3.5년 치 소득에 해당한다. 2006년 주택 경기 고점에서는 4년 정도에 해당하는 가격이었다. 그러나 역사적 평균은 3년 정도다. 이런 경험 때문에 약 10% 정도 하락을 예상하고 있는 것이다. 그러나 세금이나 공과금 등을 제외한 가처분소득 대비로 보면 현재 중간 주택은 2.5년치에 불과하다. 역사적 저점 근처에 있다. 가격은 충분히 하락한 상태이기 때문에 향후에는 수급과 경기 상황이 중요하다.

수급 균형 시점은?

2006년을 고비로 주택 가격이 하락한 것은 공급 과잉과 금리 상승으로 모기지 대출의 연체율이 증가했기 때문이다. 통상 미국의 연간 신규 주택은 170~180만 호 정도 착공했다. 그러나 주택 가격 상승이 지속되면서 2004~2006년에는 220만 호 정도 착공됐다. 평상시보다 무려 40~50만 호 정도 추가로 주택을 더 지었다. 장기간 이어진 주택 경기 호황의 산물이다.

미국과 유사하게 대부분 국가에서 주택 공급 과잉 문제는 심각하다. 미국은 한국과 달리 주택을 완공한 이후 판매한다. 따라서 일정 부분 주택 재고를 유지한다. 일반적으로 4개월 정도의 주택 재고 물량이 유지된다. 2006년부터 주택 재고가 급증하면서 무려 10~11개월 정도의 주택 재고, 즉 빈집이 늘어났다. 당연히 주택 가격은 하락하고 재고를 떠안고 있는 미국 주택 건설회사의 자금난은 심해질 수밖에 없다.

■ 미국의 주택 재고와 건설업체 주가

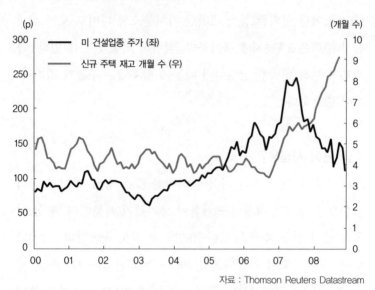

자료 : Thomson Reuters Datastream

따라서 첫 번째 관심 포인트는 미국의 주택 재고가 언제부터 그리고 얼마나 빠른 속도로 감소하는지 여부다. 수급이 균형을 이루면 모든 가격은 하락을 멈춘다. 최근 미국의 신규 주택 착공은 연간 기준으로 약 82만 호 정도이다. 따라서 시간이 흐를수록 주택의 수요와 공급의 균형 가능성은 높아진다.

주택, 경기, 금융시장의 변증법

각국은 주택담보대출 기업인 모기지 업체를 대부분 국유화했거나 무제한 자금 지원을 하고 있다. 이 결과 모기지 업체는 신용 위험이 크게 줄어들었다. 그러나 연체율이 추가로 상승한다면 모기지 업체의 부담은 늘어난다. 이는 정부의 재정 부담이 커진다는 의미다. 따라서 모기지 연체율 동향이 중요하다. 2008년 10월 현재 미국의 서브프라임 연체율은 35%이다. 우량한 대출자인 프라임(prime) 대출 연체율은 10%, 그 다음 단계인 알트에이(Alt-A)는 19%이다(30일 이상 연체 기준).

연체율에 가장 큰 영향을 주는 것은 금리다. 미국이 2008년 초반에 금리를 크게 내렸지만 모기지 금리의 하락 속도는 미미했다. 고점 대비 미국의 정책금리는 5.25%에서 1.0%까지 내려갔다. 그러나 10월 31일 현재 모기지 1년 변동금리는 6.86% 수준이다. 과거의 경우 모기지 금리와 정책금리 차이는 평균 1.5%p 수준에 불과했다. 따라서 정부의 무제한 자금 공급으로 모기지 채권금리가 하락하기 시작한다면 금융시장과 주택시장의 안정 가능성은 높아진다.

그러나 연체율에 보다 큰 영향을 주는 것은 경기 상황이다. 글로벌 위기로 경기 침체가 빠르게 나타나면서 실업률이 급상승하고 있다. 저축이 없는 미국인들은 일자리를 잃게 되면 부채 상환이 불가능하다. 경기 침체가 본격화되면서 서브프라임 대출뿐 아니라 프라임 대출의 연체율도 상승 속도가 가팔라지고 있다. 이는 최악의 상황으로 카드, 자동차 할부, 학자금, 상업용 부동산의 연체율 증가로 이어지고 있다.

경기, 주택시장, 금융시장은 완벽하게 연결되어 있다. 국가 내부뿐 아니라 세계 전체 차원에서도 동일하다. 따라서 글로벌 위기에 독립변수는 없다. 여러 변수가 동시에 영향을 주고받는다. 다만 수시로 중요성이 바뀐다는 특징이 있다. 그만큼 대응방안이 어렵고 위험하다는 의미다. 주택 가격은 금융시장과 실물경제를 잇는 가교 역할을 하고 있다. 주택 가격 동향은 금융기관에 무제한의 자금을 공급한 이후 가장 중요하게 봐야 할 지표다.

03

재정은 건전한가

글로벌 위기는 신자유주의 체제에서 왜소해졌던 국가를 구원 투수로 재등장시켰다. 모든 국가에서 정부와 중앙은행의 구제 안은 '가능한 범위'를 넘어 '무제한' 이루어지고 있다. 무제한 이라는 표현을 쓴 이유는 국가 재정 상태, 법률적 절차, 금융기 관 간의 차이를 무시하고 시장이 정상 가동될 때까지 제한 없 이 자금을 투여하고 모든 조치를 실시한다는 의미다. 한마디로 극약 처방을 내리고 있다. 문제는 극약 처방의 후유증이다.

지구상에 존재하는 대부분 국가의 재정은 적자 상태이다. 선진 국일수록 적자 규모가 크다. 미국, 일본이 선두를 다투고 있고, 유럽도 만만치 않다. 이머징 국가도 정도의 차이만 있을 뿐 재정 적자는 점점 커지고 있다. 중국의 재정 상황도 만만치 않다. 경기가 초호황을 보인 2007년 이후에는 흑자였지만, 경기 침체로 2009년 이후에는 다시 적자 전환 가능성이 매우 높다. 인도는 2008년에 국내총생산 대비 재정 적자가 무려 5.5%나 될 것으로 추정된다. 미국보다 훨씬 큰 규모다.

■ 주요 이머징 국가의 GDP 대비 정부 보조금 재정 적자

(단위 : %)

	식품	연료	재정 적자
멕시코	0.0	1.1	0.0
페루	0.0	1.2	3.2
우크라이나	0.0	1.6	-1.1
방글라데시	0.2	1.8	-3.6
말레이시아	0.1	2.6	-3.2
파키스탄	0.5	2.3	-4.5
인도네시아	0.3	5.0	-1.2
베네수엘라	0.1	7.7	3.0
이집트	1.8	6.9	-7.5

자료: IMF, EIU, 2007년 기준

재정 적자가 심해진 것은 정치권의 모럴 해저드 때문이다. 선거로 당선된 정권들은 통상 임기 내의 경기 활황과 복지 예산 증대로 지지율을 높이기 위해 재정을 방만하게 사용한다. 정권 재창출이 가장 중요한 목표이기 때문에 장기간에 걸쳐 세입보다 세출을 늘린다. 민주주의 역사가 길수록 국가의 재정 적자가 크다. 특히 1990년대 이후의 신자유주의 체제에서는 세금을

깎아주는 것이 가장 중요한 정책 중의 하나였다.

국가의 곳간이 비워지고 있다

문제는 이미 재정 파탄이 임박할 정도로 어려운 상태에서 엄청난 자금이 시장에 추가로 투여되고 있다는 사실이다. 금융기관에 대한 자금 지원만이 아니다. 향후 발생할 경기 침체는 글로벌 위기와 맞물려 경제 시스템 전체를 흔들 것으로 예상된다. 경제 시스템 전체가 흔들리면 기업 부도가 증가하고 신용불량자가 양산된다. 미국 산업화의 상징인 GM, Ford는 이미 부도 상태이다. 국가가 손을 떼면 바로 도산하기 때문에 추가로 정부가 지원해야 한다. 지방정부들도 연방정부와 별반 다르지 않다.(필라델피아, 앨라배마 주 등은 주 재정의 파산을 호소하고 있다.) 최근 미국의 지방정부들은 채권 발행에 곤욕을 치르고 있다. 지방정부가 도산 위기에 처하면 연방정부는 추가적으로 지원해야 한다.

경기 침체로 세수가 줄어드는 상황에서 경기 부양을 위해 추가로 세금을 깎게 되면 국가 재정은 심각한 상황에 직면할 수 있다. 물론 신자유주의 논리대로라면 세금이 줄었기 때문에 소비가 늘면서 경기가 살아나고 결국 재차 세수가 증가해야 한다. 그러나 이런 논리는 정상적인 상황에서 미국과 같이 부채에 의존한 국가나 가능한 얘기다. 지금은 세금을 깎아주면 그 돈으로 빚을 상환하기에도 모자란다. 향후 글로벌 위기 극복 과정에서 국가별 위험 징후는 정부 재정의 건전성이 중요한 지표가 될 전망이다.

재정 적자가 커지면 국채 발행을 통해 자금을 조달할 수밖에 없다. 이미 대규모로 국채가 발행된 상태에서 추가적으로 국채를 발행하면 국채 가격이 떨어진다. 국채의 공급 증가는 다시 금리를 상승시켜 주택 연체율을 증가시키고 경기를 압박하는 악순환에 빠질 가능성을 높인다. 정부가 부담해야 할 이자도 크게 증가한다. 미국의 경우 2007년에 9.23조 달러의 국채에 대한 이자만 4,300억 달러를 사용했다. 여기에 2009년 1조 달러 정도의 재정 적자 증가를 감안하면 2009년에는 이자 지급만 약 5,000억 달러 가까이 된다. 정부 채권이나 정부 보증채의 조달 금리가 올라가는 것은 외환보유고와 같은 대외 지급능력에 따라 결정된다. 그러나 글로벌 위기가 안정된 이후에도 국가 간의 금리 차는 과거와 달리 확대될 가능성이 높아 보인다. 국가 재정의 안정성에 따라 국가의 대외 등급이 결정될 전망이다. 특히 재정 건전성 문제는 이머징 국가를 평가하는 중요한 잣대가 될 전망이다.

국가 재정이 정말 어려워질 경우 다시 세금을 올릴 수 있다. 1930년대 대공황 시기에 미국은 뉴딜정책 시행을 위한 자금이 부족했다. 따라서 2차 대전까지 세금을 올려 경제 재건과 전쟁 비용으로 쓴 경험이 있다. 대공황 이전 자유방임 시기에 미국의 최고 한계세율은 25%에 불과했다. 그러나 경제가 침몰 지경에 다다르면서 63%로 세율을 올린다. 그리고 1936년에는 거의 80%까지 상승한다. 소득 최상위 계층의 경우 소득의 80%를 세금으로 냈다는 의미다. 따라서 글로벌 공황의 해결이 지연될수록 기존의 감세 정책이 증세 정책으로 전환될 가능성도 배제할 수 없다.

기본적으로 재정 문제는 국가의 역할이라는 측면에서 이데올로기 갈등을 내포하고 있다. 빠른 고령화와 공적 연기금, 건강보험의 부실 문제는 어느 국가나 심각한 상태이다. 그럼에도 불구하고 경기 부양을 위한 감세, 재정 적자를 통한 경기 부양책, 사회복지 예산의 부족 현상이 동시에 나타날 수 있다. 이런 상황이 고착된다면 어느 국가나 극단적인 이데올로기 논쟁이 구조화 될 수 있다. 과거의 이데올로기 논쟁이 기득권 계층과 진보 진영 간의 국지전이었다면, 향후 예상되는 갈등은 모든 사회 구성원이 참여하는 전면전이 될 위험이 높아지고 있다.

세금 걷는 터미네이터

　재정이 부족해지고 있는 상황에서 유럽 각국은 부유세를 폐지하고 있습니다. 스페인과 스웨덴은 2008년부터 부유세를 폐지했습니다. 네덜란드, 이탈리아, 룩셈부르크의 부유세도 이미 폐지되었습니다. 유럽에서 부유세를 부과하는 국가는 프랑스, 스위스, 핀란드 등 극히 일부분의 국가들뿐입니다.

　부유세 폐지는 부자가 돈을 써야 경제가 살아난다는 신자유주의 원칙 때문이기도 하지만 국경 이동이 자유로운 유럽에서 부유세를 폐지한 국가로 부자들이 거주지를 옮기는 것을 방지하기 위한 것도 중요한 이유입니다. 프랑스에서는 전 세계 8개국에 21개의 고급 레스토랑을 운영하는 최고 요리사가 부유세를 피해 모나코로 국적을 옮겨 사회 문제화 된 사건도 있었습니다. 프랑스에서는 지난 10년간 30조원이 해외로 빠져나간 것으로 추산하고 있습니다. 부유세를 폐지하면 세수가 줄고, 반대로 세금을 올리면 부자들이 도망갑니다. 진퇴양난인 상황이죠. 미국의 경제학자 아서 래퍼(Arthur Laffer)는 세금이 50%를 넘을 때 성장률 둔화로 국가의 세수원이 감소한다는 것을 증명하기도 했습니다.

미국의 캘리포니아는 반대 현상이 나타나고 있습니다. 2008~2009 회계연도에 152억 달러의 주정부 예산 부족이 예상되는 캘리포니아 주정부는 연소득 15만 달러 이상 가구에 대해 부유세 도입을 시도하고 있습니다. 터미네이터 주지사(아널드 슈워제네거)의 재정 문제 해결 방법은 세율 인상이었습니다.

중국은 전체 세수 중 개인소득세 비중이 6.5%에 불과합니다. 나머지는 거의 부가가치세나 법인세입니다. 글로벌 위기로 법인세와 부가가치세가 줄게 되면 중국은 소득세를 올릴 수 있을까요? 그렇다면 문제 핵심은 부유층의 탈세 방지입니다. 2007년 중국의 연 소득 12만 위안 이상 고소득층 중 납세신고서(종합소득세)를 제출한 사람은 163만 명에 불과했습니다. 어느 국가에서나 세금을 걷기 위한 전투가 벌어질 것으로 보입니다.

여기서 다시 신자유주의 논쟁이 발생할 수 있습니다. 세금을 먼저 낮춰 민간 중심으로 경기를 부양할 것인가 아니면 정부가 세금을 거둬 경기를 부양할 것인가? 이데올로기 논쟁은 사회 모든 분야에 해당합니다.

공적자금 회수는 가능한가?

신자유주의 체제 이후 민영화는 작은 정부의 상징이었다. 향후 세금이 줄어들 경우 중요한 국가 재산인 공기업을 추가로 처분할 수도 있다. 그러나 시장이 공기업을 사들일 만한 자금 여력이 없어졌다. 규제 강화로 레버리지를 이용해서 공기업을 인수하기가 어려워졌다. 현실적으로 민영화가 필요한 기업이라도 시장이 소화할 수 없는 상황이다. 정부의 품을 떠나 민간이 경영하는 공기업이 글로벌 위기 속의 냉정한 생존 경쟁에서 살아나기는 더욱 어렵다. 잘못 인수한 경우에는 최근 한국에서 문제가 되고 있듯이 인수한 모기업이 자금난에 빠질 수 있다.

문제는 기존의 공기업이 아니다. 글로벌 위기로 많은 기업이 도산, 워크아웃, 법정관리 등의 형태로 손실을 사회화할 것이다. 그나마 한국의 경우는 제한적이지만 미국은 거의 모든 대형 금융기관에 출자를 했기 때문에 공기업이 빠르게 증가하고 있다. GM과 같은 자동차 기업은 사실상 공기업화 되었다. 공기업을 민영화시키는 것보다 공기업이 추가로 증가하는 것이 문제가 될 정도로 상황이 역전되었다.

민영화를 추진하기 위한 방법은 크게 두 가지다. 먼저 자금이 투여된 기업이 수익을 내서 정부 지분을 자사주 형태로 사들이는 방법이다. 그러나 경기 침체로 금융기관이 수익을 내기가 만만치 않다. 예상보다 회수기간이 길어질 수 있다. 두 번째 방법은 자금력이 풍부한 대주주를 찾으면 된다. 그러나 현재 자금력을 확보하고 있는 것은 이머징 국가의 국부펀드뿐이다. 이머징 국가의 국부펀드에 미국의 혈맥인 공기업을 넘길 수 있을까? 결국 수많은 공기업 처리는 현 시점에서 거의 불가능하다.

국가 보유 금융기관의 처리 문제도 금융시장을 왜곡시킬 수 있다. 섣불리 민영화를 추진할 경우 주식 공급을 늘리게 되어 주식시장이 타격을 받을 수 있다. 그렇다고 무한정 정부가 보유할 수도 없다. 1982년에 발생한 미국의 저축대부조합 사건이 법률적으로 완전히 종결된 것은 1997년이었다. 무려 15년이나 걸렸다. 그러나 지금은 규모가 훨씬 크다.

경기 부양과 디플레이션

금융 위기에 이은 경기 침체는 불가피하다. 아직까지 언론은 '경기 침체 우려'라는 표현을 쓰고 있다. 그러나 IMF는 2008년 10월, 2009년 세계 성장률을 3%로 낮춰 발표했다. 그러나 불과 한 달 후인 11월 6일에는 2009년 세계 성장률이 2.2%가 될 것이라고 수정 발표했다. 더군다나 중국 8.5%를 비롯해 신흥 국가들은 잠재 성장률 수준인 5.1% 성장할 것으로 전망했다. 그러나 IMF 전망은 낙관적이다. 크레디트스위스와 UBS, 도이치뱅크는 2009년 중국 성장률을 7.5% 이하로 예상했다. 일부에서는 중국 정부의 적극적 경기 부양책이 실시되지 않을 경우 5%도 가능하다는 전망을 내놓았다.

파괴 후 복구? 빠른 경기 부양?

외환위기 당시 한국은 혹독한 긴축을 통해 경제를 파괴시킨 후 빠른 재조합 과정을 거쳐 회생했다. IMF 식 위기 탈출 해법 때문에 한국에서는 기존 시스템 파괴 과정에서 엄청난 실업자가 발생했다. 한국 등 동아시아의 사례를 감안해서 각국은 파괴보다는 경기 부양에 주력하고 있다. 서둘러 경기 부양책을 내놓으면서 전 세계가 뉴딜식 해법에 매달리고 있다.

미국은 1,500억 달러를 추가로 풀어 2차 경기 부양에 나설 계획이다. 일본은 2조엔의 감세와 11조 7,000억엔의 1차 경기 부양책 이후 추가 대책을 검토 중에 있다. 중국도 수출환급세를 2년 만에 공식 부활시키고 업종 구분 없이 지원을 늘리고 있다. 선진국으로 가기 위한 산업구조 조정을 미루고 일단은 글로벌 위기를 넘기자는 의미로 판단된다. 대부분의 국가는 파괴보다는 경기 부양을 서두르고 있다.

경기 부양에 앞서 기존의 부채 구조와 신용파생상품의 정리 여부가 중요하다. 미국의 구제금융안은 펀드의 실제 가치 반영을 유보시켰다. 시가 평가를 하지 않고 장부가만 공개될 때 시장 신뢰는 제한적이다. 문제가 된 금융기관을 파산시키라는 뜻은 아니다. 정확하게 손실을 확정할 때에만 경기 부양책의 효과가 나타난다. 문제가 된 선진국 금융기관은 거의 1년에 걸쳐 아무

문제가 없다고 거짓말했다. 신뢰 확보를 위해서는 불신의 대상을 낱낱이 공개하고 부족한 자금을 수혈해야 한다. 그래야만 금융기관 재무구조에 대한 신뢰를 바탕으로 무형의 자산과 고객가치를 바탕으로 회생할 수 있다.

2003년 한국의 카드채 문제 처리는 이런 점에서 참고할 만하다. 모든 부실을 공표하고 외부 자금 수혈로 불과 1년 만에 손실을 만회했다. 일부 학계에서는 카드사를 파산시켜야 한다는 주장을 하기도 했는데 금융기관의 무형의 자산과 고객 가치를 무시한 비경제적 발상이었다.

한국에서 카드채 문제가 발생했을 때, 은행, 증권, 보험 등 여타 금융기관은 튼튼한 상태였다. 그러나 지금은 모든 금융기관이 불안한 상태라서 금융기관의 신뢰성은 과거보다 훨씬 중요하다. 경기 부양을 서두르다 보면 신뢰 회복의 문제가 차순위로 밀릴 수 있다. 탄탄한 신뢰를 기반으로 해야 성공적인 경기 부양이 가능하지만 쫓기는 각국 정부는 순서를 뒤바꿀 가능성이 높다.

디플레이션 속으로

경기 침체가 디플레이션으로 향할 가능성은 매우 높다. 글로벌 위기 해결 과정은 금융시장 안정이 첫 번째 과제다. 그러나 금

344

융시장 안정 과정에서 실물경제의 침체가 예상되고 있다. 각국의 다양한 노력에도 불구하고 디플레이션 상황을 모면할 가능성은 낮아 보인다. 2004년부터 필자의 집필 주제는 디플레이션이다. 단순히 물가가 하락하고 경기가 침체되는 정도의 디플레이션이 아니다. 세계화를 기반으로 하는 21세기의 디플레이션은 경제뿐 아니라 정치, 사회 구조를 모두 망라하는 침체된 지구를 의미한다.

21세기 들어 과학기술의 발달로 생산성이 비약적으로 증가하고 있다. 이데올로기 시대의 종결로 이머징 국가인 구 공산권 국가들은 외자를 유치해서 공장을 짓고 있다. 아시아에서는 중국, 유럽에서는 폴란드 등 동유럽 국가들이 대표적이다. 싸고 우수한 노동력과 선진국의 자본이 결합해서 공산품을 마구 쏟아내고 있다. 이런 개발 모델은 이머징 국가 공통의 현상이다. 이 결과 공산품 가격은 생산량 증대로 하락할 수밖에 없다. 문제는 수요 증가 속도가 공급 증가 속도를 따라가지 못한다는 점이다. 선진국은 고령화 현상이 본격화되고, 이머징 국가는 대량 소비에 나서기에 아직 경제 수준이 낮다. 원자재 가격은 상승하고, 환경 규제로 생산원가는 올라가고 있다. 예외는 없다. 21세기 이후의 세계는 디플레이션이 기본 구도다. 21세기 들어 2003년까지는 저금리, 물가 하락과 경기 침체가 동시에 나타나는 디플레이션 국면이었다.

그러나 저금리와 세계화를 기반으로 자금이 이머징 국가에 유입되면서 이머징 마켓은 세계 경제의 성장 엔진이 되었다. 이머징 국가는 낮은 경제 수준 때문에 원자재 투하비중이 높은 경제 구조를 가지고 있다. 인프라 투자에도 철강재 등 많은 원자재가 필요하다. 세계경제는 역사상 처음으로 지구 전체 경기가 좋아지는 대활황 국면을 맞았다. 2004~2007년 사이 세계 전체가 고성장하면서 잠시 인플레이션 국면으로 전환했다. 고성장 속에 물가와 금리가 오르면서 디플레이션은 잊혀졌다.

필자는 세계가 디플레이션 상황에 빠져 있다는 논리를 수정할 생각이 없다. 지난 4년간의 인플레이션은 일시적 상황으로 판단한다. 이번 글로벌 위기로 세계는 점차 디플레이션적 상황에 재진입할 것으로 판단한다. 따라서 향후 대책은 디플레이션을 가정하여 입안되고 추진되어야 한다. 디플레이션의 해법인 수요 증가와 공급 축소가 세계적 차원에서 동시에 나타나도 디플레이션으로부터의 탈출은 쉽지 않다. 예를 들어 일본식 장기 침체가 전 세계 모든 국가에서 나타날 가능성마저 염두에 둬야 한다. 디플레이션은 자금을 돌지 않게 한다. 시장에 대한 신뢰가 약화된다. 이런 상태가 되면 아무리 자금을 풀어도 자금이 돌지 않는 '유동성 함정'에 빠지게 된다.

새로운 차원의 디플레이션 시대

향후 예상되는 디플레이션은 과거와 차이가 많을 것이다. 우선 실세 금리 하락 속도가 더디게 나타날 것으로 예상된다. 정책 금리를 낮추고 있지만 금융시장의 신뢰 약화로 실세 금리 하락까지는 상당한 시간이 필요해 보인다. 이 결과 단기 금리는 하락하지만 불확실성 증대로 장기 금리는 횡보하고 있다. 경기침체에 따른 기업 도산이 증가하기 시작하면 회사채 금리는 정책금리와 무관하게 추가 상승할 가능성도 높다. 자금 공급을 늘려도 돈이 돌지 않는 상시적 '유동성 함정'과 구축효과 위험이 높아지고 있다.

디플레이션 발생 시점의 부채 규모는 과거와 비교할 수 없을 정도로 과도하다. 일반적으로 디플레이션은 공급 과잉이라는 수급적 측면이 강하다. 그러나 이번에 예상되는 디플레이션은 정부, 가계, 기업 모두 엄청난 부채에 시달리는 상황에서 발생할 전망이다. 자금 여유가 있는 경제 주체가 없다. 세계적 차원에서 모든 국가가 동일한 상황에 노출되어 있다. 자금이 부족한 상태에서 디플레이션을 맞게 되면 실세 금리는 오히려 오를 수 있다.

두 번째 차이점은 달러 가치와 물가 문제다. 지금은 유동성 부족으로 달러가 강세이다. 그러나 미국의 과감한 금리 인하로 여타 선진국과 금리 차가 너무 벌어져 있다. 급한 유동성 위기를 넘길 경우 달러는 약세 전환할 수 있다. 달러 약세는 원자재 가격을 자극한다. OPEC과 러시아가 제휴해서 유가를 올릴 가능성도 열어둬야 한다. 또한 세계 각국이 준비 중인 경기 부양책이 실시될 경우 일시적으로 원자재 가격이 오를 수 있다. 따라서 당장은 디플레이션보다는 오히려 스태그플레이션과 유사한 상황이 예상된다.

세 번째 차이점은 과거보다 사회 시스템이 훨씬 불안정하다. 이번 위기는 세계화가 정착된 이후 최초의 위기이기 때문에 세계 전체의 위기, 즉 글로벌 위기이다. 그러나 헤게모니 국가인 미국은 자체 위기 수습에 급급한 상태라서 글로벌 리더십을 발휘하기 어렵다. 세계의 성장 엔진이었던 이머징 국가는 경제 불안뿐 아니라 후진적인 사회 시스템으로 정치적 불안이 동시에 나타날 수 있다. 세계화의 구조적 특징인 '상호 의존성'이 위기를 자체 증폭시키면서 국가, 산업, 기업군에 따라 인플레이션과 디플레이션이 서로 다르게 나타날 가능성이 높다.

초기 국면에서는 디플레이션 특징들이 잘 나타나지는 않을 것이다. 그러나 시간이 흐를수록 디플레이션 흐름을 막기 어려울 것이다. 금융시장이 안정돼도 경기 침체 모습은 디플레이션의 형태를 띨 가능성이 높아 보인다. 여기에 불안한 원자재 시장이 요동친다면 어떤 결과가 나올까? 문제는 디플레이션을 제대로 겪어본 세대가 미국이나 한국에 없다는 사실이다. 일본은 잃어버린 13년 이후 다시 잃어버린 시대로 재진입 중이다.

디플레이션은 경제뿐 아니라 사회 모든 분야에 어두운 영향을 끼친다. 따라서 해법은 경제 전문가만의 영역이 아니다. 오바마 대통령의 당선 후 첫 경제 참모회의에는 전직 관료뿐 아니라 워런 버핏, 전 노동부장관, 구글·제록스·타임워너 회장, LA 시장, 주지사 등이 참석했다. 증권시장, 산업계, 노동계, 그리고 지방 정부까지 아우르는 사회 전 분야 대표들이 참석한 것이다. 이렇게 광범위하게 대책을 마련하고 있지만 오바마 대통령이 디플레이션 탈출의 리더가 될지 여전히 의문이다.

레버리지의 유혹

역설적으로 글로벌 위기를 해소하는 방법은 레버리지 효과를 크게 해서 재차 자산시장의 버블을 만드는 것이다. 엄청난 유동성이 공급된 상태에서 부채 파티를 재연한다면 세계적 차원에서 인플레이션이 재차 발생할 수도 있다. 인플레이션이 강하게 나타나면 통화가치가 하락해서 공적자금 회수 시간이 단축되고 손실률도 축소된다. 또한 실물경제도 빠르게 회복될 수 있다. 누구나 상상해볼 만한 대책이다.

민간 부문에서도 급한 유동성 위기를 넘기면 다시 부채를 이용해서 투자를 재개할 수 있다. 글로벌 위기 발생 이후 레버리지를 규제하는 조치는 아직 아무것도 나오지 않았다. 정부의 이해와 시장의 필요가 묵시적으로 합치되어 다시 레버리지 투자가 증가한다면 일시적으로 글로벌 위기는 안정될 수 있다. 최근 중국의 부동산 부양책은 레버리지에 기반하고 있다. 1가구 2주택을 장려하고 이들에게 추가로 자금을 대여해주고 있다.

달러가 무한히 공급된다면 21세기의 엔화와 같이 달러를 차입해서 이머징 국가 등 다른 자산에 투자를 늘릴 수도 있다. 이럴 경우 세계적 차원에서 레버리지 투자는 증가하지만 미국 경제는 재차 침체할 수도 있다. 낮은 금리 국가의 자금을 빌려 투자하는 캐리트레이드(carry trade) 대상 통화로 엔화, 스위스 프랑에 이어 1% 금리 수준의 달러가 등장한다면 어떤 결과가 벌어질까?

레버리지 투자는 상황을 악화시킨다. 문제의 근본 해결이 아니라 새로운 문제를 양산시킬 수 있다. 현실적으로 정부만이 레버리지 확대를 용인할 수 있다. 왜냐하면 지금은 국가가 금융을 지배하는 국가 독점 금융자본주의 시대이기 때문이다. 각국 정부의 레버리지 확대 유혹은 위기가 심화될수록 커질 수 있다. 한국 주식시장에서도 레버리지 투자를 바탕으로 주가가

2,000포인트 선에 재차 도달할 수 있다는 전망이 나오고 있다.

건전한 레버리지 활동이 지원되도록 정부와 금융기관들은 금융 환경을 안정적으로 만들어야 한다. 그러나 신자유주의 체제의 복귀라는 역 트렌드와 정권 안정을 위한 전략으로 레버리지를 사용할 가능성을 전혀 배제할 수 없다. 특히 금융시장이 어느 정도 안정화되었을 때 이런 시도가 가시화될 수도 있다. 단기적 관점에서 2003~2007년에 나타났던 과도한 레버리지 유혹을 각국 정권은 잊기 어려울 것이다.

붕괴의 그늘…
오 주여! 낮은 데로 임하소서

세계적 금융위기 속에서도 호황을 보이는 산업이 있다고 합니다. 최근 미국에서는 창고업이 대호황을 보이고 있다고 합니다. 소형 대여 창고의 성업 이유는 서브프라임 연체 때문에 집에서 쫓겨난 사람들의 물품을 모아두기 때문이랍니다. 임대 창고를 모아 둔 곳이 미국 전역에 5만 1,000군데이고, 임대 창고업체 중 하나인 유스토어 이츠(U-Store It's)라는 회사의 주가는 올해 시장 전체보다 크게 강세를 보였다는군요. 열쇠업자도 호경기를 맞고 있습니다. 집을 압류한 채권자가 쫓겨난 집주인이 다시 돌아와 집 안에서 돈이 될 만한 것을 가져가거나 원래 설치되어 있던 가전제품 등을 들고 가지 못하도록 열쇠를 바꾸기 때문이랍니다.(『서브프라임 크라이시스』, 랜덤하우스, 2008)

프랑스의 사르코지 대통령은 어려운 경제 상황을 감안해서 연회에 참석하는 장관들은 연미복이나 롱 드레스를 입지 말라고 지시했고, 일본에서는 금융 위기로 백화점의 도시락통 판매가 8월에

20% 늘어났다는군요. 최근 뉴욕의 교회와 성당에는 정장 차림 비즈니스 종사자들의 예배 참여가 크게 늘고 있다고 하네요. 이들은 무작정 앉아 있거나 흐느끼기도 하고 기도를 하기도 한답니다. 그 중 한 사람은 인터뷰를 통해 "사람들이 교회에서 배우는 도덕적 교훈을 일터에서도 실천한다면 월가는 달라질 것"이라고 했답니다.

최근 뉴욕은 정신 상담 이용자가 급증하고 있답니다. 가장 많이 이용하는 것이 자살 방지 상담 전화인데 전년 대비 16%나 늘었다네요. 교회에는 9·11 테러 때와 비슷한 충격을 느낀다고 호소하는 신도가 많아졌다고 합니다. 월가 고급 레스토랑은 텅 비었지만 핫도그 노점상 앞의 줄은 두 배로 길어졌답니다. (언론 보도 종합)

생산력이 감축될 수 있을까

디플레이션의 본질은 수요보다 공급이 많다는 점이다. 21세기 들어 신자유주의적 세계화로 세계 전체의 생산량은 비약적으로 증가했지만 분배 구조는 오히려 악화되었다. 이머징 국가는 막대한 투자로 생산설비를 늘렸지만 내수 소비 증가는 미흡한 상황이다. 21세기 초반 이머징 국가는 선진국에 저가의 상품을 대량으로 수출하면서 디플레이션을 수출한다는 비난을 듣기도 했다. 중국의 경우 국내총생산 대비 투자 비중이 2005년에는 48.5%였으나 2007년에는 55.0%로 늘었다. 반면 내수 소비는 같은 기간 중 36.7%에서 35.8%로 줄어들었다. 실질적인 소비 여력 증가는 미미하다. 오히려 글로벌 위기로 투자가 감소할 경우 경기 침체로 내수 소비는 더욱 위축될 수 있다.

이머징 국가의 인건비도 상승하고 있다. 노동조합이 생겨나면서 불평등에 대해 눈을 뜨고 있다. 민주화에 대한 욕망도 강하다. 이런 상황에서 인건비를 줄여 수출을 늘리기에는 한계가 있다. 오히려 이머징 국가의 사회 불안정을 가속화 시킬 수 있다. 이런 어려운 상황은 선진국도 유사하다. 빠른 속도로 수요를 늘릴 방법이 없다. 가계는 자산 가격 하락과 고용 감소로 파탄이 난 상태다.

과거 디플레이션은 생산능력 감축을 통해서 탈출했다. 물론 1930년대 대공황 시기에는 인구 증가, 기술 발전 그리고 신시장 개척으로 수요도 증가하는 상황이었다. 그러나 수요 증가보다는 공급능력 축소가 나타날 때 디플레이션에서 벗어나기 쉽다. 미국이 대공황에서 탈출한 원인은 케인스 경제학이 아니라 제2차 세계대전을 통해 유럽과 일본의 생산시설을 파괴했기 때문이다. 생산력의 감축은 영업이 어려운 기업들이 자발적으로 실시하든지 아니면 전쟁과 같은 외부 충격에 의해 이뤄질 수 있다. 그러나 전쟁이 어려운 상황임을 감안하면 기업들의 감산 노력이 중요하다.

이익보다는 생존이 중요

선진국들은 이미 자체적으로 감산에 돌입하고 있다. 생존이 중요하다고 판단하기 때문이다. 르노닛산 자동차는 2008년 11월부터 일본, 영국, 스페인 공장의 생산량을 최고 30% 가까이 줄이겠다고 발표했다. 자동차 산업뿐 아니라 대부분의 산업에서 시간의 차이일 뿐 결국 자의반 타의반으로 공급력 축소에 나설 것으로 보인다.

■ 글로벌 업체 감산 현황

나라	업체	내용
미국	GM	– 위스콘신 공장 폐쇄(예정)
		– 오하이오 모레인 공장 폐쇄 (예정)
		– 조지아 도라빌 공장 폐쇄
		– 델라웨어 1곳, 미시간 2곳(폐쇄 예정)
	포드	– 애틀랜타 해퍼빌 공장 폐쇄
유럽	닛산	– 영국 선더랜드, 스페인 바르셀로나 감산 계획
	오펠	– 독일 아제나흐 공장 중단
	아르셀로 미탈	– 유럽 생산량 15% 감산
일본	도요타	– 규슈 공장 7만대 감산
	닛산	– 도치키 · 규슈 공장 6만 5,000대 감산
	철강업계	– 10% 내에서 감산 계획
	엘피다	– D램 생산 10%감산
	노리타케	– 필리핀 공장 폐쇄 – 사가현 이마라 공장 50% 감산
	토소	– PVC 생산량 15% 감축
중국	4대 철강업체	– 20% 감산 합의
	상하이 GM	– 5만 8,000대 감산
	장안 포드	– 5만 대 감산

자료: 한국경제신문 2008년 10월 23일자

감산 과정에서도 국제 공조가 필요하다. 기업의 궁극적 목표가 더 많은 이익을 얻는 것이라면 자발적인 감산은 기업의 존재가 치를 포기하는 것이다. 더군다나 세계화 때문에 자신만이 감산할 경우 경쟁업체는 오히려 이익을 볼 수 있다. 이기심이 충돌하면 그만큼 감산의 시기는 늦어진다. 단 한 개의 기업이라도 참여하지 않을 경우 업계 전체에서 진행되는 생산력 감축은 불가능하다. 따라서 감산 과정에서는 서로의 생존을 담보로 글로벌 선두 업체나 정부, 협회 등의 리더십이 필요하다. 유사 기업 간에 일시적으로 경쟁을 접고 동반 생존을 모색해야 한다. 그러나 자발적 생산 감축은 새로운 형태의 카르텔을 유발할 수 있고, 중소기업은 해당되지 않는다는 단점이 있다.

선진국보다 이머징 국가는 문제가 더 심각하다. 이머징 국가와 기업 들은 시장의 신뢰나 공조의 중요성을 체득하지 못했다. 오직 완전 경쟁이 자본주의의 전부로 알고 있다. 중국에서 과잉 생산력 감축 합의가 가능할까? 정부가 효과적으로 개입할 수 있을까? 이머징 국가의 짧은 산업화 역사와 사회적 불안정성, 그리고 정부의 정통성 부재는 생산력 감축을 더 어렵게 할 수 있다. 그러나 위기의 강도가 강화될수록 생산력 감축은 불가피해 보인다. 다만 그 시점과 해당 산업, 그리고 방식에서만 국가 간에 차이가 날 수 있다.

오히려 자발적인 생산력 감축보다는 최근의 반도체 산업과 같이 제품 원가를 낮춰 경쟁기업을 퇴출시키는 치킨 게임(chicken game) 양상이 벌어질 가능성이 높다. 냉정하지만 이러한 방식도 생산력 감축의 한 방법이다. 한국, 일본, 대만, 중국의 IT 기업들은 이미 치킨 게임 중이다. 완벽한 제로섬적 경쟁은 국가를 망라해 모든 산업에서 발생할 전망이다. 과잉 생산력 감축이 빨라질수록 위기 탈출 속도는 가속화된다.

06

원자재 가격의 향방은

원자재 가격은 달러 강세와 경기 침체로 끝도 없이 추락 중이다. 실물경제 하락 속도보다 원자재 가격 하락 속도가 더 빠르다. 원자재 가격이 하락하는 또 다른 이유는 원자재 펀드에 몰려들었던 자금이 일거에 빠져나가고 있기 때문이다. 여기에 재고효과도 크다. 21세기 초반부터 원자재 가격은 오르기만 했다. 각 경제주체들은 원자재를 필요량 이상으로 많이 보유해왔다. 세계적 차원에서 조그만 철공소부터 거대한 석유화학업체까지 사재기에 열중한 결과 통계에 잡히지 않게 재고 수준은 엄청나게 높을 것으로 추측된다. 이머징 국가의 고성장, 인구증가로 원자재 가격이 지속적으로 상승할 것이라는 견해가 신화처럼 굳어졌던 결과다.

맬서스의 오류

원자재 최대 소비국으로 등장한 이머징 국가 경제는 선진국보다 빠르게 악화되고 있다. 2007년부터 석유 소비 증가는 거의 이머징 국가가 주도했다. 그러나 이머징 국가의 경기 침체 속도가 빨라지면서 경제적으로만 보면 세계가 글로벌 위기에서 벗어나기 이전까지 유가 상승은 제한적이다. 또한 석유 등 몇몇 품목을 제외할 경우 원자재는 당장 고갈을 걱정할 정도는 아니다.

곡물의 경우 과학적인 시비(施肥)법, 품종 개량, 농약 사용 확대, 기계화 등으로 시간이 지나면 생산량이 증가할 수 있다. 식량 부족을 예측한 맬서스 이론의 오류는 과학기술 발달을 예측하지 못했기 때문이다. 갑자기 중국, 인도에서 식사량이 늘지는 않았다. 다만 투기자금이 농산물에 투자했을 뿐이다. 농산물에 투자되었던 투기성 자금이 빠져나가고 있기 때문에 당분간 농산물에서 가수요가 발생할 가능성도 낮아졌다.

석유종말론 논쟁

경제에 가장 큰 영향을 주는 원자재는 석유이다. 2007년까지 세계는 오일피크 이론에 집단 최면이 걸려 있었다. 지구의 석유 매장량 중 절반 이상을 사용했다는 오일피크 이론은 이머징 국가의 고성장과 결합해서 유가 상승을 막을 수 없다는 신앙으로 굳어졌다. 필자도 상당 부분 동의한다. 장기적으로 석유 가격의 함수는 다른 상품과 마찬가지로 수요와 공급이 가장 중요하다. 그러나 인정해야 할 것은 석유가 얼마나 매장되어 있는지 누구도 정확히 알 수 없다는 점이다. 따라서 10년 정도 주기로 석유 가격의 함수는 수급뿐 아니라 투하자본과 기술이 중요하다.

자산의 증권화 현상은 고갈될지 모르는 석유에도 많은 자본을 공급했다. 한국 자본들도 중앙아시아 등지에서 석유 개발 투자를 늘리고 있다. 현 정부 국무총리의 가장 중요한 임무는 자원외교이다. 이런 상황은 어느 국가나 비슷하다. 역사상 지금처럼 석유 등 자원 개발에 투자가 많았던 적은 없다. 한국의 거제도 조선소에서는 최첨단 석유 시추설비들이 제작되고 있다. 또한 인공위성이나 3차원 영상장비를 이용해서 지구를 샅샅이 뒤지고 있다. 자금과 기술이 결합된 상황임을 감안하면 2010년 이후 석유의 공급능력 확대를 예상해볼 수도 있다.

2차 오일쇼크에서 세계가 탈출한 것에는 전륜구동 자동차 개발이 큰 영향을 주었다. 연비가 우수한 전륜구동 자동차가 팔려 나가면서 석유 소비가 크게 늘지 않았다. 최근 대체에너지에 대한 투자가 빠르게 늘고 있다. 한국에서조차도 태양광 발전이 열기를 내뿜고 있다. 하이브리드카 등 연비가 좋은 친환경 자동차도 개발되고 있다. 물론 현재의 대체에너지 개발은 기술적으로 여전히 초보 수준이다. 경제성도 낮다. 그러나 세계의 모든 국가들이 과감하게 대체에너지 개발에 투자하고 있다. 대체에너지 개발로 자금이 몰리면 석유에 대한 투기자본의 투자가 제한되는 효과도 있다. 글로벌 위기 기간 중 정상적 상황이라면 석유 가격은 제한된 범위 내에서 등락을 보일 전망이다.

석유 동맹의 가능성

2008년 10월 중반, OPEC은 석유 감산을 주장하기 시작했다. 석유뿐 아니라 천연가스 동맹 결성 움직임도 있다. 천연가스판 OPEC으로 불리는 이 카르텔은 러시아, 이란, 카타르 등 세계 천연가스 매장량의 56%를 보유하고 있는 국가가 참여하고 있다. 향후 천연가스 동맹이 회원국을 늘릴 경우 세계 경제의 안정성은 급속히 낮아질 수 있다. 또한 에너지의 전략 무기화가 촉진되어 글로벌 위기와 고물가가 공존하는 최악의 스태그플레이션 상황이 나타날 수도 있다.

2차 오일쇼크 기간 중에도 감산을 선언했지만, 경제가 어려운 산유국들은 OPEC의 결의와는 반대로 실제 생산량을 늘린 결과 자체 붕괴했었다. 그러나 당시보다 석유가 부족한 것은 사실이다. 베네수엘라와 같은 산유국들의 반미 감정은 2차 오일쇼크 당시보다 훨씬 높다. 따라서 러시아와 산유국들의 제휴

가능성은 상시 열려 있다. 중앙아시아에서 중동에 이르는 석유 생산 지역의 정치적 불안정성을 감안할 때 의도된 전쟁 가능성도 염두에 둬야 한다.

또한 석유 판매대금의 결제 통화를 달러에서 유로화 등으로 전환을 시도한다면 달러 약세와 원자재 가격 상승으로 글로벌 위기는 두 배로 커진다. 세계 경제가 침체된 상태에서 반미 세력이 석유를 기반으로 제휴하는 것을 막기 위해서라도 국제 공조에 중동국가의 참여도 고려해야 한다. 한편 국가 내부적으로는 정부가 석유류에 지급하던 보조금의 축소 가능성도 높다. 세수 감소와 경기 부양 자금이 부족할 경우 석유류에 지급되던 보조금이 축소된다면 체감 물가는 더 크게 오를 수 있다.

07

역 마셜 플랜의 가능성

글로벌 위기의 특징은 전 세계가 연결된 상태에서 동시에 위기를 겪고 있다는 점이다. 따라서 위기의 감염 속도는 실시간이다. 세계적 시각에서 볼 때 글로벌 위기는 완벽한 국제 공조만이 유일한 해법이다. 국제 공조의 핵심은 중국과 미국이 실질적인 전략적 동반 관계를 유지하는 것이다. 세계 최대의 외환보유국인 중국의 자금만이 미국을 살릴 수 있다. 여기에 일본과 대만이 가세하고, 한국, 브라질 등 친미 국가가 참여할 경우 일단 금융 측면에서 위기를 수습할 수 있다. 동아시아 4개국의 외환보유고는 거의 3조 2,000억 달러 정도 된다. 여기에 중동의 오일 머니까지 가세한다면 4조 달러 이상의 파워가 있다.

물론 이 자금들은 이미 상당 부분 미국의 국공채에 투자되어 있다. 8월 31일 현재 일본은 5,859억 달러, 중국 5,410억 달러, 대만 406억 달러, 한국은 379억 달러의 미국 국채를 보유하고 있다. OPEC의 경우에도 1,798억 달러 정도 보유하고 있다. 따라서 중국 등 많은 국가가 미국 국공채를 대규모로 매입할 경우 달러의 안정과 금융 측면에서의 위기는 어느 정도 해소할 수 있다. 물론 임시방편이지만 세계를 재편할 시간적 여유를 확보하는 방안이다.

제2차 세계대전 이후 미국은 마셜 플랜을 통해 유럽을 지원해서 부흥시켰다. 그렇다면 이번에는 역 마셜 플랜으로 당시의 제 3세계 국가들이 자금을 모아 미국을 지원하는 반대 카드가 글로벌 위기 탈출의 마지막 카드가 될 것으로 보인다. 그래서 아직은 희망이 있다.

新 죄수의 딜레마

중국의 원자바오 총리는 미국과 중국의 경제적 이익을 위해 양국이 공동으로 글로벌 위기에 대처해야 한다고 강조했다(2008년 9월 29일). 이례적으로 류밍강 은행감독위원회 주석도 인민은행은 미국 FRB와 유동성 지원 방안을 협의 중이라고 언급했다. 다소 축소되고 있지만 중국은 무역수지 흑자가 누적되면서 과잉 달러 처리에 고민하고 있다. 따라서 역 마셜 플랜은 중국과 미국 상호간 이해가 일치한다.

다만 역 마셜 플랜은 자금시장의 혼란이 어느 정도 마무리되어야 한다는 전제 조건이 있다. 미국의 금리가 너무 낮은 상태라서 금융적 관점에서는 투자하기 어렵다. 글로벌 위기에 대한 적확한 인식을 기반으로 공존을 전제로 시작해야 한다. 우선 일본이 앞서 진행할 가능성이 높다. 일본 입장에서 미국의 위기는 일본의 생존과 연결되기 때문에 금리 차이가 중요하지 않다. 일본보다 달러를 두배 가진 중국과 미국의 제휴는 마지막 보루로 남아 있다.

문제는 미국의 태도다. 역 마셜 플랜이 가동될 경우 미국은 헤게모니의 상당 부분을 중국에 넘겨야 한다. 물론 미국이 헤게모니를 어느 정도 유지할 수도 있다. 왜냐하면 중국의 역 마셜 플랜은 미국을 살려야만 중국도 살 수 있다는 전제에서만 이뤄지기 때문이다. 2008년 10월 말 폴슨 미국 재무장관은 "중국의 위안화가 지난 2005년 7월 이후 20% 이상 절상된 데 대해 만족한다"며 "미국과 중국의 이해와 믿음은 지속될 것"이라고 강조했다. 그 동안 위안화 절상을 강조했던 태도와는 정반대의 언급이다. 따라서 역 마셜 플랜은 상대적이다. 죄수의 딜레마와 같이 한 국가만의 이익을 취할 경우 양국뿐 아니라 세계가 공멸할 수 있다.

8장

위기, 그 이후를 위하여

자본주의 경제를 비난할 수는 있지만 이를 부정할 사람은 아무도 없다. 한국이 창조적인 파괴를 하도록 강제한 것은 한국의 성공이기도 하다. 실업에 대처하고 임금을 높일 수 있는 유일한 현실적 대안은 바로 인재 양성이다. 대만은 국가라기보다는 하나의 네트워크이다.

아이디어는 무(無)로부터 불쑥 솟아나오는 것이 아니라 그것이 만들어지고 적용될 수 있는 분위기 속에서 가능한 것이다. 마이크로소프트(MS)는 마술로 생겨난 것이 아니라 현재 존재하는 문화의 폭발에서 생겨난 구체적인 증거물이다. 문제는 충분히 소비하지 않는 소비자가 아니라 기술혁신을 중지해버린 기업가들이었다.

_ 기 소르망(Guy Sorman)의 『경제는 거짓말을 하지 않는다』에서

● **한국의** 글로벌 위기에 대한 대응은 여타 국가에 비해 다소 느린 편이다. 경제 지표가 상대적으로 안정적이었기 때문이다. 특히 금융기관의 건전성과 재정 흑자로 추경을 편성할 여유가 있는 나라는 실제로 한국밖에 없는 상황이다. 그러나 9월 이후 한국이 입은 실제 피해는 아시아에서 가장 크다. 환율 절하는 국가 도산 위기에 몰린 국가와 유사한 상태다. 외환 보유고는 2,300억 달러나 되지만 외부 평가는 부정적 견해가 우세하다. 위기 발생 두 달 만에 한국은 굴욕을 맛보고 있다.

당분간 세계는 금융 부문과 실물 부문 양쪽 위기 처방에 동시에 주력할 것으로 보인다. 그러나 정책의 우선순위는 금융시장에 있을 것으로 판단된다. 금융시장 안정 → 실물 경기 부양책 발표 및 실시 → 구체적 실행의 단계를 거칠 것이다. 2008년 11월 중반 현재 글로벌 위기는 금융시장에 대한 대책 발표 후 실행 단계에 진입하고 있다. 반면 실물경제에 대한 대책은 국가별로 강력한 경기 부양책을 발표하는 시점이다. 2009년 상반기까지는 기존 위기에 추가되는 위험 요인과 이에 대응하는 각국의 수습안이 충돌하면서 서서히 균형을 잡아가는 기간이 될 전망이다.

그렇다면 한국은 이 위기를 어떻게 풀어가야 하나? 역사상 유례없는 글로벌 위기의 해결 방법을 세계 전체가 모르고 있다. 물론 한국만의 명쾌한 해법도 없다. 따라서 당분간은 세계 전체 흐름에 끌려 다닐 수밖에 없는 것이 솔직한 현실이다. 그러나 추가로 발생할 수 있는 위험을 막기 위해 서둘러야 한다. 불과 두 달 만에 한국은 금융과 실물경제 침체가 동시에 나타나고 있다. 국민 모두가 위기를 정확히 인식한 후 빠른 대응이 필요하다.

해결 과정에서 자산 가격의 회복 속도와 조정 수준은 향후 글로벌 위기 수습 과정에서 지속 기간을 결정하는 중요한 사안이다. 자산시장이 빠르게 회복된다면 그만큼 글로벌 위기에서의 탈출은 빨라진다.

아직 글로벌 위기 진행 방향을 예측한 후 행동에 옮기기에는 빠른 시점이다. 위기가 발생할 때마다 다양한 분석을 통해 사후적으로 대처하는 기간이다. 이런 국면은 금융시장에서 시장 메커니즘이 정상화된 이후에나 가능해 보인다.

01
한국의 대응

글로벌 위기는 세계 전체의 위기이지만 불행히도 한국은 자체 위기가 추가적으로 존재한다. 한국이 특별히 어려워진 것은 글로벌 위기와 한국만의 고유한 위기가 혼합되어 위기를 증폭시키고 있기 때문이다. 정확히 위기를 구분할 수 없지만 필자의 판단으로 글로벌 위기와 한국 자체 위기의 비중은 거의 절반씩 차지하는 것으로 판단된다. 따라서 한국만의 위기를 잘 해결한다 해도 여전히 글로벌 위기는 한국이 통제할 수 없는 기초 환경으로 남아 있다. 이런 한계가 구조적인 비관론을 양산시키면서 자산시장을 공포의 도가니로 몰아가고 있다.

중첩된 한국의 위기

그러나 한국의 위기와 글로벌 위기는 상당 부분 연결된 것도 사실이다. 자금시장 동맥경화를 풀기 위한 금리 인하, 경기 부양책, 역 자산효과를 완화하기 위한 대책들은 글로벌 위기의 해법인 동시에 한국의 위기 탈출 해법이기도 하다.

따라서 한국은 국제 공조 체제를 기반으로 글로벌 위기를 해소하는 데 적극적으로 동참해야 한다. 한국은 수출 중심 국가이며 세계화 현상에 노출도가 매우 높다. 일방적으로 국제 공조에 끌려 다닌다면 위기 수습 후 한국의 입지 약화도 염두에 두어야 한다. 그러나 우선적으로는 한국만의 위험 요인을 빠르게 해소해야 한다. 그래도 전체 위기의 50% 정도 해결되는 것이다. 글로벌 위기 해결에 한국이 주도적으로 참여할 수 없는 상황이기 때문이다.

사실 한국의 위기 대응은 앞서 밝힌 글로벌 위기 해법을 한국적으로 변용하는 것이 거의 전부다. 위기에 대한 정확한 인식, 장기적 안목, 그리고 한국 전체를 재구축하려는 의지를 바탕으로 사회 전반의 위기 해법에 대한 합의가 필요하다. 임시방편적인 조치로 중첩된 위기를 모면하려는 대응은 오히려 위기를 가속시킬 수 있다. 이번 위기 이전부터 잠재돼 있던 구조적 모순까지 해소하려는 노력이 필요하다.

사회 기반이 흔들릴 경우 사소한 문제도 표면으로 부상되어 상황을 악화시키는 것이 일반적이다. 한국은 10년 전 외환위기 이후 사회 양극화 현상이 급속히 진행되면서 사회의 많은 분야가 가까운 미래도 준비하지 못할 만큼 엉성한 상태다. 따라서 글로벌 위기 해소 과정에서 미래의 불확실성을 크게 낮추는 구조적 대응책이 필요하다.

글로벌 위기 해법의 부연 설명이 될 수도 있으나 한국의 위기와 글로벌 위기를 동시에 해결하기 위한 시급한 원칙을 다시 정리하자면 여섯 가지로 요약할 수 있다. 한국의 대응과 관련된 내용은 이미 사회 담론을 형성하고 있기 때문에 구체적 방안은 한국 사회의 전문가와 리더들에게 맡기는 것이 옳아 보인다. 다만 기본적으로 위기 대응에 포함되어야 할 내용만 짧게 정리한다.

위기에 대한 인식 재정립

현재 한국은 내부적 문제와 한국이 해법을 제시하기 어려운 글로벌 위기에 동시 노출된 상황이다. 따라서 10년 전 외환위기 당시보다 해결이 어려운 것이다. 2008년 9월에는 자기실현적 예언(self fulfilling prophecy)을 경계하자는 분위기가 높았었다. 외국인 보유 채권 만기가 집중된 9월 위기설을 심리적으로 잠재우기 위해서였다. 상황을 너무 비관적으로 보면 정말로 비관적 상황이 현실화될 것으로 우려했기 때문이다. 그러나 위기를 축소 해석한 결과 한국의 위기 인식과 대응이 늦어지는 결과를 초래했다.

그러나 9월 중반을 고비로 자기실현적 예언의 결과(?) 때문인지 한국은 환율뿐 아니라 자금시장, 부동산시장, 실물경제가 동시에 위기 속에 함몰되었다. 글로벌 위기를 용어 그 자체로 세계 전체의 위기, 즉 지구의 위기로 판단했었어야 했다. 글로벌 위기에서 예외인 국가는 없다는 점을 간과했다.

사회적 합의가 선결 조건

위기에 대한 재인식이 필요한 것은 정부의 대응책이 자본주의 경제 논리에 맞지 않을 정도로 파격적일 것으로 예상되기 때문이다. 한국의 10월 19일 종합 대책만 하더라도 정부가 금융기관의 외화 차입을 보증하는 엄청난 내용이 포함되어 있다. 10월 21일의 건설사 지원 대책은 한 걸음 더 나아가 건설사의 토지나 미분양 아파트를 정부가 직접 구매하기로 결정했다. 금융기관과 건설사의 경영 실패를 국민이 부담하는 셈이다. 사회 전체가 위기를 제대로 인식하지 못할 경우 정부의 적극적 위기 수습 대책은 오히려 사회 불안정성을 높일 수 있다.

글로벌 위기의 극복은 현대 경제학의 범위를 벗어난다. 따라서 파국을 막을 수 있다면 어떤 정책도 실행해야 한다. 미국은 중앙은행이 기업어음(CP)을 사줄 정도다. 위기 탈출을 위해 각국은 어떤 대책이든지 '무제한' 실시하고 있다. 따라서 한국도 모든 방안을 무제한으로 실시하기 위한 사회적 합의가 있어야만 대책의 효과를 높이고 위기의 지속 시간을 줄일 수 있다. 위기에 대한 적극적 대응을 위한 가장 좋은 방법은 반대로 위기의 본질과 위험성을 국민 모두가 인지하는 것이다.

예를 들어 외환위기 때와 유사하게 차량 5부제 실시, 전 국민적인 달러 모으기, 해외여행 자제 등을 기반으로 과감한 구조조정이 실시된다면 투기 자본이 원화 약세에 베팅하는 것이 부담스러울 수 있다. 당분간은 위기감을 높이는 것이 오히려 대책의 반응 속도를 높일 수 있다. 세계의 위기는 한국의 위기이고, 내 직장과 동료의 위기이며 바로 '나' 자신의 위기다. 이번 글로벌 위기에서 절대로 예외는 없다.

글로벌 역량의 강화

글로벌 위기는 말 그대로 세계 전체의 위기다. 한국 경제에서 수출이 차지하는 비중은 2007년 기준 45.6%, 2008년 기준 48%에 달할 것으로 추정된다. 반면에 원자재는 모두 수입한다.

한국의 기업들은 몇몇 공기업이나 내수기업을 제외할 경우 수출 의존도가 매우 높다. 따라서 한국은 해외발 위기에 가장 민감한 국가이다. 이런 특수성에도 불구하고 1997년 외환위기와 이번 글로벌 위기 과정에서 한국은 유사한 오류를 반복했다.

한국 내부의 견실한 과거 펀더멘털에만 주목했다. 그러나 문제는 글로벌 위기의 결과로 세계 경제는 향후 방향조차 잡기 어려운 상태라는 점이다. 한국이 아무리 견실해도 해외에서 위기가 발생하면 세계에서 가장 빠른 속도로 전염되는 구조적 취약성을 가지고 있다. 금융시장과 경제는 과거나 현재보다 미래 변화에 더 크게 반응한다. 금융시장은 지금보다 글로벌 위기가 실물경제를 강타할 것으로 예상되는 6개월 혹은 1년 후를 우려하기 때문에 패닉 상태에 빠진 것이다. 현재의 한국이 아니라 미래의 세계를 우려하고 있다.

한국은 세계화에 대한 뼈저린 반성이 필요하다. 세계화란 한국이 적절히 활용해서 부를 축적하는 것만을 의미하지 않는다. 때로는 한국이 부담해야 할 몫도 있다. 향후 발생할 또다른 글로벌 위기에도 전염될 수 있음을 인정해야 한다. 한국의 독자생존을 상징하는 '고슴도치' 논리로 세계화 시대에 적응할 수 없다.

한국이 앞으로 글로벌 위기를 헤쳐나가기 위해서는 세계 정세와 경제 상황에 대한 정확한 인식과 정보가 필요하다. 한국의 미국 내 금융 인맥은 너무 취약하다. 미국뿐 아니라 중국, 일본, 영국, 유럽 등에 다양한 인맥을 구축해야 한다. 친한파를 육성하기 위한 노력은 정권을 초월해서 장기적으로 이뤄져야 한다.

서브프라임 모기지 문제는 2006년부터 경고음을 울려왔다. 그러나 필자를 비롯한 한국의 금융계는 서브프라임뿐 아니라 다양한 신용파생상품의 정확한 구조조차 인지하지 못한 상태에서 글로벌 위기를 맞았다. 제대로 된 해외 연구기관도 필요하다. 세계 각지에 경험 많은 현지 연구 인력을 대규모 채용해서 실시간으로 변화를 한국에 알려야 한다. 정보 내용을 한국 사회 전반이 공유한다면 향후 위기 발생 시 피해를 줄일 수 있다. 소요 비용은 글로벌 위기로 한국이 입은 피해에 비하면 미미한 수준에 불과하다.

균형 감각, 복합 대책

1990년대 초반 일본에서는 사상초유의 디플레이션 시대를 맞아 복합불황이라는 용어가 유행한 적이 있다. 경제 문제뿐 아니라 사회 불안정까지 포함하여 무기력해진 일본에 대한 상징적 표현이었다. 글로벌 위기는 경제 문제에서 출발했지만 궁극적으로 사회 전반의 모든 사안에 영향을 준다. 경제적 하부구조가 이데올로기적 상부구조를 결정짓는다는 철학적 기초에서 글로벌 위기를 파악해야 한다.

따라서 정부의 구제안은 정책 결합(policy mix)적 시각으로 마련되고 시행해야 한다. 금융기관에 대한 자금 지원은 건설업체에 대한 지원과 연결된다. 주식이나 채권 시장을 통해 외국인들의 한국 투자에도 영향을 줘서 환율을 변동시킬 수 있다. 다른 한편에서는 위기의 사회화에 대한 반발로 연결되어 시위나 노사 갈등을 유발할 소지도 있다. 어떤 정책도 사회 전체에 영향을 준다는 시각에서 대안 마련이 요청된다. 이 점은 정부뿐 아니라 사회 전체가 불가피성을 이해해야 한다.

연결성에 기초한 대책 필요

상호 의존적 연결성에 대한 사회적 이해는 경제 분야에서 특히 중요하다. 주식, 채권, 부동산 가격은 금리, 환율, 자금시장의 신뢰성 등이 복잡하게 연결되어 나타난다. 최근과 같이 채권시장이 불안하면 주가나 부동산 가격은 하락한다. 따라서 채권시장 안정화 대책은 주가 부양책인 동시에 부동산시장 대책이 된다. 환율을 움직일 수도 있다. 분리되어 산발적으로 시행되는 정책은 오히려 상황을 악화시킬 수 있다.

이런 현상은 한국 내부에서 발생되는 것이 아니다. 한국의 경제 변수는 세계 전체의 경제 변수와 거의 완벽하게 연결되어 있다. 따라서 국내적 대책의 실효성이 낮아진다. 예를 들어 2008년 10월 말 미국과 영국의 금리 차인 TED 스프레드가 확대되면서 선진국 금융시장이 불안해졌다. 미국의 금리는 낮은 수준에 있었지만 유럽 금융시장이 불안정했기 때문이다. 왜냐하면 유럽 금융기관들은 국가 도산 위기에 처한 동유럽 대출 비중이 높다. 선진국 금융시장이 불안하면 한국의 외화 조달이 어려워진다. 이 결과 TED 스프레드가 확대되면서 한국의 주식시장과 채권시장은 공포가 지배했다. 결국 동유럽의 외환 위기가 한국의 금융시장을 흔드는 상황이다. 아날로그적 사고로는 글로벌 위기 탈출은 물론 이해조차도 어렵다.

사회적 스트레스의 증가 치유책이 필요

한국 입장에서 글로벌 위기는 기본적으로 외생 변수다. 따라서 상대적으로 국내적 갈등 가능성은 제한적이다. 그러나 외생변수가 원인이지만 한국 자체 요인의 비중이 증가하고 있다. 아파트 미분양 문제, 프로젝트 파이낸싱(PF) 부실, 과도한 금융권의 단기 외채, 불완전 펀드 판매, 가계 부채의 증가 등은 해외발 글로벌 위기가 없었다면 어느 정도 국가 내부적으로 해결가능한 내용이었다. 그러나 글로벌 위기와 국내적 위험 요인이 결합되면서 새로운 차원의 위기로 비화되고 있다.

모든 국민이 위기의 피해자이다. 주식, 채권, 부동산 가격 하락으로 자산 가격이 폭락했다. 그 결과 예금 생활자의 노후 문제가 발생했다. 고금리 현상이 지속되면서 금융기관으로부터 대출을 받은 개인이나 기업들은 부담이 커졌다. 경기 침체로 내수, 투자, 건설, 수출 등 경제의 모든 분야가 위축되고 있다. 고용이 줄면서 청년 실업자, 신용불량자 양산이 예상된다. 한국 사회의 스트레스 지수가 급증하고 있다.

사회적으로 스트레스가 증가하면 범죄, 자살, 집단 이기주의, 소송이 증가한다. 도덕적 해이가 판치게 된다. 양극화 속도는 추가적으로 더 빨라진다. 정치권과 사회의 리더 그룹은 한국 사회 전반의 스트레스 저하를 위해 경제 대책을 넘는 복합 처방이 필요하다. 따라서 특정 분야만을 위한 극단적인 대책은 지양해야 한다. 포괄적이고 미래 지향적인 정책이 요청된다. 이미 한국은 외환위기 이후 10여년에 걸쳐 사회적 스트레스를 자체적으로 강화시켜왔다. 따라서 사회 갈등을 완화하기 위한 복합적이고 균형 있는 대책이 필요하다. 물론 한국을 새롭게 건국한다는 사회적 합의가 선행되어야 한다.

재정 건전성을 지켜라!

세계 각국이 천문학적 숫자의 자금을 금융기관에 쏟아 부으면서 국가 재정에 대한 관심이 높아졌다. 재정 상태가 어려워진 다면 장기적으로 이탈리아나 일본과 유사해진다. 특히 한국은 북한이라는 돌발 변수가 있다. 세금, 국민연금, 건강보험 비용의 합계인 국민부담율은 미국이나 일본과 유사하지만 사회복지 예산은 현저히 낮다. 한국의 재정 건전성 유지는 다른 국가와 차원이 다를 정도로 절대적으로 중요하다.

국가 재정의 건전성은 짧게는 글로벌 위기의 탈출 속도를 결정한다. 세계적 차원에서 진행 중인 경기 부양책의 경우 전적으로 정부 투자에만 의존하고 있다. 한국도 마찬가지다. 문제는 글로벌 위기의 지속 기간이 예상보다 길어질 수 있다는 점이다. 초기에 과도한 경기 부양책을 실시하게 되면 위기가 장기화 될 경우 재정이 부족해질 수 있다.

개점휴업 상태인 양양, 울진, 무안 공항의 사례에서 보듯이 특정 정권의 이해에서 비롯된 재정의 방만한 사용은 일본의 전철을 밟을 수 있다. 한국의 재정이 건전한 편에 속하기는 하지만 무계획적으로 글로벌 위기 탈출 자금으로 사용될 경우 재정 고갈의 위험에 직면할 수밖에 없다. 재정의 효율적인 사용을 위해 지금부터 치열하게 연구해야 하고 또 사용 과정에 대한 사회적 감시도 필요하다. 돈을 풀 유일한 주머니는 국가 재정뿐이다.

국가 재정은 미래의 거울

한국의 고령화 속도는 세계에서 가장 빠르다. 2011년 이후 인구도 감소세로 전환한다. 글로벌 위기로 출산율이 더 낮아진다면 인구 감소 시점은 앞당겨질 수 있다. 건강보험 적자는 시간이 지날수록 확대될 전망이다. 공무원연금, 군인연금 등 공적 연기금은 대규모 적자를 앞둔 시한부 상황에 직면해 있다. 추가적으로 건강보험료나 공적 보험료를 올릴 경우 사회적 갈등이 심화될 수도 있다.

국가 재정의 건전성 문제는 장기적으로는 글로벌 위기 이후의 성장 속도와 사회 갈등의 수준을 결정할 것으로 보인다. 그렇다고 현재의 대통령 단임제 아래에서 특정 정권이 이 문제를 해소하기란 현실적으로 불가능하다. 섣부른 대응은 오히려 이데올로기 갈등을 유발할 수도 있다. 따라서 재정 건전성 유지와 미래를 위한 효율적 사용이 필요하다는 사회적 합의가 필요하다. 글로벌 위기는 국가 재정의 사용이라는 경로를 통해 사회 갈등을 잠재하고 있다는 점을 정치권은 인정해야 한다.

통합적 외교정책

글로벌 위기가 발생하는 시점에서 세계의 헤게모니 전환 가능성이 엿보이고 있다. 지정학적으로 강대국의 경계선에 위치한 한국의 입장은 상당히 불안정해지고 있다. 다소 진보적인 정권으로 교체된 미국의 대외 정책의 변화 가능성도 높아지고 있다. 세계와 한반도 주변 정세가 모두 불안정하다. 단기 예측조차 불가능한 상황이다. 모든 가능성에 대비하기 위해 유연해져야 한다.

1997년 외환위기 당시 미국의 한국 지원은 경제계가 아닌 국방부와 국무부를 통해 이뤄졌다는 비화가 있다. 한국의 전략적 가치를 부각시켰다는 의미다. 그러나 이번 금융 위기 과정에서 한국의 국방, 외교 라인이 어떤 역할을 했는지 필자는 정보가 없다. 다만 한국이 직면한 글로벌 위기의 후폭풍은 경제 구조뿐 아니라 세계 질서 자체를 바꿀 수 있기 때문에 통합적 측면에서 대응이 필요하다는 점을 강조하고 싶다.

국민 모두가 외교관

향후 발생할 엄청난 변화에 대비하기 위해 한국은 적극적으로 국제 공조에 참여해야 한다. 한국의 국가 품격을 높여 소프트 파워를 보강해야 한다. 그러나 외교적으로 갈등의 소지가 있는 민족주의적 이슈는 당분간 인내하는 것이 필요하다. 포퓰리즘은 국내적으로도 문제지만 외교 문제에 대한 포퓰리즘적 대응은 상황을 악화시킨다.

정치권, 관료, 언론, 시민단체는 최악의 위기와 미래의 관점에서 외교 문제에 접근해야 한다. 단편적이며 정제되지 않은 대응은 치명상이 될 수 있다. 일본의 사회 문제 전문가인 다카하라 모토아키는『한중일 인터넷 세대가 서로 미워하는 진짜 이유』란 책에서 3개국의 고도성장 과정에서 형성된 견고한 기득권층과, 고도성장의 혜택을 받지 못한 채 시장 경쟁에 참여하게 된 계층 사이 대립관계의 도피처로 민족주의가 부상하고 있다고 주장한다. 사회 소외 계층이 외부의 적을 만드는 민족주의가 사이버 공간에서 충돌하면서 조용히 협상하고 처리해야 할 외교적 문제가 사회 이슈화되고 있다. 세계화는 국민 모두를 외교관으로 만들었다.

전략과 미래의 관점으로 세계를 보자

외교와 경제는 연결되어 있다. 음모론적 시각이지만 글로벌 위기가 심화되어 디플레이션 상황이 나타날 때 주변 강국들은 한반도의 긴장 고조를 원할 수도 있다. 중국이나 일본 입장에서는 한반도 정세가 악화될 경우 자국의 경제 위기를 은폐할 수 있기 때문이다. 모든 변수를 녹여 사회적 합의와 명분을 보강한 외교 정책만이 위험한 지정학적 위치와 남북 대치라는 한국의 숙명을 극복할 수 있다. 글로벌 위기 발생 이후 혼돈과 무질서 속에서 미래의 변화를 고려한 장기 전략이 절실히 필요해지고 있다.

최악의 경제 침체에 대비

경영이론 중 스트레치 골(stretch goal) 방식이 있다. GE나 LG전자가 썼던 방식으로 조그만 목표 상향은 개선 수준에 그치기 때문에 오히려 획기적인(다소 불가능한) 목표를 설정해야 창조적 혁신이나 완전히 다른 방식으로 업무를 개혁해서 목표를 이룬다는 이론이다. 지금은 이 방식을 반대의 경우로 적용하는 것이 필요하다. 글로벌 위기를 최악의 상황으로 가정해서 선제 조치를 취하면 그만큼 피해를 줄일 수 있을 것으로 판단된다. 물론 자기실현적 예언으로 추가적인 경기 침체도 예상할 수 있다. 그러나 글로벌 위기는 외부로부터 발생한 세계적 차원의 위기이기 때문에 자기실현적 예언에 연연할 필요는 없어 보인다. 최악의 상황을 가정해서 다섯 가지 현안을 살펴보자.

현안 1 수출 감소 가능성에 대비하라!

글로벌 위기가 지속되면서 세계 경제의 장기 침체는 불가피해지고 있다. 한국 경제는 수출 의존도가 높다. 수출 대상 국가 모두가 한국보다 경제 상황이 나빠지고 있다. 2008년 4분기에는 환율 상승에 따른 수출 증대 효과로 경상수지 안정이 예상된다. 그러나 글로벌 금융시장의 안정이 이루어진 이후에는 오히려 달러 가치의 약세 가능성이 높아지고 있다. 환율에 의존한 가격 경쟁력만으로는 한계가 있다. 환율이 달러당 900원인 경우에도 한국의 수출증가율은 10% 이상 성장했다. 그러나 환율이 1,300원대를 넘나들던 2008년 10월 수출증가율 역시 8.5%에 불과했다. 그만큼 세계 각국의 경기 침체로 수입 수요가 줄고 있다는 의미다.

한국의 미국에 대한 수출은 1990년 30%대에서 현재 12.3%로 줄어들었다. 대신 세계 경제의 주역으로 떠오른 이머징 시장에 대한 수출은 비약적으로 증가했다. 이머징 국가에 대한 수출은 2007년에만 20.3%나 증가했다. 그러나 이머징 국가는 글로벌 위기로 선진국보다 심한 타격을 입고 있다. 중국의 수출증가율이 둔화되면서 2008년 3분기 성장률이 9%대에 머문 것도 한국의 위기다. 한국의 중국 수출증가율이 급속히 둔화되고 있다. 중국에 대한 수출은 2008년 4월에 32.7%나 늘었다. 그러나 9월에는 10%대 중반까지 하락했다. 만일 중국 수출이 마이너스로 전환된다면 글로벌 위기의 영향을 떠나 한국 경제 구조를 원점부터 재검토해야 한다. 선진국 시장에서는 가격, 품질, 브랜드 등에서 경쟁력이 약화된 상태에서 이머징 국가에는 경기 침체로 수출이 늘기 어려운 구조에 진입하고 있다.

품목별로는 21세기 들어 산업재로 불리는 기계, 조선, 운송, 건설과 철강, 석유화학 등 소재산업이 수출을 이끌어왔다. 산업재와 소재는 경제 개발 초기에 대규모로 물량이 투여되는 품목이다. 따라서 이머징 국가의 투자증가율에 가장 큰 영향을 받는다. 그러나 글로벌 위기로 이머징 국가의 투자는 줄어들 수밖에 없다. 내수 침체 속에 수출이 줄어들 경우 한국 경제는 외환위기 당시 보다 훨씬 어려워질 수 있다.

■ 미국시장 업체별 2008년 10월 자동차 판매 실적

구 분	10월 판매 대수	증감률(%)
GM	16만 8,719대	-45.1
도요타	15만 2,100대	-23.0
포드	13만 2,248대	-32.0
닛산	5만 6,945대	-33.0
현대·기아차	3만 6,303대	-34.5
BMW그룹	2만 5,512대	-5.0
다임러	1만 7,257대	-24.5

자료 : 오토모티브 뉴스

외환위기 때는 세계 경기 호조 속에 한국이 강점을 보이던 IT 경기가 호황 국면이었다. 그러나 지금 기댈 언덕은 거의 없다. 산업계는 어떻게 수출을 늘릴 수 있을지 고민해야 한다. 기업들은 글로벌 위기의 장기화에 대비해야 한다. 특히 기존 수출 시장의 동향과 경제 체질의 변화를 면밀히 살펴야 한다.

현안 2 중소기업 대책이 경기 부양책이다!
중소기업은 경제의 근간이다. 한국의 중소기업은 2005년 기준으로 전체 고용의 88%, 수출의 32%를 차지하고 있다. 따라서

모든 정권들은 중소기업을 육성하기 위해 노력을 기울여왔다. 그러나 글로벌 위기 국면에서 중소기업 문제는 또 다른 뇌관이다. 중소기업의 자금난이 금융권으로 전이될 가능성이 높아지고 있기 때문이다.

2006년 이후 경기 호조 등을 배경으로 중소기업 대출이 크게 증가하여 은행권의 경우 중소기업 대출(국내 은행 원화 대출금 기준) 규모가 2008년 9월말 현재 417조원에 이르고 있다. 총대출 중 중소기업 대출 비중은 2008년 6월 말 기준 46.6%나 된다. 그러나 은행권의 경우 전체 중소기업 대출의 연체율은 아직 낮은 상태다. 다만 건설업, 음식·숙박업 등 경기 민감 업종의 연체율이 빠르게 증가하고 있다.

대기업의 하청업체인 중소기업들은 원자재를 주로 해외에서 수입한다. 최근 환율 상승으로 수입가격은 크게 올랐다. 그러나 납품을 받는 대기업들은 단가 인상에 인색하다. 2008년 상반기 한국의 대표 기업인 현대자동차와 삼성전자의 하청업체들이 납품단가 인상을 집단적으로 요구한 사건은 중소기업의 실상을 여실히 보여주고 있다. 이런 상태에서 실세 금리의 상승으로 흑자 부도가 우려되는 상황에 도달하고 있다. 글로벌 위기가 장기화될 경우 중소기업이 고사하면서 내수 침체뿐 아니라 발주처인 대기업의 경쟁력 저하가 예상된다. 중소기업 대책은 중기적으로 가장 중요한 경기부양책이다.

현안 3 자영업의 위기도 금융의 위기이다!

SOHO란 작은 사무실(small office)과 자택 사무실(home office)을 거점으로 하는 근무 형태로 특별한 사무실 없이 자신의 집을 사무실로 활용하는 데서 시작한 개념이다. 그러나 많은 자영업자들이 SOHO로 분류된다. 또한 금융권에서는 2005년부터 중소기업 대출을 늘리는 과정에서 SOHO 대출이 크게 늘었다.

한국의 자영업자 비율은 세계에서 가장 높다. 35~40%를 오르내리고 있다. 자영업자가 증가한 것은 외환위기 당시 비자발적 퇴직자와 일자리를 얻지 못한 청년층이 대거 자영업에 진출했기 때문이다. 사회가 양극화되어 가고 있는데 자영업자의 증가는 경쟁을 가속화시켰다. 자영업자 간의 치열한 경쟁이 구조화되면서 창업과 퇴출이 반복되고 있다. 여기에 서비스업에도 대기업이 진출하면서 전국적 규모의 식당, 할인점, 커피 전문점 등이 자영업자의 입지를 더욱 축소시키고 있다.

자영업자와 SOHO 사업자는 글로벌 위기와 관계없이 경영이 악화되고 있는 상태였다. 그러나 글로벌 위기로 경기 침체가 가시화되면 이들의 대규모 몰락이 앞당겨질 수 있다. 외환위기나 카드채 문제 당시와의 차이점은 자영업자들이 금융권에서 자금을 대출받아 사업을 확장했다는 점이다. 따라서 경기 침체뿐 아니라 금리가 상승할 경우 자영업자의 타격은 커질 수 있다. 자영업자들이 대출금을 연체하거나 파산할 경우 자영업자 문제는 금융권으로 전이될 수 있다. 물론 금융권은 충분한 담보를 확보하고 있다. 그러나 경기 침체가 심해질수록 담보가치도 하락한다. 자영업의 몰락도 예상 가능한 위기의 시나리오다.

현안 4 가계 부채 문제가 위기의 본질이다!

한국의 가계 부채는 2003년 카드채 문제 이후 지속적으로 증가해왔다. 2008년 상반기 기준 가처분소득 대비 가계 부채는 1.53배에 달한다. 1.32배인 미국보다 부채 비중이 높다. 부채 가구의 실질적 부채 금액이 1억원 가량 된다. 이를 최근의 대출 금리 8%로 계산하면 1년에 평균 800만원 이상 이자를 낸다. 담보대출로 주택을 구입했을 경우 1년에 집값이 4%씩 하락한다는 의미다(LTV 비율 50% 적용).

글로벌 위기로 자산 가격이 폭락하고 있다. 부동산 가격도 실거래 가격은 지역 구분 없이 20~30% 정도 하락한 것으로 조사되고 있다. 경기 침체로 신규 매수 여력도 없다. 기존 주택도 이미 공급 과잉 상태다. 그러나 보다 큰 문제는 2004년 이후 급증한 부동산 담보대출의 대출 상환 부담이 2009년부터 급증하는 시점에 도달하고 있는 점이다. 이미 가계 부채 문제는 현실화되고 있다. 지지옥션 통계에 따르면 채권금액보다 낙찰금액이 낮은 경매 부동산 비율이 2008년 10월 38.5%에 달하는 것으로 조사되었다. 높은 LTV 비율이 있는 주택이 이자를 갚지 못해 경매 처분되면서 이른바 '깡통 아파트'가 출현하고 있다.

깡통 아파트가 늘게 되면 국내 금융기관의 건전성도 낮아진다. 금융기관의 건전성이 낮아지면 해외 차입 시 높은 금리를 부담해야 한다. 국내적으로는 고금리인 후순위 채권을 대규모로 발행하면서 조달 금리가 오를 수 있다. 금융권의 조달 금리가 오르게 되면 다시 대출금리가 상승하는 악순환에 빠질 수 있다. 2008년 6월말 현재 가계 부채는 660조원이다. 금리가 1%p 상승하면 고정금리 대출을 제외하더라도 가계의 이자 부담은 5~6조원 정도 늘어날 수 있다. 삼성경제연구소에 따르면 금리가 1%p 상승하면 실질 민간소비는 1.2%p 감소한다는 연구 결과가 있다. 글로벌 위기와 국내 부채 문제가 빠르게 결합되고 있는 것이다.

그렇다면 금리를 내리는 것만이 유일한 해법이다. 실세 금리가 높은 수준에서 유지된다면 가계의 파산은 명약관화하다. 가계의 파산은 중산층의 붕괴로 이어져 더 큰 위기를 유발할 수 있다. 한국은행이 고민하는 물가, 환율, 경제성장률보다 실세 금리 안정이 당장은 훨씬 중요하다. 유사한 위기에 처한 선진국들은 역사상 가장 빠르게 금리를 내려 연쇄 파산을 막으려 노력 중이다. 시간이 없다.

현안 5 지방 미분양 아파트를 빨리 처리하라!

글로벌 위기의 주요 원인이 된 주택시장 거품 붕괴의 금융권으로의 전염이 한국에서 발생할 가능성은 매우 낮다. 한국의 주택 가격은 주요국에 비해 상대적으로 상승률이 낮다. 1997~2007년 중 미국 104%, 영국 202%, 아일랜드 220%, 스페인은 195%나 주택 가격이 상승했다. 또한 은행권 주택담보대출의 경우 LTV 비율은 평균 48%이고, 60% 이내인 대출이 2008년 1분기 말 기준으로 87%나 된다. 따라서 기존 주택 가격 하락으로 금융권이 부실화될 가능성은 매우 낮다.

그러나 글로벌 위기와 관계없이 한국 부동산 시장은 공급 과잉 상황에 직면해 있다. 통계로 발표되는 미분양 아파트는 16만 호 정도다. 그러나 시장에서는 30만 호 이상이 될 것이라는 예상이 주류이다. 문제는 미분양 아파트의 태반이 비수도권 지방에 위치하고 있다는 점이다. 지방은 인구가 감소하면서 경제력이 줄어들고 있다. 이미 주택 보급은 공급 과잉 상태다. 문제는 미분양 아파트의 경우 대부분 PF 대출이나 금융권의 융자를 통해 지어지고 있다는 점이다. 미분양 해소가 늦어지면서 건설사의 자금 부담 증가 → 건설사 대출 기피 → 건설사 파산 → 금

융권의 부담 증가의 경로로 위기가 확산 중이다. 저축은행들의
부동산 PF 대출 연체율은 2008년 상반기 현재 14.3%나 된다.

■ 은행채 스프레드와 건설업종 주가 추이

자료: KRX, 증권업협회

그림에서 보여주듯이 건설사의 경영 상태를 보여주는 건설업
주가와 자금을 지원하고 있는 은행의 은행채 스프레드(국고채
와 은행채 간의 금리 차)는 2007년 하반기 이후 정확히 반대 방
향으로 움직이고 있다. 국내 금융권의 자금 부족의 여러 원인
중 지방 미분양 아파트 처리 문제는 가장 시급한 경제와 금융
분야의 문제다.

과거 미분양 주택은 가계의 부채 증가를 통해 해소해왔다. 1990년대 중반, 외환위기 이후 미분양 주택은 주택담보대출이 활성화되면서 해결되었다. 그러나 지금은 가계 부채 수준이 사상 최고치 수준이다. 가계 부채를 추가로 늘려 주택을 구입하기 어려운 상황이다. 또한 주택담보대출 금리가 급등한 점도 부담이 된다. 수도권 미분양의 경우도 규제 해제와 세금 감면으로 시간의 문제일 뿐 해소가 가능해 보인다. 그러나 지방 미분양 아파트 문제는 뾰족한 해결 방안이 없다.

고육지책으로 지방 미분양 아파트를 정부가 장부가로 매입해서 임대하는 방안이 추진되고 있다. 그러나 정부가 30% 정도 할인해서 미분양 아파트를 구입할 경우 정상적으로 분양 받은 세대의 경우에는 주택 가격이 30% 하락하는 효과가 있다. 당연히 반발이 따를 수밖에 없다. 최근 미국이나 중국에서도 비슷한 상황 때문에 소송이 크게 늘고 있다고 한다. 또한 지방 건설업자들의 자구 노력이나 회생 가능성이 낮은 기업의 퇴출이 불가피하다. 그러나 이 역시 금융시장의 불안정을 강화시키는 요인이라서 서두르기 어려운 상태다. 어떤 정책 당국자라도 묘안을 찾기 어려운 상황이다.

메가스터디를 보면 미래가 보인다.

미국 최대 담배그룹인 알트리아는 감원에 착수했다고 최근 확인했습니다. 말보로로 대표되는 필립모리스를 소유한 알트리아 관계자는 감원 수준은 2009년 2월까지 경제가 어떻게 될지에 달려 있다고 말했습니다. 영국 케이블 운영회사인 버진 미디어도 2012년까지 2,200명가량을 감원한다고 밝혔습니다. 이동통신기기 메이커 노키아의 경우 핀란드와 독일에서 1,250명을 줄인다고 밝혔습니다. 영국 제약그룹 글락소 스미스클라인는 오는 2013년까지 영국 내 공장 한곳을 폐쇄해 620명을 줄인다고 발표했습니다. 스타벅스(고가)의 매출 부진과 맥도날드(저가)의 재부상이 교차하고 있습니다.

통상 제약, 담배, 미디어나 세계 1위 기업들은 불황에 내성이 강한 것으로 알려졌습니다. 한국의 경우에도 인터넷 포탈인 NHN, 온라인 학원인 메가스터디, 이마트를 통해 한국 소매 상권을 장악한 신세계 등이 이런 기업에 속합니다. 그러나 이런 기업들도 매출 증가율이 둔화되거나 줄고 있습니다.

특히 저는 글로벌 공황이 메가스터디에 어떤 영향을 줄지 관심이 큽니다. 사교육에 함몰된 한국에서 가계 소득이 줄어서 메가스터디에 대한 지출마저 줄일 수 있을까요? 아니면 비싼 오프라인 과외보다 싸고 간편한 메가스터디로 수강생이 오히려 몰려올까요? 반대로 경쟁 업체의 도산으로 시장점유율이 상승할까요?

기업의 역할 증대 필요

재정은 금융권 지원과 경기 부양책으로 자금이 점차 부족해질 전망이다. 가계는 과도한 부채를 지탱하는 상황에서 금리 상승으로 이자 상환 부담이 크다. 또한 경기 침체로 고용이 줄어들고 있다. 정부나 가계는 사용할 자금이 부족해지고 있다.

현재 잉여 자금을 확보한 경제 주체는 기업, 특히 대기업뿐이다. 물론 외화 유동성 부족으로 대기업들도 일시적으로 어려움에 처해 있는 것은 사실이다. 그러나 환율이 안정된다면 한국의 대표 기업들의 막강한 자금력은 상대적으로 부각될 수 있다. 기업이 보유한 엄청난 현금을 제대로 사용한다면 글로벌 위기 탈출 속도는 빨라질 수 있다. 한국의 수출 기업이 확보한 달러는 환율 안정에 크게 기여하고 있다. 웬만한 금융기관보다 높은 신용으로 외화 차입도 가능하다. 현실적으로 정부만이 경기 부양을 모두 떠안기는 어렵다. SOC 사업의 경우 민자 유치가 활발하게 추진된다면 재정 안정에도 기여한다.

우선 기업의 투자 마인드를 높여야 한다. 세계화된 한국의 기업들은 정부의 독려보다는 글로벌 위기의 진행 상황을 보면서 투자에 나설 가능성이 높다. 그러나 글로벌 위기는 전 세계 모든 기업들이 관찰하고 있다. 따라서 선제적으로 국내에서 투자가 가능하도록 기업들의 심리를 안정시켜야 한다. 미래에 대한

자신감을 국내적 제약 조건의 해소를 통해 마련할 수 있도록
지원해야 한다.

수면 밑의 교류

대만의 경우 2008년 11월 국부펀드인 '내셔널 디벨로프먼트
펀드(National Development Fund)'를 약 30조원 조성해서 기업
을 직접 지원하겠다는 정책을 발표했다. 경영난에 처한 반도체
업체에 긴급 자금 지원을 실시해서 금융기관뿐 아니라 제조업
체의 도산을 막겠다는 강력한 의지를 보였다. 이런 조치들은
제조업 전반에 걸쳐 공황 심리를 약화시킬 수 있다. 미국 오바
마 정부가 자동차 산업에서 공공연히 한국과의 FTA 재협상을
주장하는 것에서 확인되듯이 2009년이 되면 세계적 차원에서
보호무역이 강화될 가능성이 높다. 이 경우 각국은 기업에 대
해 보이지 않는 지원이 증가할 것이다. 한국도 사전적으로 제
조업 지원에 대한 사회적 합의를 바탕으로 수면 아래에서 보이
지 않는 지원을 시작해야 한다.

기본적으로 필자는 기업에 대한 유무형의 지원에 반대한다. 그
러나 지금은 세계적 차원에서 규칙(rule)이 느슨해지거나 아니
면 거의 존재하지 않는 상황이다. 국가별로 생존이 가장 중요
한 시기가 되었다. 사회구조 재편 문제는 현 시점에서 일단 유
보해야 한다. 기업이 약화된 이후의 이데올로기 논쟁은 공염불

에 불과하다. 필자는 신자유주의의 수정과 보완을 주장하지만 글로벌 위기의 해결을 위해 생존을 우선적 가치에 둔다. 생존 이후 논의하고 수정해도 늦지 않다고 판단한다.

죽어야 산다!

'경제는 심리다' 라는 말이 있다. 심리는 신뢰가 좌우한다. 글로벌 위기로 사회 전반에 걸쳐 신뢰가 크게 약화되었다. 모두 믿지 못한다. 불신의 벽이 빨리 제거되지 못한다면 고금리가 유지되면서 2차 위기가 나타날 수 있다. 따라서 문제가 된 기업들에 대해서는 회생 여부를 객관적으로 판단한 후 과감하게 퇴출시켜야 한다.

이후 생존 가능 기업에 대해서는 최대한 지원을 신속히 실시해서 정상화시켜야 한다. 한국이 외환위기에서 빠르게 탈출한 것은 퇴출 기업을 확정한 후 생존 가능 기업을 집중적으로 지원했기 때문이다.

실물경제의 본격적 침체를 앞둔 상태이기 때문에 향후 기업 퇴출이 크게 증가할 가능성이 높다. 문제를 지연 혹은 은폐시키면 오히려 문제가 커진다. 초기 단계에서 과감한 퇴출은 대주주의 자구 노력을 유도하는 장점이 있다. 기업 퇴출이 늘면 초기에는 자금을 대출해준 금융기관에는 부담이 된다. 그러나 시간이 지날수록 신뢰가 회복되면서 금융시장이 정상적으로 작동할 수 있다. 또한 기업의 도덕적 해이를 방지하는 효과도 있다.

소유지배구조 문제의 확정

글로벌 위기로 경영권 승계 환경이 조성되고 있다. 2009년부터는 상속증여세법 개정으로 대기업 2세로의 경영권 승계가 제도적으로 용이해질 전망이다. 주가 하락으로 세금을 절약할 수 있는 환경마저 조성되었다. 당분간 경영권 승계가 크게 늘어날 전망이다.

그러나 과거 경영권 승계 과정의 불투명성 때문에 오랜 시간이 지난 현재에도 경영에 있어 보수적 자세를 취하는 기업이 많다. 정당하게 경영권 승계가 이뤄질 수 있도록 사회적 감시와 또 다른 한편에서의 제도 개선이 필요하다. 한국은 장기간 소유지배구조 문제에 함몰되어 있다. 특히 대기업의 경영권 승계가 문제다. 이들은 한국 경제에서 지나치게 높은 비중을 차지하고 있기 때문에 경영권 승계 문제는 사적 영역이 아니라 한국 사회 전반의 문제이다.

21세기 들어 재계 중위권에서 상위권으로 도약했던 몇몇 대기업들은 글로벌 위기로 고사 상태에 빠졌다. 결국 한국 경제의 구체적 현안은 재계 상위 30개 그룹사의 소유지배구조 논쟁을 마무리해야만 기업의 적극적인 역할이 커질 수 있다. 지주회사 형태로의 전환은 현실성 있는 대안이다. 법률과 명분이 동시에 조화를 이룰 수 있기 때문이다. 적절한 타협과 제도 보완으로 소유지배구조 논쟁을 마무리시켜야 한다. 그래야 기업들은 자신감을 바탕으로 투자를 늘리고 장기적 관점에서 경영한다.

한국 대기업의 소유지배구조 문제는 짧게는 글로벌 위기의 탈출 속도를 좌우할 수 있다. 또한 길게는 한국 경제의 미래와 연결되어 있다. 현실적으로 글로벌 경쟁 속에서 한국의 플레이어는 대기업이 거의 전부이다. 반면 경영권 승계 과정이 불투명해질 경우 경제적 정의 문제로 기득권 갈등을 심화시켜 결국 이데올로기 논쟁이 구조화될 우려도 있다. 기업의 자신감 확보와 강력한 리더십 확보를 위해 소유지배구조를 이 시점에서 전반적으로 재편하려는 시도는 의외로 글로벌 위기의 해법이 될 수도 있다.

기업의 사회화?

이제 세계는 기업에 대한 시각을 바꿔야 할 시점에 도달해 있다. 대부분의 국가 재정과 가계는 부채에 신음 중이다. 세계적 기업일수록 상속이 반복되고 기업 규모 확대를 위한 증자가 이어지면서 대주주 지분율이 크게 하락한 상태다. 대주주의 영향력이 약화된 반면 대표 대리인인 전문 경영인의 역할이 커졌다.

반면 기업의 소유 구조는 펀드 자본주의의 확산으로 개인, 금융기관 및 연기금의 비중이 크게 높아졌다. 금융기관도 펀드의 주식 소유 비중이 크게 늘어났다. 또한 금융기관은 공공성 때문에 대부분의 국가에서 특정 대주주를 배제한다. 연기금의 경우에도 궁극적 소유주는 개인이다. 도대체 기업의 소유주는 누구인가? 개인 소유 비중이 크게 늘었다면 대중 자본주의가 실현된 것인가? 과거보다 기업의 사회적 책임이 중요해진 것은 바로 이런 이유 때문이다.

대기업일수록 점점 소유권이 모호해질 전망이다. 반면 이런 대기업이 사회적 부에서 차지하는 비중이 빠르게 증가하고 있다. 중소기업의 부가 대기업으로 빠르게 이동하고 있다. 글로벌 위기로 많은 기업이 도산할 경우 대기업은 몸집을 더 키울 수 있다. 구조조정 과정에서 대기업의 역할은 외환위기 당시보다 커질 전망이다. PEF와 같이 간접적으로 기업을 인수하는 방안은 레버리지 거래의 위축과 규제 강화로 당분간 증가하기 어려운 상태다.

어떻게 대기업 자금을 활용할 것인가? 사회적 역할을 정당하게 늘릴 방법은 무엇인가? 글로벌 위기는 잠재해 있던 대기업의 책임과 소유지배구조 문제를 다시 표면화시킬 것으로 보인다. 그러나 기업의 사회화 논쟁은 필자의 영역이 아니다. 학자들의 연구가 필요하다. 경제학자가 아닌 철학, 사회학, 정치학자들이 기업에 대해 재정의해야 한다.

위기를 기회로

한국은 참 운이 좋은 국가이다. 1차 오일쇼크는 중동 건설 붐으로, 2차 오일쇼크는 3저 효과로, 외환위기는 IT 경기로 극적으로 탈출했다. 그렇다면 이번 글로벌 위기는 또 다른 기회인가?

한국의 글로벌화된 기업들은 최악의 경기 침체까지 생존한다면 상당한 반사 이익을 얻을 수 있을 것으로 판단된다. 무려 18개의 기업을 인수 합병한 세계 최대 철강업체인 미탈은 빠른 철강 가격 하락으로 인원 감축과 생산 축소에 나서고 있다. 반면 삼성전자, LG디스플레이, 포스코 등 한국의 대표 기업들의 세계 시장 점유율은 3분기에 상승한 것으로 조사되고 있다.

한국 기업들이 지나치게 투자를 줄인 결과 부채비율은 낮고 현금흐름은 양호하다. 현금을 쌓아놓고 투자를 하지 않는다는 비난을 받았던 한국 기업들이 진가(?)를 발휘하고 있다. 반면 공격적으로 투자를 감행했던 세계적 기업들은 상당히 어려워질 것으로 보인다. 전 세계적 경기 침체에 따른 타격은 이머징 국가 진출이 많았던 글로벌 기업에 집중될 가능성이 높다.

국내적으로 기업의 투자도 중요하지만 더 좋은 기회는 현금을 확보한 한국의 기업들이 헐값에 세계적 기업을 인수할 수 있는 기반이 조성되고 있는 점이다. 국내 투자를 통해 경기를 부양하는 것도 필요하다. 그러나 세계화 현상이 지속될 것이라고 판단한다면 글로벌 위기는 한국의 대기업에게는 기회다. 위기와 기회에 대한 판단은 세계적 차원에서 장기적 안목으로 판단해야 한다.

02

글로벌 위기 수습의
시나리오

글로벌 위기의 수습은 크게 3단계 과정을 거칠 것으로 전망된다. 우선적으로 금융시장을 안정시킨 다음 실물 경기를 부양한 후 마지막에는 새로운 시스템 구축에 나설 것으로 보인다. 그러나 수습 과정은 정확히 시간적 순서에 의하지는 않을 것으로 보인다. 국가별로 서로 다른 상황에 위치하고 있기 때문이다. 문제의 진원지인 미국은 금융시장에 대해 직접적으로 자금을 투입하는 단계에 도달한 반면 이머징 국가들은 여전히 환율 방어에 치중하고 있는 상황이다.

또한 위기의 수준에서도 차이가 다양하고 금융시장 대책이나 경기 부양책도 정부의 인식과 재정 건전성에 따라 차이가 많기 때문에 향후 수습 국면은 불연속적이고 비선형적일 것으로 예상된다.

글로벌 위기는 세계적 차원에서 네트워크로 복잡하게 연결되어 있으면서 모든 국가, 금융기관, 기업, 그리고 인류 모두가 당사자이다. 또한 역사상 처음 발생한 사건이기 때문에 예측이 빗나갈 가능성이 매우 높다. 다만 대책과 현상, 그리고 변수의 방향성만을 제한적으로 예상해 보자.

금융시장 안정이 첫 번째 과제

2008년 말까지는 국가별로 혹은 국제 공조로 다양한 금융시장 구제안이 발표되거나 시행되는 기간이 될 것으로 보인다. 이후 2009년 초반에는 금융시장의 자생력 확보를 테스트하면서 추가 부실 여부에 관심이 모아질 것으로 판단된다.

글로벌 위기의 발생과 진행(2008년 말까지)

부동산 버블과 부채 경제 구조가 고금리로 붕괴되면서 2008년 9월 중반 글로벌 위기는 현실화되었다. 글로벌 위기의 당사자인 금융기관에 대한 신뢰가 약화되면서 리먼브러더스 등 글로벌 투자은행과 자본력이 취약한 금융기관들은 연쇄 도산하거나 정부의 지원을 받기 시작했다. 미국 등 선진국 금융기관이 약화되면서 세계적 차원에서 기축통화인 달러 가치가 급등했다. 왜냐하면 이머징 국가에 투자했던 달러 자산이 미국으로 빠르게 회귀했고, 글로벌 투자에 나섰던 금융기관의 도산으로 세계적 차원에서 자금이 부족했기 때문이다.

자금 부족, 특히 달러 부족을 해소하기 위해 각국은 통화 스왑을 통해 급한 유동성 위기를 진화하기 시작했다. 동시에 과감한 금리 인하와 금융권에 대한 무제한의 자금 공급을 단행했다. 또한 은행에서의 자금 유출(bank run)을 방어하기 위해서 일부 국가에서는 은행 예금을 국가가 보장하거나 예금 보장 한도를 확대했다.

국가별로 시간차는 있지만 전반적인 흐름은 이상의 과정을 통해 일단 금융시장 안정을 위해 상상을 초월한 대책을 쏟아냈다. 이 과정에서 세계 각국은 작금의 위기를 글로벌 위기로 인식하기 시작했다. G7 등 선진국들조차도 스스로 해결이 어려워지자 G20 등으로 글로벌 위기 해결 당사국이 늘어났다. 글로벌 공조의 중요성에 눈을 뜬 것이다.

영란은행의 분석에 따르면 2007년부터 2008년 10월까지 선진국 금융권의 손실 규모는 약 3조 달러로 추산된다. 미국이 1.6조 달러, 유럽이 1.1조 달러, 영국이 2,000억 달러로 알려져 있다. 여기에 부동산 버블 규모를 약 5조 달러로 파악할 경우 전체 부실 규모는 무려 8조 달러에 달한다. 반면 세계 각국이 금융권 자금 지원, 직접 출자, 통화 스왑 등을 통해 지원한 금액은 6조 5,000억 달러 정도로 약 1조 5,000억 달러의 자금이 추가 지원된다면 자금 지원은 일단락된다. 그러나 문제는 미국, 유럽 등 선진국의 자금 지원은 신속히 이루어지고 있는 반면 이머징 국가에서는 상당히 더디게 진행되고 있다는 점이다.

큰 그림으로 볼 때 글로벌 위기의 진행 과정 중 2008년 4분기 ~2009년 1분기는 금융시장의 무너진 신뢰를 복구하는 기간이다. 과감한 자금 지원과 국제 공조로 시장이 신뢰를 얻게 된다면 금융시장은 자생력을 확보하고 정상적인 시장 메커니즘에 의해 작동되게 된다.

■ 금융 위기 진행 경과(2008년 말까지)

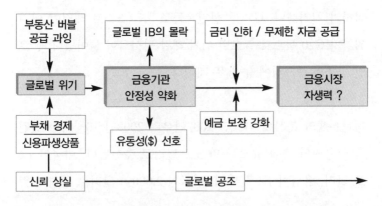

자생력을 시험하는 국면(2009년 상반기로 예상)

대부분의 국가에서 과감한 금융시장 안정대책이 이미 발표되었거나 시행 중이다. 2009년에는 금융시장 정상화가 늦어질 경우를 대비해서 추가 대책도 마련하고 있다. 각국 정부는 금융시장 안정을 위해 모든 조치를 취하겠다는 강력한 신호를 보내고 있다. 따라서 시간의 문제일 뿐 금융시장 안정은 가능해 보인다.

선진국 시장의 경우 현재 국면은 각국 정부가 다양한 금융시장 안정 대책을 발표한 후 시장 반응을 테스트하는 기간이다. 각국 정부는 금리 인하와 자금 지원을 통해 금융권의 신뢰 회복을 최우선 과제로 두고 있다. 동시에 금융기관은 부실 자산을 처분하고 부채를 축소하면서 손실을 확정해야 한다.

2008년 말까지 선진국 금융기관의 손실이 확정된다면 금융기관의 신뢰성은 크게 높아질 수 있다. 금융기관에 대한 신용디폴트스왑(CDS)이 하락하면서 저금리로 자금 조달이 이루어지기 시작할 경우 금융기관 정상화는 가속도가 붙을 수 있다. 이 과정에 진입하기 위해서는 우선적으로 선진국 간의 금리 격차가 축소되어야 한다. 미국과 영국의 3개월 만기 금리 차(TED 스프레드)는 선진국 금융기관 안정성의 상징적 지표다. 다행히 TED 스프레드는 최대 4.5%p까지 차이가 나다가 11월 초반 현재 2%p 수준 아래로 축소되었다.

선진국 금융기관이 정상화되어 기업과 가계에 대한 대출이 자발적으로 나타나게 될 경우 과잉 공급된 유동성은 이머징 국가까지 넘쳐흐르게 된다. 이때 세계 전체의 금융시장이 안정되기 시작한다.

이머징 국가의 안정까지 추가적 시간 필요

선진국 금융시장이 안정되어도 이머징 국가의 금융시장 안정까지는 상당한 시간이 필요할 전망이다. 취약하고 자본력이 약한 이머징 국가의 정부, 금융기관, 그리고 채무자인 기업이나 가계 모두 글로벌 위기를 헤쳐 나갈 만큼 성숙하지 못했다. 특히 선진국 자본이 빠르게 빠져나간 진공 상태를 메울 현실적인 방안이 없다.

이머징 국가는 세계 경제 침체로 수출이 늘기 어려운 구조인 반면 국내적으로 자산 버블 붕괴 후유증이 심각하다. 정치적 안정감도 낮은 상태라서 몇몇 이머징 국가는 금융 위기를 해결하기 이전에 국가 부도 위기에 처할 가능성이 높다. 따라서 선진국 금융시장 안정이 이루어져 잉여자금이 이머징 국가로 유입될 때까지 생존이 중요하다.

반면 중국, 브라질 등 외환 보유고가 많고 상대적으로 부채 규모가 작은 이머징 국가들은 금융 위기에서 빠르게 빠져 나올 것으로 보인다. 중국의 강력한 금융시장 안정책은 그나마 세계 금융시장에 희망의 단초를 던지고 있다.

변수는?

금융시장의 안정화 과정은 각국이 공통적으로 위기를 공통적으로 인식하고 있지만 세계가 네트워크로 밀도있게 연결되어 있기 때문에 다양한 변수가 많다. 특정 변수가 예상과 다르게 변화할 경우 글로벌 위기의 성격이 모두 바뀌게 되는 위험에 노출되어 있다. 따라서 모든 변수는 가변적이다. 다만 아래의 변수들은 해결의 속도를 결정짓는다는 면에서 꾸준한 관찰이 요구된다.

① 추가 부실

각국 정부의 과감한 자금 지원만으로는 시장이 신뢰를 얻기 어렵다. 금융기관들이 당장의 위기를 모면하기 위해 부실을 숨길 경우 신뢰의 상실과 더불어 더 많은 자금이 필요하게 되어 시간과 자금이 추가로 필요해진다.

문제는 경기 침체가 본격화되면서 금융위기와 경기 침체가 연결될 경우 추가 부실의 발생 가능성이다. 기업의 부도가 급증하고 부동산 시장 침체가 장기화된다면 금융기관의 손실은 늘어날 수 있다. 따라서 글로벌 위기의 정점 통과 여부에 대한 판단을 서둘러서는 안 된다. 아직 세계 경제는 악순환 구조의 초반에 해당하기 때문이다.

추가 부실이 발표될 경우 주식시장이 과민하게 반응할 가능성이 매우 높다. 다만 부실이 나타난 금융기관만으로 악영향이 제한적으로 나타나기 시작할 경우 조금씩 위기 수준이 낮아지는 것으로 판단해야 한다. 그러나 시장에 대한 신뢰 저하로 시장 전체의 PER 수준은 여전히 낮은 상태를 유지할 전망이다.

② 달러 가치 안정

선진국이 금융기관 지원과 경기 부양책으로 대규모 국채 발행을 계획하고 있기 때문에 달러 약세가 나타난다면 문제가 심각해진다. 미국 연준의 경우 달러를 찍어서 위험자산(부실자산)과 교환하는 방식으로 금융시장에 자금을 공급하고 있다. 연준의 자산 건전성도 악화되고 있다. 미국의 정책금리가 거의 '0' 금리 수준이 예상되어도 장기 국채 금리는 여전히 높다. 이유는 금융시장이 안정화될 경우 과도한 달러 공급으로 달러 가치가 약세를 보일 것이라는 전망 때문이다. 미국과 여타 국가와의 금리 차가 너무 크다. 미국 국채를 사고 싶어도 금리가 너무 낮으면 대안을 찾을 수밖에 없다. 만약 미국 채권 가격이 폭락하게 된다면 반작용으로 원자재 가격이 상승할 수 있다.

다만 현재 각국 금융기관은 금리가 낮은 미국 국채에 대한 투자 비중이 낮다. 따라서 어느 정도 미국 국채를 소화할 능력이 있다. 미국의 경상수지 적자 규모가 글로벌 위기로 상당히 축소될 것으로 예상된다. 미국의 고질적인 경상수지 적자 문제가 완화된다면 달러 가치의 약화 속도는 제한적일 전망이다. 특히 신용파생상품 규모가 급속히 축소되고 있는 점도 달러 가치에는 도움이 된다.

③ 신용파생상품의 축소 속도

글로벌 위기의 구체적 원인이 되었던 부채에 기초한 LBO 및 신용파생상품 발행이 빠르게 축소되고 있다. 레버리지 활동을 가속화시켰던 LBO도 2007년 1분기 이후 이미 크게 축소되었다. MBS의 경우 이미 2007년 하반기부터 발행 규모가 크게 줄고 있다. CDS의 발행 잔액은 2007년 말 50조 달러, 2008년 4월 44조 달러에서 2008년 10월 말 현재 34조 달러로 축소된 것으로 보고되고 있다.

부채의 축소 경향은 시간이 지날수록 가속화되고 있다. 부채 축소가 속도가 붙게 되면 금융기관과 시장에 대한 신뢰가 강화된다. 그나마 미래에 대한 긍정적인 변화는 직접적 원인이 되었던 신용파생상품의 비중이 줄고 있는 점이다.

④ 금융기관의 신용 창출 능력 회복

시장에 자금을 많이 공급해도 돈이 잘 유통(통화승수 증가)
되어야 금융시장이 정상화된다. 손실을 메우는 과정에서 통화
유통속도가 증가하기는 어렵다. 과도하게 자금을 공급했음에
도 통화유통속도가 낮아지면 추가적으로 자금을 공급해야 한
다. 2009년 중반은 되어야 통화유통속도가 빨라질 것으로 추정
된다. 왜냐하면 금융기관의 안정 이후 기업의 자금난으로 여전
히 금융시장은 리스크를 회피하려는 성향이 강할 것으로 판단
되기 때문이다.

■ 낮은 신용 창출 능력

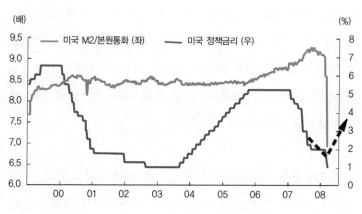

자료: Thomson Reuters Datastream

금융 위기에 이은 경기 침체가 중반을 넘기는 시점까지 통화 유통속도가 빨라지기는 어려울 전망이다. 본원통화 대비 M2 비율이 역사적 저점에 있다는 것은 연준이 공급한 자금이 아직까지는 금융권의 부실을 처리하는 과정에 있음을 보여준다. 자산시장의 경우 통화유통속도가 빨라지면 가장 민감하게 움직일 전망이다.

경기 침체

금융시장 안정이 최우선으로 필요하지만 금융시장 안정은 실물경제 침체를 막기 위한 선제적 조치다. 사상 초유의 경기 침체를 인지하기 시작한 기업과 가계는 점차 긴축 모드로 진입하고 있다. 그러나 경기 침체가 어떤 양상으로 나타날지 예측하기 어렵다. 세계 전체의 위기이기 때문에 일찍이 경험하지 못한 양태를 띨 것으로 보인다.

이미 소비 침체는 가시화되고 있다. 상징적인 세계적인 기업들이 구조조정에 돌입하고 있다. 소비의 선행지표는 유통과 운송이다. 유럽계 택배사 DHL은 미국에서 사업을 철수하며 9,500명을 감원키로 했다. 미국에서 두 번째로 큰 전자제품 유통 체인인 서킷시티가 파산보호 신청을 한 지 하루 만에 1위 업체인 베스트 바이도 악화된 실적을 발표하면서 주가가 급락했다. 우량 기업의 대명사인 제너럴일렉트릭(GE)조차 안심할 수 없다는 우려도 제기되고 있다. 글로벌 위기에는 잭 웰치의 끝없는 도전과 용기로도 치유가 어려워 보인다.

경기 부양책과 경기 침체의 충돌

경기 침체가 본격화될수록 더 이상 물러설 수 없는 각국 정부는 물량 공세로 경기 부양책을 내놓고 있다. 2009년은 추락하는 경기와 방어하는 경기 부양책과의 조화 여부가 중요하다. 이미 금융기관에 자본주의 원칙을 벗어나는 지원을 감행했기 때문에 기업에 대한 경기 부양책은 경기 침체가 심해질수록 강해질 것으로 판단된다.

그러나 경기 부양책은 전체 경제 규모에 비하면 여전히 절대 규모가 작다. 따라서 시장이 자율적으로 회복돼야 한다. 특히 일본의 경우 대규모 경기 부양책에도 불구하고 실제 내용은 지급 보증에 치우쳐 있다. 이마저도 2009년 선거를 의식한 부양책으로 의심받고 있다. 정부 스스로 신뢰를 깨고 있는 것이다.

단기 반등 가능성

어려운 상황임에도 불구하고 2009년 하반기 이후에는 부분적인 경기 회복이 예상된다. 무제한의 자금 지원으로 금융기관이 부분적으로 안정되는 동시에 경기 부양책 효과가 나타나기 시작할 경우 빠른 경기 회복도 예상된다. 금융시장에서 자금이 돌기 시작하고 많은 기업의 도산으로 생산능력이 줄어든 상태에서 재정 투입으로 일시적으로 수요가 늘 수 있다.

따라서 2009년 하반기로 예상되는 경기의 반전 강도는 금융시장의 안정과 경기 부양책의 집행 속도에 달려 있다. 그러나 2009년 하반기의 경기 반등은 경제지표만 호전될 뿐 체감하기 어려울 전망이다. 살아남은 자들의 축제가 될 가능성이 높다. 이 기간 중 부도는 지속되고 고용도 늘기 어려울 전망이다.

디플레이션 준비
문제는 반짝 경기 이후에는 금리가 본격적으로 하락하면서 소비가 살아나지 않는 장기간에 걸친 2차 경기 조정이 예상된다는 점이다. 물가도 안정적일 것이다. 주택시장은 침체된 상태에 있을 것으로 보이며, 주가도 일정한 박스권에 갇혀 있을 것으로 예상된다. 본격적인 디플레이션 시대에 돌입할 가능성이 높다.

따라서 경기 부양책은 3~4년 후를 내다보는 장기적 안목에서 시행되어야 한다. 전술적 측면에서 단기적 문제 해결에만 급급할 경우 디플레이션을 막기 어렵다. 기업의 구조조정뿐 아니라 산업구조의 재편, 미래의 성장 동력 확보 등 사회 모든 분야에 대한 수술을 전제로 지금부터 준비해야 한다.

디플레이션에 진입하면 세계 경제의 가장 큰 그림자인 미국 경제의 구조적 문제가 재현되고 중국의 사회 불안정성이 높아질 수 있다. 새로운 시대로 진입하게 되는 것이다. 기축통화, 헤게모니 문제가 본격적으로 대두될 수 있어 보인다. 이 위기에 대한 사회 전체의 준비를 촉구한다.

새로운 시스템 구축을 위하여

글로벌 위기의 본질이 신자유주의적인 세계화에 있다는 출발선상에서 보면 궁극적으로 문제를 발생시킨 부분을 수정 보완해야 한다. 그러나 당장은 금융 위기와 경기 침체로 새로운 시스템을 만들기에 상당한 시간이 필요할 전망이다. 안정적이고 세계 모든 국가에 균형적인 시스템을 구축하는 것을 목표로 세계는 준비해야 한다.

민주주의, 신자유주의, 국가주의, 민족주의는 기본적으로 융화가 불가능하다. 세계 전체, 국가, 지역, 기업, 개인의 이해가 일치하는 경우가 없는 것과 마찬가지다. 사실 문제의 본질을 신자유주의라고 규정하고 있지만 정확한 의미의 신자유주의는 지구상에 존재하지 않는다. 상당 부분 수정한 시스템을 개별 국가의 상황에 맞게 변용해서 쓰고 있다.

따라서 현실을 감안해서 적당한 타협과 협상을 통해 글로벌 위기를 유발한 문제를 치유해야 한다. 새로운 체제가 꼭 신자유주의 체제를 완전히 바꿔야 하는 것은 아니다. 다만 과거보다 보편성에 기초한 균형 있는 제도가 되어야 한다. 좀 더 중도적인 시스템일 가능성이 높다.

체제 전환의 리더십 부재

그러나 현실적으로 새로운 시스템 구축은 거의 불가능할 것으로 판단된다. 민주적 정당성과 철학적 기반을 갖춘 강력한 헤게모니 국가인 미국이 약화되었기 때문이다. 미국을 대체해서 세계의 시스템 전환을 추구할 만한 리더십을 갖춘 국가는 지구상에 없다.

물론 오바마 대통령의 성향은 과거 부시 행정부보다 진보적이다. 그러나 오바마의 의지대로 미국이 진보적 성향의 새로운 시스템을 만들면 오히려 미국의 피해가 커질 수 있다. 미국은 약화된 제조업과 쌍둥이 적자로 동일한 조건에서는 경쟁력이 없기 때문이다. 새로운 시스템에 대한 저항은 미국이 가장 클 수 있다.

오바마 대통령은 집권 초기에 진보적인 개인적 성향과 현실적인 미국의 한계 사이에서 방향성을 상실할 가능성이 높다. 다양한 문제에 서로 다른 잣대로 문제를 해결하려는 시도가 나타날 수 있다. 이 과정에서 세계의 불안정성이 오히려 높아질 수 있다. 미국 내부에서 보혁 갈등이 표면화될 가능성이 높다.

시스템 전환 문제는 시간이 걸릴 듯

국제기구의 리더십 확보도 어렵다. 모든 국제기구의 재정은 선진국의 자금으로 유지되고 있다. 거부권은 UN 안전보장이사회에만 있지 않다. IMF나 IBRD에서 미국은 자금 집행의 거부권을 갖고 있다. 또한 글로벌 위기는 세계 전체의 위기이지만 해결 과정은 개별 국가의 노력에 전적으로 의존하고 있다. 국가를 넘는 세계 공통의 규칙을 마련하기는 그만큼 어렵다.

G20 1차 정상회담이 추구했던 '신 브레턴우즈' 체제는 출발 이전부터 회의론이 강했다. 금융 시스템의 부분적인 보완으로 주제가 축소되었다. 20개 국가가 모여 47개나 되는 복잡한 행동강령을 2009년 3월말까지 합의가 가능할까? 오히려 「월스트리트저널」지는 미국과 유럽 간의 철학적 관점의 차이를 드러낸 것으로 평가했다. G20 회담의 내용은 중요하지 않다. 만남 자체만 해도 큰 진보다.

프랑스나 중국 등 일부 국가들이 적극적으로 달러의 기축통화 문제를 제기하고 있지만 실현 가능성은 낮아 보인다. 그들도 달러의 몰락이 자신들의 위기라는 것을 잘 알고 있다. 아직까지는 위기 국면에서 자국의 입지를 강화하거나 정권 홍보를 위한 정치적 수단에 불과해 보인다. 유럽은 유럽금융안정기금(EFSF)을 논의하고 있다. 반면 동아시아판 공동기금인 AMF를 중국, 한국과 논의하던 일본이 미국의 영향권에 있는 IMF에 1,000억 달러를 출자하기로 한 점은 새로운 시스템 전환이 쉽지 않을 것이라는 판단으로 보인다.

세계가 글로벌 위기에서 완벽하게 탈출하기 이전에 새로운 체제 구축은 어려울 것으로 판단된다. 문제는 민간 부분의 부실을 국가가 떠안은 상황이기 때문에 이 문제를 해소하기 이전에 신체제 출현은 불가능하다. 미세한 제도 개선만이 나타날 전망이다. 결국 당분간 세계는 중심 시스템 없이 당장의 위기를 수습하는 과도기에 머물 것으로 예상된다.

03

자산시장 전망

글로벌 위기로 전 세계 자산시장은 대혼란에 빠져 있다. 신규로 저평가된 자산을 매입하는 것보다는 과거에 매입한 자산의 축소에 관심이 집중된 상태다. 레버리지를 통해 자산을 매입했기 때문이다. 실세 금리가 높은 상태에서 자산 가격은 하락하고 이자 부담이 커진 상태다. 전 세계 대부분의 투자가들은 지금같이 현금이 그리운 때가 없었을 것이다.

장기 투자자들도 손실이 크다. 워런 버핏도 손해가 막심하다. 주식 투자 비중이 높은 각국의 연기금이나 대학 기금들도 상당한 내상(內傷)을 입었을 것으로 추정된다. 신규로 자금이 들어오기보다는 자산 가격이 상승할수록 오히려 자산을 처분하려는 욕구가 커질 수 있다. 자산 가격 하락 속도가 워낙 빨라서 거의 속수무책으로 당했기 때문이다.

글로벌 위기 이후 자산시장 전망은 아주 단순하다. 공급 과잉, 경기 침체, 고금리, 레버리지 축소라는 기초 환경에다 경기의 방향성을 도입하면 자산 가격 변화를 예상할 수 있다. 그러나 2008년 4분기 현재 어떤 자산도 투자 매력도가 크지 않다. 동시에 모든 자산이 비슷하게 하락했기 때문이다.

부동산시장 전망

부동산은 기초 환경이 가장 어렵다. 신규 매입은 고사하고 고금리로 대출 이자 내기도 버거운 상황이다. 글로벌 위기가 해결되어도 부동산시장이 살아나기는 어려워 보인다. 그러나 당분간 부동산시장의 방향성은 세계 전체가 유사하게 움직일 것으로 보인다. 왜냐하면 부동산시장과 금융시장이 완벽히 결합된 상태에서 글로벌 위기가 발생했기 때문이다.

미국 주택 가격 안정이 자산시장 전체의 화두

현재 미국의 주택 경기는 최악의 상황이다. 가격 하락뿐 아니라 연체율이 급증하면서 주택 차압이 빠르게 늘고 있다. 이미 2008년 상반기 말 현재 약 74만 호 정도 주택이 차압 상태에 있는 것으로 추정된다. 여기에 평소 4개월 정도였던 주택 재고가 11개월 수준으로 늘어난 상태다. 미국 정부는 차압을 줄이기 위해 금리를 크게 인하했지만 모기지 금리는 여전히 내리지 않고 있다.

그나마 주택 착공이 줄고 있는 것은 긍정적이다. 미국의 주택 수급이 안정적으로 전환되려면 2009년은 넘겨야 할 것으로 예상된다. 주택 가격 하락 폭이 크기 때문에 수급이 균형을 이룬다면 주택시장의 안정 가능성도 높아진다. 글로벌 위기의 출발이 미국의 주택 버블에 있었고 부실 규모도 가장 큰 상태이기 때문에 미국 주택 가격의 안정 여부는 전체 자산시장의 방향을 결정할 것으로 판단된다. 주요 변수는 주택 재고, 모기지 금리, 달러 가치가 될 것으로 전망된다.

중국은 시간이 해결할 듯

중국은 도시화가 빠르게 진행되고 있다. 그러나 2003~2007년 중 부동산 경기 과열이 심각했다. 부동산 경기 과열 과정에서 해외 자본도 중요한 역할을 했다. 그러나 글로벌 위기로 해외 자본이 빠져나가면서 부동산시장 불안정은 사회문제화되고 있다.

전통적 농업 국가였던 중국에 부동산은 경제 활동의 기반 혹은 사회적 자본으로 여겨져왔다. 그러나 부동산 가격이 급등하면서 재산 증식의 대상으로 시각이 전환되는 과도기에 글로벌 위기가 발생했다. 중국 정부는 지역에 따라 1가구 2주택을 허용하는 등 강력한 부양책을 잇달아 내놓고 있다.

글로벌 위기가 어느 정도 해소될 경우 중국 부동산의 반등 속도는 가장 빠를 것으로 판단된다. 부동산에 있어 사회주의적 관점이 희미해졌고, 9억 명으로 추산되는 농촌 인구의 도시에 대한 선망은 경제 상황과 무관하게 유지될 것으로 판단된다. 중국의 도시 주택 가격은 주가와 더불어 이머징 국가 경제 회복의 신호 역할을 할 것으로 예상된다.

구조적 전환기에 돌입한 한국

당분간 한국의 주택시장은 침체가 불가피하다. 많은 미분양과 금융시장의 불안정으로 부동산시장 침체는 당연해 보인다. 그러나 글로벌 위기에 따른 부동산시장 침체를 제거해도 한국 부동산시장은 구조적 전환기에 돌입하고 있다. 글로벌 위기 해결 이후의 부동산시장 변화에 대비하기 위해 부동산시장을 둘러싼 네 가지 사회 변동 요인을 살펴보자!

21세기 들어 한국의 부동산은 철저히 양극화되어 움직여왔다. 수도권과 비수도권, 강북과 강남으로 양분되어 가격 차가 크게 벌어졌다. 한국 부동산시장이 양극화된 것은 사회의 구조적 변화를 반영한 결과다. 정부의 강력한 부동산 부양책에도 미동도 하지 않는다. 어떤 변화가 있는 것일까?

① 수급 불균형

지방의 주택 보급률이 100%를 넘긴 상태에서 신규 주택 공급이 지방을 중심으로 2005년 이후 크게 늘었다. 그러나 인구는 수도권으로 빠져나가고 있다. 반면 수도권은 외환위기 당시 주택 건설이 적었던 후폭풍과 경제력 집중으로 오히려 주택이 부족해졌다. 수급 불균형이 발생한 것이다.

향후 부동산 투자는 지역의 인구, 경제력, 발전 가능성 등 거시 경제 지표와 사회 지표를 묶어서 판단해야 한다. 그런 면에서 보면 특별한 변화가 없는 한 지방과 수도권의 부동산 가격 격차는 유지될 전망이다.

② 사회와 문화의 변화

외환위기 이후 결혼 연령이 크게 높아졌다. 출산율도 세계에서 가장 낮다. 반면 1인 가구 비중이 빠르게 증가하고 있으며 인구는 수도권에 집중되고 있다. 선진국의 경우 주택 보급률보다 인구 1천 명당 주택수로 부동산 수요를 파악한다. 대부분의 선진국들은 1천 명당 400호 이상 주택을 보유하고 있다. 반면 한국은 300호도 안 된다. 특히 수도권이 부족하다. 주로 저소득층인 수도권의 1~2인 가구들은 자금력의 한계 때문에 강북과 소형 평형 아파트에 관심을 집중하고 있다.

고령화 현상도 소형 평형에 대한 수요를 늘린다. 자녀들과 독립해 사는 고령층들은 경제적 여유가 부족하기 때문에 비교적 가격이 싼 주택을 선호한다. 과거 고령층의 주된 생활 무대였고, 자녀·친척들이 가까이 살고 있으며 교통과 의료 체계가 발달한 수도권에서 노후를 준비하려 한다. 수도권 소형 평형 인기는 사회와 문화의 변화를 반영하고 있다. 한편 강남 부동산과 같이 사회적 신분의 대상이 되는 주택은 여전히 인기를 끌 것으로 판단된다.

③ 금리와 경기가 변수

21세기 들어 주택 가격 상승으로 정상적으로 수도권에서 주택을 구입하기 어려워졌다. 대부분 은행의 담보대출을 통해 주택을 구입하고 있다. 주택 가격의 절반 정도를 대출로 충당하기 때문에 고가 주택일수록 금리 부담이 크다. 최근과 같이 주택담보대출 금리가 급등하게 되면 금리 부담으로 주택 매도 압력이 증가한다. 예를 들어 5억원짜리 아파트의 경우 2억 5,000만원을 대출받아 매입했을 경우 대출금리가 8%라면 연간 2,000만원의 이자를 내야 한다. 1년에 2,000만원씩 가격이 하락한다는 의미다. 여기에 재산세와 관리비를 포함하면 5억원짜리 아파트의 1년 거주 비용은 연 3,000만원 이상이 된다.

금리 부담에 따른 주택 매물 증가가 나타날 조짐이 보이고 있다. 더군다나 글로벌 위기로 수입이 감소하고 주식 투자 손실로 가계의 자금 여력이 줄어든 상황이다. 경제적 관점에서 주택 가격이 오르기 힘든 상태다. 향후 부동산시장은 경기와 금리의 영향력이 가장 중요한 변수가 될 것으로 보인다.

④ 사회 양극화

사회 양극화가 점점 심화되는 현상이 부동산시장에도 영향을 주고 있다. 건설사들은 경쟁적으로 고가 주택을 짓고 있다. 그러나 고가 아파트를 구입할 수 있는 절대 인구는 줄고 있다. 2008년 강남에 미분양이 발생한 것은 기존에 살고 있는 주택을 처분하지 못할 정도로 수요가 적었기 때문이다. 10억원 대 이상의 서울 강남 지역 아파트에 살 만한 인구가 줄었기 때문에 고가 아파트 간에는 일종의 제로섬 게임과 같은 현상이 발생하고 있다. 현재 살고 있는 아파트도 고가인데 더 비싼 새 아파트로 이주하려면 기존 아파트가 팔려야만 가능하다. 그러나 현재 살고 있는 고가의 아파트를 사줄 만한 중산층이 점점 줄어들고 있다.

부산의 주택시장은 이런 현상의 대표적 사례이다. 부산의 다양한 지역에 산재해있던 고소득 계층들이 고가의 해운대 아파트로 집결하면서 여타 지역의 주택 가격은 크게 하락했다. 향후 문제는 해운대 주변에 추가로 좀 더 고급의 아파트를 짓고 있다는 점이다. 해운대 내에서도 다시 차별화되고 있다. 이미 서울에서도 이런 현상이 벌어지고 있는 것은 아닐까?

과거에는 중산층이 주택담보대출을 이용해서 고가 아파트를 매입한 후 양도세 면제 기간이 지난 후 되팔아 부를 축적해왔다. 문제는 새롭게 주택을 구입할 만한 중산층이 끊임없이 재생산되어야 주택 가격이 상승한다는 점이다. 글로벌 위기를 중산층이 얼마나 잘 버텨내는가는 경제뿐 아니라 부동산시장에서도 핵심 화두다.

소로스와 버핏

글로벌 위기 과정에서 투자의 귀재로 불리는 소로스와 버핏의 행보가 엇갈립니다. 소로스는 1929년 대공황 이후 최악의 위기로 규정하면서 시장 근본주의를 통째로 바꿔야한다고 주장합니다. 소로스는 미국 정부의 구제안을 비웃고 있는 모습입니다. 반면 버핏은 금융기관을 조속히 회생시키면 경제는 제대로 작동될 것이라고 주장합니다. 그는 구제안 작성에 참여하고 투자 심리를 안정시키기 위해 동분서주하고 있습니다. 사실 버핏이 제시하는 처방도 자본주의 논리를 벗어날 정도로 파격적입니다.

그러나 버핏은 너무 일찍 투자에 나서는 바람에 2008년에만 140억 달러 이상의 손실을 입은 것으로 알려져 있습니다. 소로스는 자신의 투자에 대해 밝히고 있지는 않지만 그의 언행으로 보아 거의 투자를 하지 않은 것으로 추측됩니다.

두 명 중 누가 고수일까요? 정통 투자론 입장에서 보면 버핏의 행보가 합리적입니다. 버핏은 이번 위기를 반복적으로 나타나는 금융 위기 중 상당히 심각한 상황으로 이해하는 모습입니다. 그러나 역사 철학자로 불리는 것을 선호하는 소로스는 이번 위기를 세계 전체 자본주의 위기로 판단하는 모습입니다. 하지만 대부분 버핏의 성공 가능성에 베팅하는 분위기가 강합니다.

2008년까지는 소로스가 승리한 것으로 보입니다. 그렇지만 향후 판단은 엇갈립니다. 짧게 봐서 구제안이 효과를 발휘하는 기간 동안에는 버핏의 예상이 맞을 듯합니다. 근본적인 시스템을 치유하지 못할 경우 길게 보면 소로스가 맞을 듯합니다. 누가 맞건 간에 세계의 미래를 걱정하는 권위 있는 투자가들이 있는 미국이 한편 부럽기도 합니다.

증권시장 전망

부동산, 원자재에 비해 주식의 투자 매력도가 상대적으로 높아졌다. 부동산은 수급과 부채 문제로 원자재는 경기 하강으로 당분간 주목을 받기 어렵다. 반면 주식은 유동성이 좋기 때문에 경기 변동에 보다 과민하게 반응한다. 글로벌 위기에 따른 공포의 '쏠림 현상'으로 주가는 전 세계적으로 지난 30년 내 가장 싼 가격까지 하락했다.

지난 30년 내 가장 싸다

금융시장이 어려워지면 주식시장이 가장 먼저 타격을 받는다. 글로벌 위기는 금융시장 문제에서 출발했기 때문에 금융기관들이 현금 확보를 위해서 대규모로 주식을 처분했다. 이 과정에서 세계 평균적으로 PER는 급락했다. MSCI 기준 세계 평균 PER는 2007년 10월 말에는 14.5배였지만, 1년이 지난 2008년 10월 저점에서의 PER는 9배에 불과했다. 세계 전체적으로 주가가 기업 이익의 9배에 불과하다는 의미다. 10월 말 기준으로 대우 유니버스 185개 종목 중 PBR가 1배 미만인 종목은 37%나 된다. 은행업종은 PBR가 0.5배에 불과하다. 이중 배당수익률이 5% 이상인 종목도 11%나 된다.

또한 금리와 비교해도 역사적 저점 수준이다. 과거 PER가 낮았던 시기의 금리는 현재보다 훨씬 높았다. 종합주가지수 900포인트인 상태에서 PBR는 0.8배, 12개월 예상 이익 기준 PER는 7배이다(시가총액 상위 185종목 기준). 여기에 회사채 수익률 8%와 비교하면 주식 투자가 6%p 유리한 상황이다. 배당수익률도 2.2%나 된다. 만일 회사채 금리가 5%까지 하락할 경우 이론적으로 주가는 2003년 하반기 시세(700포인트대)와 유사한 수준에 도달한다(Yield Gap 모형). 물론 기업 이익 전망은 좀 더 하락할 가능성이 높지만 주식 투자 매력도가 높아진 것은 사실이다. 향후 금융시장이 안정될 경우 과잉 유동성이 투자할 대상은 주식으로 압축될 가능성이 높아 보인다.

채권의 시대

그러나 주식 투자에 앞서 채권 투자가 유리해 보인다. 실세 금리는 매우 높은 수준이지만 각국은 금융시장 안정을 위해 무제한의 자금 투입과 금리 인하에 나서고 있다. 시간의 문제일 뿐 실세 금리도 조만간 하락할 수 있다. 금리가 하락하는 시점에서 채권 투자는 기간 이자와 자본 차익을 동시에 얻을 수 있다.

글로벌 위기로 자금이 부족해진 은행들은 대규모로 은행채를 발행하거나 고금리 예금을 판매 중이다. 정책금리를 잇따라 낮추면서 실세 금리와의 격차가 커졌다. 안전한 국고채 금리가 너무 낮을 경우 자금은 고수익을 찾아 자연스럽게 은행채나 회사채로 흘러갈 수 있다.

정부는 모든 수단을 동원해서라도 은행의 위기를 차단하려는 의지를 보이고 있다. 경기 침체가 심화될 경우 정책금리는 추가적으로 내릴 전망이다. 글로벌 위기가 어느 정도 해결된다 하더라도 초저금리 속에서 경기가 침체하는 디플레이션 상황이 불가피해 보인다. 따라서 은행채와 재무구조가 안정적인 회사채는 2009년 중 안정성과 수익성이 돋보일 것으로 판단된다. 다만 회사채의 경우에는 경기 침체를 감안해서 종목 선택에 신중을 기해야 한다. 고금리를 보장하면서 만기가 긴 정기예금이나 세금 우대 채권형 상품, 은행채나 우량 기업의 회사채는 수익성과 안전성이 돋보인다. 현재와 같은 고금리는 당분간 경험하기 어려워 보인다.

주식시장, 기회와 위험의 공존

주식시장이 가장 싫어하는 불확실한 상황이 이어지고 있다. 그러나 주식은 글로벌 위기의 선행지표로 투자 가능 자산 중 가장 싸다. 따라서 2008년 10월 저점이나 추가 하락해서 2009년 상반기 중 형성될 저점의 신뢰성은 높아 보인다. 장기적 안목에서 주식을 매수할 기회인 것은 틀림없다.

① 시각 전환

글로벌 위기는 주식시장의 기초 여건마저도 크게 변화시켰다. 신흥시장의 디커플링 논리가 상실되었다. 오히려 선진국의 안정성이 돋보이고 있다. 한국 증시가 재평가 받아야 한다는 리레이팅 논리도 크게 훼손되었다. 시장 내부적으로도 헤지펀드의 몰락으로 장기적으로 주가 변동성은 축소될 전망이다. 주식시장에 대한 시각을 완전히 바꿔야 한다.

2003년부터 한국의 투자 문화는 급성장했다. 좋은 주식을 장기투자하고, 직접투자보다는 펀드를 이용한 간접투자가 유리하다는 문화는 사회 전반에 상식으로 굳어졌다. 그러나 글로벌 위기로 사회 시스템 전체가 구조적 변화를 겪고 있다. 장기적 안목에서 투자하기 어려운 상황이다.

전체 금융 환경이 안정되고 경기 침체가 절반을 지나가기 이전에는 단기적 관점의 대응이 필요하다. 물론 풍부한 유동성 때문에 단기에 주가가 급등하는 경우(금융 장세)가 나타날 수도 있다. 그러나 경기 침체의 탈출구가 보이기 이전에 나타나는 금융 장세는 매도 기회로 활용해야 한다.

② 가치투자의 변화

좋은 주식에 대한 잣대도 바꿔야 한다. 소위 '가치투자'라 하는 것은 재무적 안정성, 밸류에이션, 성장성을 기준으로 투자할 종목을 선정하는 것이다. 우선 글로벌 위기로 기업의 재무 상태가 약화된 점을 인정해야 한다. 기본에 충실한 종목 중심의 대응이 필요하다. 양호한 재무 건전성을 감안해서 현금 창출력과 대차대조표를 기반으로 종목을 선정해야 한다. 손익계산서는 당분간 적자가 날 가능성이 높고 신뢰성도 떨어질 것으로 보인다. 재무구조가 부실한 일부 중소형주의 경우 재무 위험이 커질 수 있기 때문에 종목 선정에 신중을 기해야 한다.

밸류에이션은 한국만 싼 것이 아니다. 선진국들은 30년 만에 주가가 가장 싼 상태다. 금리를 감안하면 더 싸다. 한국의 PER는 이미 세계 평균에 수렴했다. 따라서 선진국 PER가 올라야 한국의 주가가 오르는 상황으로 변화했다. 금융시장 안정으로 세계적 차원에서 PER가 상승하기 시작하면 이익 증가 없이도 한국 주가는 오를 수 있다. 한국 주식이 저평가되었다는 '코리아 디스카운트' 현상은 주가가 50%나 하락한 상태에서도 적용되지 않는다.

③ 주도주의 변화 가능성

성장성 판단에 있어 과거와는 완전히 다른 차원의 접근이 필요하다. 글로벌 위기로 향후 세계 성장의 구조적 변화가 예상되기 때문이다. 21세기 세계의 주도주는 산업재(조선, 기계, 운송, 건설)와 소재(철강, 석유화학)였다. 이머징 마켓의 고성장 수혜를 받았기 때문이다. 그러나 이머징 마켓이 글로벌 위기에서 가장 큰 피해를 보고 있다.

산업재와 소재 업종은 주가 하락률이 크고 이익 회수 단계에 도달했기 때문에 밸류에이션도 싸다. 각국의 경기 부양책 수혜를 받을 수도 있다. 그러나 산업재는 기본적으로 공급 과잉 상태에 진입하고 있다. 2010년 이후 예상되는 디플레이션 시대에 피해가 클 가능성이 높다.

10년 주기로 주도주는 변화했다. 1970년대에는 건설주, 1980년대는 트로이카(건설, 무역, 금융), 1990년대에는 IT, 그리고 21세기는 산업재였다. 주가가 대세 상승 국면에 진입할 때마다 항상 새로운 주도주가 나타났다. 경제의 성장 동력이 바뀌었다는 의미다. 새롭게 수요를 창출하는 산업(New Product)만이 주도주에 오를 수 있다. 그러나 새로운 주도주 출현은 글로벌 위기와 디플레이션 상황에서 탈출한 이후에나 가능해 보인다.

④ 종목 중심의 대응

기업을 보는 잣대의 변화가 필요하다. 디플레이션 시대의 의미는 치열한 완전 경쟁이다. 따라서 경쟁에서 생존할 가능성이 높은 기업은 전체 시장 상황과 무관하게 항상 관심을 둬야 한다. 이런 기업들은 대부분 세계 1등 기업으로 보면 된다. 1등 기업이기 때문에 재무적 안정성이 뛰어나고 불황에서도 내성이 강하다. 경쟁하던 2~3위 권 기업이 도산할 경우 글로벌 위기는 위기가 아니라 기회가 된다. 기관투자가들도 안정성이 돋

보이는 세계 1등 기업, 독점 기업에 대해 투자 비중을 늘릴 것은 당연하다.

금리가 하락할 경우 채권형 주식의 인기도 높을 전망이다. 화려하지 않지만 꾸준하게 이익을 내면서 배당수익률이 높은 기업들은 안정성과 수익성이 높은 기업으로 이미 주목을 받고 있다. 주주가치 제고를 위해서 자사주를 매입하는 기업, M&A를 통해 위기를 기회로 만드는 기업들도 주목이 필요하다.

녹색 성장 관련주는 단순히 테마주 형태가 될지, 아니면 새로운 성장 동력이 될지 여부는 당분간 지켜볼 필요가 있다. 세계 전체가 경기부양책으로 녹색 성장을 외치고 있기 때문에 녹색 성장에 대한 투자가 증가할 경우 장기적 관점에서 새로운 시대를 여는 징검다리가 될 수 있다. 다만 녹색 성장 구호가 정치적 구호인지? 아니면 정말로 필요해서 주장하는 것인지 여부를 판단하고 투자해야 한다.

⑤ 글로벌 투자는 '차별화 속의 차별화'

이머징 마켓은 2003~2007년까지 높은 주가 상승을 보였다. 주가 거품도 선진국에 비해 크다. 원자재 수출국의 경우에는 세계 경기 침체로 원자재 가격이 크게 하락했다. 이머징 국가에 투자했던 선진국 자금은 자체 위기 수습을 위해 썰물처럼 빠져나가면서 자금시장, 외환시장, 실물경제 모두 최악의 상황에 직면하고 있다.

글로벌 위기 초반부에서의 해외 투자는 안정성이 가장 중요하다. 안정성만 고려할 경우 해외 투자보다는 국내 투자가 유리해 보인다. 안정성만을 중점을 둘 경우 선진국 시장에 대해서도 관심을 가져볼 만하다.

주가가 충분히 하락한 상태에서 성장 잠재력이 큰 이머징 국가에는 오히려 투자를 늘려야 한다. 그러나 현실적인 고민은 2007년에 가입한 이머징마켓 펀드의 처리가 문제의 핵심이다. 현재의 펀더멘털로만 판단하면 이머징 국가의 투자 리스크가 높은 것은 사실이다. 반면 각국은 다양한 구제안을 내면서 경기와 주식시장 부양 노력을 기울이고 있다. 따라서 장기 성장 잠재력이 낮은 국가나 지역 펀드는 기술적 반등을 이용해서 비중을 축소해야 한다. 반면 중국이나 브라질 같이 충분한 외환 보유고와 국제 경쟁력, 자원을 보유한 국가는 장기적 관점에서의 대응이 요청된다. 다만 이머징 마켓의 디커플링 상실로 시장의 방향성은 선진국에 연동되어 움직일 것으로 보인다.

마이너스(-) 성장기의 투자 논리

글로벌 위기로 2009년 이후 세계 경제는 침체가 불가피하다.

따라서 통상의 판단으로 보면 주식 투자는 리스크가 높다. 그러나 과거 경험상 경제가 마이너스(-) 성장을 해도 주가는 오른 경우가 많다. 오히려 마이너스 성장을 보인 이전 연도에 주가가 바닥을 형성한다. 미국의 경우 1950년 이후 연간 기준 마이너스 성장은 총 7차례에 달했다. 주가는 경기 침체 이전 년도에 하락하고 정작 경기 침체가 본격화되어 마이너스 성장을 보인 해에는 평균 20.5% 상승 했다. 이런 현상은 독일, 일본뿐 아니라 한국에서도 확인된다.

관심을 가져야 할 것은 성장률의 수준보다는 분기 성장률의 방향이 주가 흐름을 좌우했다는 점이다. 주가의 경기에 대한 선행성은 어떤 상황에서도 존재했었다. 2008년 말 현재 대부분의 전망은 2009년 상반기를 저점으로 경기가 점차 회복된다는 것이다. 따라서 2008년 말 주가에는 2009년 경기 침체를 상당히 반영한 것으로 해석할 수도 있다.

시간은 '기회'의 편에 있다.
글로벌 위기가 정리되기 이전인 2009년 초반까지 주식시장은 전 종목이 동행하는 모습을 보일 것으로 예상된다. 국내외 경제지표의 변동에 따라 주가 흐름이 결정될 것이다. 시장에 대한 신뢰가 여전히 낮은 상태에 머물 것으로 예상되기 때문이다. 그러나 시간이 흐르면서 금융적 측면의 위기가 고비를 넘기기 시작 때 장기적 관점의 투자자들은 역사적 저점에 위치한 우량주식을 조금씩 사들이기 시작할 것으로 예상된다.

글로벌 위기는 현재 진행형이다. 솔직히 장기 전망이 어렵다. 선입견을 배제한 채 변화한 투자 환경에 대한 정확한 이해와 대응이 필요하다. 글로벌 위기를 극복하지 못한다면 주식뿐 아니라 모든 자산은 가치가 없어지게 된다. 그래서 글로벌 위기는 극복될 수밖에 없다. 따라서 본질가치 이하로 하락한 종목은 시간이 흐를수록 위험에서 기회로 다가올 수 있다.

당분간은 예측보다는 대응이 중요하다. 그러나 금융 위기가 진정될수록 미래에 대한 불투명성이 걷히게 되기 때문에 점차 예측 가능한 시장으로 변화할 것이다. 이 과정에 진입할 경우 투자자에게 어떤 주식을 사서 얼마나 오래 기다릴 수 있느냐의 문제가 화두가 될 전망이다. 주가의 정확한 바닥을 알 수 없기 때문에 낙폭이 큰 우량주를 하락 시마다 분할해서 3년쯤 기다린다는 각오로 매입해보자!

구조화 상품/신용파생상품의 이해

글로벌 위기는 부채 경제에 기반을 둔다. 부채 상품에 대한 정확한 이해는 글로벌 위기 해결 과정에 꼭 필요하다. 글로벌 위기가 본질보다 확산된 여러 원인들 중에서도 구조화 상품과 신용파생상품에 대한 이해 부족이 가장 커다란 부분을 차지하고 있다. 이에 따라 각국은 적절한 정책을 시행하지 못했고 정책 시행 시점도 놓쳤다. 문제는 여전히 이들 상품에 대한 불신의 벽이 높다는 점이다.

앞으로도 ABS 관련 상품이나 신용파생상품의 문제가 해결되기까지는 상당한 시간이 필요해 보인다. 오히려 새로운 문제를 야기할 가능성도 있다. 그러므로 구조화 상품과 신용파생상품에 대한 정확한 이해는 글로벌 위기 해결의 시작이다.

ABS

자산 가격은 본질적인 수익가치에 시장성과 안정성을 가미해서 결정된다. 부동산이나 매출채권, 혹은 유가증권 등의 자산을 현금화하는 과정을 자산의 유동화라고 한다. 이렇게 유동화한 자산을 담보로 유가증권을 발행한 것을 ABS(asset-backed securities, 자산유동화증권)이라고 한다.

당장 급하게 돈이 필요한 경우 보유한 자산 매각이 어렵다면, 이를 담보로 ABS를 발행해 자금을 융통할 수 있다. 이러한 ABS가 담보대출과 다른 점은 1) 자산 보유자가 해당 자산을 담보로 미래에 갚게 될 원금과 이자를 현재화한다는 점과 2) 발행된 ABS가 시장에서 서로 다른 가격으로 거래된다는 점이다. 담보대출을 유동화해서 거래하기 때문에 기존 대출에서 한 걸음 더 나간 형태의 자금 조달 방식이라 할 수 있다.

ABS 발행 절차를 구체적으로 살펴보자. 1) 현금이 필요한 자산 매도자(이하 채무자)는 자산 보유자(금융기관 및 주요 공적기관)에게 자산을 넘긴다. 2) 자산 보유자는 다시 특수목적기구(SPV 또는 SPC, special purpose vehicle)라는 가상의 기업(paper company)에 기초 자산을 넘겨서 모든 절차의 객관성을 확보한다. 3) 확보된 자산에서 발생하는 현금흐름을 바탕으로 SPC는 ABS를 발행해서 투자자들에게 판매한다. 4) 판매된 ABS 투자

자금은 최초 자산 매도자(채무자)에게 전해지게 된다. 5) 채무자는 유입된 자금의 이자와 원리금을 지급한다. 6) 마지막으로 자산을 관리하는 수탁기관과 자산의 안전성을 평가하는 신용평가기관, 지급보증 및 신용보강기관들에 수수료를 지급하면서 거래가 마무리된다.

■ ABS 발행 절차

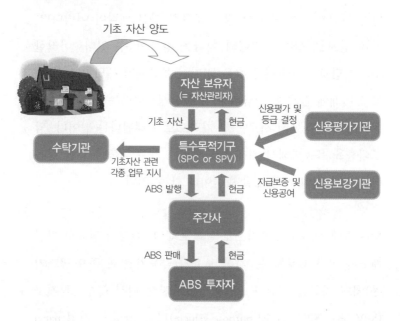

예를 들어 1,000억원짜리 부동산을 제3자에게 팔 경우 금액이 너무 커서 제값을 받기 어렵고 실제 매각도 쉽지 않다. ABS는 자산을 잘게 쪼개 나눠 팔 수 있어 기업이나 금융기관이 자산

을 현금화하기 쉽다. 1,000억원짜리 부동산이나 부채를 한 개인이나 기업이 인수하기는 힘들지만 이를 ABS화해 1,000개의 증권으로 나누면 증권 하나당 1억원짜리가 된다. 개인이나 기업 누구도 인수 가능하다. 유동화 대상 자산에 따라 ABS는 다양하다. 대표적인 것이 글로벌 위기의 주범인 주택저당증권(MBS)과 부채담보부증권(CDO)이다.

MBS와 CDO MBS(mortgage-backed securities, 주택저당증권)는 부동산저당채권(mortgage)을 담보로 증권을 발행하는 것이다. CDO(collateralized debt obligation, 부채담보부증권)는 다양한 신용등급의 ABS 및 MBS 등의 채권들을 모아(wrap) 포장(package)하여 다시 새로운 형태의 유가증권을 발행하는 것이다. 증권화 혹은 유동화 증권들의 특징은 미래에 확실한 현금흐름을 가정한다는 점에서 레버리지, 즉 위험을 분산시킨다.

이번 서브프라임 모기지 사태의 발단은 신용도가 낮은 대출을 대상으로 MBS를 대규모로 발행했기 때문이다. CDO는 한 걸음 더 나아가 부실한 MBS나 ABS를 기초 자산으로 삼았다. 일반적으로 CDO는 우량한 ABS와 MBS 비율을 약 80% 정도로 구성하고, 나머지는 시장성이 떨어지는 비우량 ABS와 MBS 자산을 섞어 발행한다. 다양한 채권이 결합됨에 따라 투자자들은

CDO의 위험성을 정확하게 파악하지 못한다.

이런 상황에서 서브프라임을 이용한 주택 구입자들의 대출 원금과 이자 상환이 지연되면서 연체율(delinquency)이 상승하다가 압류(foreclosure)로 진전되자 문제가 발생한 것이다. 2008년 9월 말 현재 차압 절차가 진행 중인 주택은 76만 채에 이른다.

문제는 유통 과정에도 있었다. 모기지 회사는 위험이 높거나 시장성이 떨어지는 MBS를 모아서 대형 투자은행에 넘겼다. 투자은행들은 우량한 MBS와 부실한 MBS를 묶어(package) CDO로 만들었다. 이러한 CDO에 대해 무디스나 S&P와 같은 신용평가사들이 높은 신용등급을 부여하면서 투자자들에게 팔려나갔다. CDO는 고위험, 고수익을 추구하는 헤지펀드에게 인기가 높았다. 여기서 CDO의 유통이 그치는 것이 아니다. 대형 투자은행들은 발행한 CDO를 담보로 또 다시 레버리지를 일으켜 부실을 더욱 확대시켰다. 베어스턴스와 리먼브러더스 등 주요 글로벌 투자은행들은 CDO의 희생양이다.

CLO MBS나 CDO 이외에도 자동차 할부를 유동화한 오토론(Auto-loan)이나 신용카드 할부를 유동화한 카드론(Card-loan), 대학생 학자금 대출을 유동화한 스튜던트론(Student-loan) 등의 대출금을 모아서 CDO와 유사한 형태로 묶어(package) 판매하는 것을 CLO(collateralized loan obliga-tion)라고 한다. CLO 역시 ABS의 한 종류다.

ABCP ABS 중에서 최근 주목을 받는 것이 ABCP(asset-backed commercial paper)이다. 기존의 ABS와 비슷하지만 ABCP는 만기가 3개월 정도로 짧아서 기업어음과 유사하다. ABCP는 대부분 장기 ABS 등의 만기 연장을 위해 이용되는데 주로 MMF에 많이 편입된다. ABCP 역시 부실화되면서 신용 경색을 강화하는 한 축이 되고 있다.

신용연계파생상품(CDS, CLN)

글로벌 위기는 서브프라임 대출 연체율 상승에서 시작되었다. 부동산시장의 침체는 MBS와 CDO 같은 ABS를 부실화시켰다. 그러나 2008년 하반기 이후에는 신용파생상품(cedit derivatives)의 위험성이 더 커지고 있다.

신용파생상품이란 일반적인 금융 거래 및 신용 거래에서 신용 위험(credit risk)을 기초 자산에서 분리하여 거래하는 상품을 의미한다. 신용 위험을 분리하는 이유는 자산 건전성을 유지하고 투자 위험을 제거(hedge)하는 것이 주목적이다. 그러나 원래 취지를 벗어나 신용파생상품 자체가 투기의 대상이 되었다.

기업이 발행한 회사채 등을 기초 자산으로 하여, 신용 위험을 대상으로 보장 매입자(protect buyer)와 보장 매도자(protect seller) 사이에 계약을 맺는다. 계약은 부도 위험에 대한 일종의 보험과 유사한 성격을 가진다. 보장 매입자는 자신이 가지고 있는 채권의 부도 위험을 제거하고 싶어한다. 반면 보장 매도자는 해당 채권의 부도 위험을 책임지는 대신 그만큼의 비용(risk-premium), 즉 수수료를 받으면 거래가 성사된다.

문제가 없다면 보장 매입자가 보장 매도자에게 일부 대가를 지불한다. 그러나 보장 매입자가 투자한 채권이나 자산에서 손실이 발생할 경우 보장 매도자는 손실 금액만큼 책임져야 한다. 수수료와 비교할 수 없는 정도의 손실이 발생할 수 있다.

신용파생상품이 보험과 다른 점은 1) 신용파생상품 거래시장이 형성되어 있어 위험의 가격이 결정되고, 2) 보장 매도자가 자신이 받는 수수료와 책임의무를 다른 사람에게 재차 양도할 수 있다는 점이다.

CDS CDS(credit default swap)는 신용파생상품 시장의 대부분을 차지할 정도로 일반화되어 있다. 기초 자산 기준으로 거래 규모는 2008년 9월 기준 62조 달러에 육박할 정도로 어마어마한 규모이다. 2001년 채 1조 달러도 되지 않았던 시장 규모가 이렇게 빠르게 확대된 것은 위험이 증가해서가 아니라 오히려 위험이 낮아졌다는 판단으로 투기적인 발행과 거래가 남발되었기 때문이다.

■ CDS의 거래 구조

(수수료)

리스크 프리미엄 지급

보장 매입자 → 보장 매도자

신용 사건 발생 시 손실금 보전

신용 사건의 주체
회사채 등 발행

준거 기업

CDS는 채권의 부도 위험을 제거하는 기능과 함께 회사채를 발행한 기업 혹은 채권을 발행한 국가의 위험 정도를 평가하는 척도가 된다. 그러나 문제는 기초 자산인 채권 규모에 비해 CDS 시장 규모가 너무 크다는 점이다. 높은 수익을 올리려는 여러 금융기관이 동일한 채권을 대상으로 CDS를 반복 발행하면서 레버리지가 확대되었다. 마치 어음의 배서 과정에서 지불약정을 다음 번 배서자에게 넘기는 과정이 여러 번 발생하는 상황과 유사하다.

21세기 들어 미국의 부도율은 매년 낮아져서 2006년까지 거의 1% 미만을 유지했다. 시장 자체가 부도율이 낮은 저위험 구조에 있었기 때문에 투자은행이나 헤지펀드, 보험사 등은 무분별하게 CDS를 발행했다. 또한 발행 수수료는 좋은 수익원이 되었다. 그러나 글로벌 위기로 기업들의 부도 위험이 증가하면서 CDS 시장 자체의 위험이 높아지고 있다.

실제로 리먼브러더스의 파산으로 CDS의 책임 문제가 불거지고 있다. 기존의 글로벌 투자은행이나 헤지펀드들이 보장 매도자가 되어 발행한 CDS가 여러 번 양도되면서 근원적으로 책임을 감당할 수 없는 상황이 발생하고 있다. 도산한 금융기관이 보장 매도자일 경우 책임 소재가 불분명해졌다. 대형 금융기관의 도산으로 CDS 시장의 불안정이 매우 높아졌다. 또한 실물경제의 침체로 기업의 부도율이 높아질 것으로 예상되고 있다. 2009년에 경기 침체가 본격화된다면 CDS 문제는 또 다른 문제의 트리거(trigger)가 될 수 있다.

CLN   CDS에서 조금 더 진화된 형태가 CLN(credit linked note)이다. CLN은 CDS가 내재되어 있는 구조화 채권을 의미한다. 이는 단순한 CDS와 같은 '거래'가 아니라는 점에서 이자 수익도 발생하는 특징이 있다. CLN은 CDS의 경우 기초 자산에 대한 위험이 제거되지만 거래 상대방인 보장 매도자의 신용 위험은 존재한다는 문제를 해결하기 위해 만들어진 상품이다. 신용 위험을 헤지하려는 투자가는 CLN에 대한 매수금을 담보로 설정하여, 거래 상대방에게는 CDS 수수료를 이자로 지급하는 방식이라는 점에서 좀 더 위험을 헤지하는 상품이라 할 수 있다.

글로벌 위기의 중심에는 자산유동화증권 기반의 신용파생상품이 핵심적인 역할을 했다. 향후 신용파생상품의 처리 과정은 2009년 경기 침체와 맞물려 글로벌 위기 해결의 결정적인 열쇠가 될 수 있다. 금융시장에서의 신뢰 회복 여부를 결정할 것으로 보인다.

환율 변동의 핵, 스왑시장과 재정 거래

2007년부터 국내에서 외국인들은 주식을 매도했지만 반대로 채권 매수는 크게 늘렸다. 2008년 8월까지 외국인이 보유하고 있는 국내 채권은 51조원, 2007년 초 대비 무려 46조원에 가까운 자금이 유입되면서 전체 채권시장에서 외국인 비중이 0.6%에서 5% 이상으로 늘어났다. 한국의 채권 금리가 선진국 중에서 비교적 높은 편에 속한다고 하더라도 이러한 외국인의 대규모 채권 매수에는 다른 비밀이 숨어 있다. 국내 자금시장과 외환시장이 매우 밀접하게 연결된 결과다.

스왑 거래란 일반적으로 자금을 차입하는 쌍방 간에 자신에게 유리한 조건으로 서로 간에 이자를 교환하는 것을 의미한다. 예를 들면 변동금리로 대출을 받은 측과 고정금리로 이자를 지급하는 거래자들이 서로에게 유리한 방향으로 이자율을 거래하는 것을 스왑이라고 한다. 이러한 스왑 거래의 가장 대표적인 두 가지는 이종 통화 간 금리를 교환하는 CRS(Currency rate swap) 거래와 동종 통화 간 금리를 교환하는 IRS(Interest rate swap) 거래이다. 스왑 거래는 채권과 같이 기간에 따라 만기가 존재한다는 특성도 가지고 있다.

CRS　　　CRS(currency rate swap)를 이용하는 스왑 거래는 이종 통화 간에 이자율을 교환함과 동시에 원금도 교환한다는 점에서 외화자금을 구할 수 있는 상품이다. 예를 들어 1) 국내 금융기관은 달러를 구하기 위해 신용도가 높은 외국계 금융기관에 원화를 지급하고 달러와 교환을 요청한다. 2) 외국계 금융기관은 리보금리로 자금을 차입했을 때 이를 CRS 금리로 고정시키면서 금리를 교환한다. CRS 금리는 외국인 입장에서 원화를 받으면서 지불해야 할 고정금리가 된다. 반대로 달러를 받는 국내 금융기관은 CRS 금리만큼 이자를 받는다. 원래 외국인이 지불해야 할 달러 변동금리를 지불하는 것이다. 3) 그런데 달러가 부족한 국내 금융기관은 자신이 받아야 할 이자인 CRS 금리를 더욱 낮추게 된다. 외국인들의 입장에서는 지불해야 할 이자가 기존의 4%±α에서 고정금리로 비용이 낮아지는 효과가 발생한다. 4) 만약 CRS 금리가 만약 2%까지 낮아졌을 경우 외국인의 이자 비용은 이제 2%로 줄어든다. 5) 2%의 금리로 자금을 조달한 외국계 금융기관들은 안전자산인 한국 채권을 매수한다. 채권 금리가 5%라면 외국계 금융기관은 낮아진 이자율 2%와의 차이만큼 무위험 차익거래(arbitrage)가 발생한다. 결국 외국계 금융기관 입장에서는 가만히 앉아서 3%p 만큼의 수익을 올릴 수 있다.

■ CRS 스왑거래의 구조

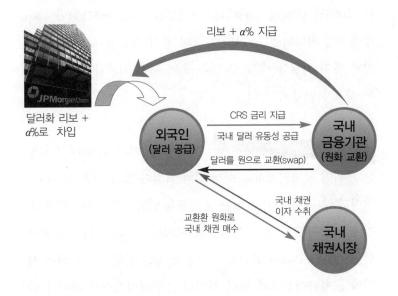

외국인이 무위험으로 얻을 수 있는 수익을 나타내는 지표를 스왑베이시스(swap-basis)라고 한다. 스왑베이시스의 원래 개념은 CRS-IRS인데 국내외 금리 차와 외환시장 동향을 동시에 표시하는 것으로도 볼 수 있다. CRS는 외국인이 원화를 빌린 때 지급하는 금리이다. 반면 IRS 금리는 외국계 금융기관의 국내 채권투자 금리이기 때문에 스왑베이시스의 역전(마이너스) 폭이 클수록 외국계 금융기관의 무위험 수익은 증가한다.

2007년 이후 스왑베이시스의 역전 현상이 심화되고 있다. 그만큼 한국에서 외국인들의 재정 거래 이익이 커졌다는 의미가 된다. 2008년 10월에 스왑베이시스 1년(CRS1년-IRS1년)이 5%p 수준까지 확대되었다. 그만큼 국내 달러 유동성이 부족하다는 것과 달러 자금을 구할 수 있는 측의 투자 기회가 확대되었다는 것을 확인할 수 있다.

IRS 여기서 한 가지 더 고려할 사항은 무위험 차익거래라고 해서 전혀 위험이 없는 것은 아니라는 점이다. 자신이 가지고 있는 포지션을 만기까지 보유한다면 초기에 자신이 진입할 당시의 스왑베이시스만큼의 이익을 확정할 수 있다. 그러나 중간에 포지션을 청산할 경우 진입했던 시기의 스왑베이시스와 청산 시기의 스왑베이시스가 차이가 난다면 손실이 발생할 수도 있다. 계약 당시보다 CRS 금리가 더 떨어지거나(채권 가격 상승) IRS 금리가 상승(채권 가격 하락)하면 손실이 발생한다. 이러한 요인 때문에 간혹 달러 유동성 여건 악화가 심화될 때 일부 외국인들이 들고 있는 포지션에서 평가손실이 발생해 손절매하는 과정에서 국내 금리가 상승하는 경우도 있다.

외국계 금융기관이 국고채를 매입하지 않고 IRS를 이용하는 이유는 금리 변동 때문이다. IRS 금리는 국내 원화 자금끼리 이자율을 교환한다는 점에서 원금의 교환 없이 변동금리를 고정금리로 결정하는 역할만 한다. 일반적으로 IRS 금리는 무위험 금리인 국고채 금리보다 높은 것이 정상이다. 그러나 국내 은행들의 대출 이자가 변동금리이기 때문에 수익을 고정하고자 IRS를 매수한다.

국내 은행의 매수로 IRS 금리가 하락(채권 가격 상승)하면서 국고채와 금리가 역전될 수 있다. 이때 IRS를 매도하고 국고채를 재매수하는 재정 거래가 발생한다. 이 역시 스왑베이시스를 이용한 것과 같은 개념이다. 단지 CD 금리의 상승과 같은 국내 유동성 여건에 의해 자극을 받는다는 점에서 차이가 난다.

2008년 추석 연휴 중 갑자기 발생한 리먼브러더스의 파산으로 세계는 지축이 흔들렸다. 어느 정도 위기가 다가오고 있는 것으로 느꼈지만 그렇게 엄청난 충격인지는 사실 제대로 알지 못했다. 필자는 10여년 째 디플레이션 시대와 미국의 약화에 대해 고민해 왔으나 미국 이외 지역의 부채 문제와 신용파생상품의 엄청난 규모를 간과하는 우를 범했다.

그러나 사회 전반적으로 글로벌 위기를 단지 피상적으로만 인식하면서 대응의 속도가 늦어진 9월 말, 현상만이라도 제대로 파악하자는 취지에서 집필을 결심했다. 특히 필자를 비롯한 금융계의 무지로 글로벌 위기에 제대로 대응 못한 투자자들에게 사죄하는 마음도 전달하고 싶었다.

다행히 필자는 세계가 공황적 위기에 처해 있다는 예상 때문에 다양한 참고자료를 확보하고 있었다. 지난 10여년 동안 관련 서적들도 꾸준히 정리해오고 있었다. 그리고 10월부터 약 40여 일에 걸쳐 최신 자료를 반영하며 집필에 몰두했다.

집필 과정 중 상황이 악화되면서 많은 수정이 있었다. 본업이 중요(?)하기 때문에 집필은 주로 주말과 심야에만 가능했다. 세계사적 문제를 불과 40여 일에 집필했다는 점에서 독자와 역사를 모독하지 않았을까 걱정된다. 글로벌 위기는 현재 진행형이다. 이 책이 발간될 즈음 상황이 바뀔 가능성도 높다. 이런 이유로 구체적인 위기의 해법보다는 개념적 차원에서 세계 시스템 문제를 강조하게 되었다.

그럼에도 부족한 책을 내놓은 이유는 글로벌 위기에 대한 한국 사회의 제대로 된 인식과 대응을 촉구하기 위해서다. 따라서 이 책은 최악을 가정해서 작성했다. 이데올로기적으로는 현실적이고 중도적 입장을 견지하려 노력했지만 결과는 모호한 정체성으로 비난을 받을 것이다.

구체적 해법은 경제계와 행정부만의 몫이 아니다. 한국뿐 아니라 인류 전체의 위기이다. 그렇지만 위기는 이제 막 시작되는 단계에 불과하다. 글로벌 위기를 자신과 공동체의 생존의 위기로 인식해야만 해결이 가능하다는 화두를 사회에 던진다. 글로벌 위기가 대공황으로 연결되지 않기를 바라는 마음에서…….

장기간 시간을 낼 수 없는 입장에서 모자이크 식으로 집필한 까닭에 중복된 부분도 적지 않다. 이 점은 서둘러 출간하려는 필자의 욕심 때문으로 양해를 바란다.

책을 통해 필자의 판단에 많은 영감을 준 세계의 석학들에게 감사드린다. 특히 교정 과정에서 새삼 느낀 바인데, 이매뉴얼 월러스틴, 데이비드 하비의 사상이 이 책의 기초를 형성하는 데 많은 영향을 끼쳤다. 이들은 세계의 변화를 사회학적 기반에서 거대한 틀로 분석했기 때문에 그 사상이 자연스럽게 필자의 사고에 착근되었던 것으로 판단된다. 금융계에서는 조지 소로스의 영향이 컸다. 그는 5~6년 전부터 신자유주의의 문제점을 신랄하게 비판해왔다. 신자유주의의 가장 큰 수혜자가 스스로 자신의 기반을 수정하자는 용기에 경의를 표한다.

40대 후반의 하숙생을 돌봐준 아내 한인숙에게 감사한다. 직업적 특성으로 많은 원고 작성과 출장으로 결혼 후 줄곧 가정에 소홀했다. 필자의 지적 외도(?)를 눈감아주고 격려해준 아내 덕분에 빠른 시간 안에 이 책이 출간되게 되었다. 애정 담긴 무관심으로 지켜봐 준 부모님과 친구들에게 고마움을 전하고 싶다.

대우증권의 선후배들은 필자가 이 책을 집필하는 토양이 되었다. 특히 리서치센터 직원들의 다양한 사고가 이 책에 녹아 있음을 밝힌다. 마지막으로 짧은 기간 내에 460페이지에 이르는 책을 출간하느라 수고한 이콘출판에 감사를 표한다.

2008년 11월 15일
홍성국

글로벌 위기 이후

ⓒ 홍성국

1판 1쇄 | 2008년 12월 8일
1판 5쇄 | 2009년 5월 25일

지 은 이 | 홍성국
펴 낸 이 | 김승욱
책임편집 | 김승관
디 자 인 | 박진범 유성미
마 케 팅 | 이숙재 우영희
펴 낸 곳 | 이콘출판(주)
출판등록 | 2003년 3월 12일 제406-2003-059호

주   소 | 413-756 경기도 파주시 교하읍 문발리 파주출판도시 513-8
전자우편 | editor@econbook.com
전화번호 | 031) 955-7979
팩   스 | 031) 955-8855

ISBN 978-89-90831-60-6 03320